HANGIL
GREAT BOOKS

인류의위대한지적유산

HANGIL
GREAT BOOKS
166

서양의 장원제

프랑스와 엉국의 장원제에 대한 비교사적 고찰

마르크 블로크 지음 | 이기영 옮김

한길사

HANGIL
GREAT BOOKS
166

Seigneurie française et manoir anglais

by Marc Bloch

Translated by Lee KiYoung

Published by Hangilsa Publishing Co. Ltd., Korea, 2020

프랑스 피카르디 지방의 현대 개방경지와 집촌 풍경(위)
고전적 형태의 장원제는 이런 농촌구조와 긴밀하게 연관되어 있었다.

영국 서식스 지방의 현대 인클로저와 외딴집 풍경(아래)
영국에서 인클로저 운동은 장원제를 해체시켰고, 그 결과 이런 풍경이 조성되었다.

법복귀족(法服貴族, Noblesse de robe) 샤를 알렉상드르 드 칼론(Charles Alexandre de Calonne, 1734–1802)

법복귀족은 주로 부르주아 출신으로서 관직을 매수하여 절대주의 시대에 고등법원을 중심으로 주요 관직을 독점하고 세습하는 새로운 귀족을 형성했다. 그들은 구체제에서 막강한 권력과 부를 누렸기 때문에 장원제를 비롯한 구체제를 적극 옹호했다. 블로크가 이 책 끝부분에서 언급하는 칼론은 구체제 말기의 대표적인 법복귀족이었다.

젠트리(gentry) 출신 올리버 크롬웰(Oliver Cromwell, 1599-1658)

청교도혁명의 지도자 크롬웰은 젠트리 가문 출신이었다. 그의 아버지도 하원 의원을 지냈다. 젠트리는 중세 후기에 형성된 근대적 지주층으로서, 의회와 치안판사직을 독점하면서 20세기 초까지 영국사회의 지배층을 형성했다. 그들은 장원제를 해체시키고 수많은 실업자와 유랑민을 낳은 인클로저 운동의 주요 추진세력이자 옹호자였다.

1780년경 잉글랜드 북서부 냉트위치(Nantwich) 소재 구빈원(救貧院) 외관(위)

인클로저로 인해 실업자와 유랑민이 대거 발생하자, 사회적 혼란을 염려한 영국 정부는
빈민 구호를 목적으로 1601년 구빈법을 제정하여 구빈세를 징수하고 곳곳에 구빈원을
건립했다.

1808년 런던 소재 세인트 제임스 구빈원 작업장 내부 모습(삽화)(아래)

구빈원은 수용자들에게 뜨개질, 실잣기, 베 짜기 등과 같은 일거리를 제공하고 엄격한
규율 아래 강제노동을 실시했다. 강제노동을 거부하고 부랑자 집단에 드는 사람은 태형
과 심지어 사형을 당했다.

HANGIL GREAT BOOKS 166

서양의 장원제

프랑스와 영국의 장원제에 대한 비교사적 고찰

마르크 블로크 지음 | 이기영 옮김

한길사

서양의 장원제

프랑스와 영국의 장원제에 대한 비교사적 고찰

프랑스와 영국의 장원제에 대한 마르크 블로크의 비교사적 연구

이기영 동아대학교 명예교수

1. 마르크 블로크의 삶과 그의 역사학

마르크 블로크(Marc Bloch, 1886-1944)의 이 저서는 역사학적으로 매우 의미 있는 책이지만, 그가 원래 정식 저서로서 쓴 것이 아니고 대학의 강의용으로 작성한 강의노트다. 더욱이 블로크의 삶과 그의 역사학에 관해서는 그가 창시한 아날(Annales) 학파와 더불어 국내에도 많이 소개되어 있다. 나도 블로크의 또 다른 저서인『프랑스 농촌사의 기본성격』(나남, 2007)의 해제에서 그의 역사인식과 연구방법론에 대해 비교적 자세히 논한 바 있다. 이와 같이 이 책이 강의안적 성격을 띤 데다 블로크와 그의 역사학이 이미 우리나라에서 잘 알려져 있으므로, 그의 삶과 역사학에 대해서는 새삼스레 길게 설명할 필요는 없을 것이다. 따라서 여기에서는 이 번역서의 이해를 돕는 의미에서 그의 삶과 학문에 관련된 몇 가지 중요한 특징적 사실만을 간략히 언급해 두고자 한다.

실천적 역사가로서의 삶

블로크의 생애와 관련해서는, 그가 유복한 환경 속에서 엘리트 과정을 밟은 역사학자로서 연구에 충실하면서도 중대한 사회적 위기 국면에서는 방관하지 않고 현실에 맞서 싸우는 실천적 역사가의 삶을 살았다는 사실이 두드러진 특징이라고 할 수 있다. 그는 1886년 프랑스 리옹에서 지적이고 안락한 유대인 가정에서 태어났다. 그의 아버지 귀스타브 블로크는 프랑스 최고의 지식인 교육기관인 파리 고등사범학교를 졸업했고, 아들이 태어날 무렵에는 리옹대학 교수로 재직했다. 이후 모교인 파리 고등사범학교 교수를 거쳐 소르본 대학 교수로 부임한 로마사 연구의 권위자였다. 블로크 역시 부친의 뒤를 이어 파리 고등사범학교에 입학했으며, 졸업 후에는 독일의 몇몇 대학에 유학했다. 주로 역사학을 연구한 그는 잠시 고등학교 교사를 지낸 뒤 스트라스부르 대학과 소르본 대학 등에서 역사학 교수를 역임했다. 안정된 생활이 보장된 대학교수로 재직하는 동안 그는 역사 연구에 몰두하여 훌륭한 연구업적을 많이 산출했다.

그러나 양차 세계대전이 일어났을 때, 그는 평화롭고 보람에 찬 학자 생활을 포기하고 늦은 나이에 자원하여 정식 군인으로서 끝까지 싸웠다. 프랑스가 제2차 대전에서 독일에 패배하고 점령당한 후에는 레지스탕스 운동에 참여했다. 그러나 1년쯤 지난 1944년에 독일군에 체포되어 혹독한 고문을 당했으며 끝내 총살당했다. 이처럼 58세라는 길지 않은 삶을 스스로 장렬하게 불사르는 길을 선택해 그의 학문을 추앙하는 사람들에게 큰 아쉬움을 남겼다.

그러나 그의 이런 인생 도정은 단순히 그의 가족이 유대인 ─ 그의 부인도 유대인이었다 ─ 이었기 때문만은 아니다. 물론 그는 유대인으로서 성장기에 드레퓌스 사건을 경험하기도 했다. 그렇지만 그가 중대한 위기에 직면한 프랑스 사회를 구하기 위해서 죽음을 무릅쓰고 거듭 싸웠던 이유를 민족 감정만으로는 이해하기 어렵다. 그것은 무엇보다 프랑스혁명 이후 프랑스사회가 발전시켜 온 인간의 존엄

성과 자유 및 평등과 같은 인류의 보편가치에 대한 믿음과, 국민주권이 실현되는 공화국이 없이는 국민의 자유도 없다는 공화주의자로서의 신념, 역사는 변화의 학문이라는 소신에서 사회개혁을 적극적으로 지지했던 진보적 세계관, 그리고 역사는 현재와 분리해 생각할 수 없는 현실적 학문이라는 인식에서 오는 현재사회에 대한 강한 문제의식과 책임감 등과 같은 세계관과 소신 때문이라고 할 수 있을 것이다.

이런 점은 그의 저서『이상한 패배: 1940년의 증언』(*L'étrange défaite: témoignage écrit en 1940*, 김용자 옮김, 까치, 2002)과 레지스탕스 활동기간에 쓴『역사를 위한 변명』(*Apologie pour l'histoire ou métier d'historien*, 정남기 옮김, 한길사, 1979)이 분명하게 입증하고 있다.『이상한 패배: 1940년의 증언』에서 블로크는 반유대주의에 대항하는 경우 이외에는 유대인임을 주장하지 않았고, 프랑스를 조국으로 여기고 애국심을 지닌 프랑스인임을 천명했다. 또한 자유와 유럽문명을 파괴하는 압제적 나치 독일군의 침공 앞에 공화국 프랑스가 힘없이 무너져 버린 근본적 원인은 결국 역사가를 비롯한 지식인층의 시대변화에 대한 부적응과 사회적 무책임 때문이라고 비판했다. 역사에 대한 자신의 견해를 요약하고 정리한『역사를 위한 변명』에서는 역사는 정당하며 현재를 이해하고 미래를 예견하는 데 유용한 것이지만, 한편으로는 현재에 대한 관심과 지식 없이는 과거를 이해할 수 없다는 소신이 피력되어 있다.

새로운 역사인식과 아날학파의 창시

블로크의 젊은 시절에 프랑스의 대학가에서는 소르본 학파를 중심으로 랑케 사학이 유행하고 있었다. 랑케 사학은 문헌사료, 특히 관찬(官撰) 사료의 고증을 토대로 개별적 특수성을 간파하여 사건이나 제도 또는 지배자 위주로 서술하는 정치사를 지향한다. 블로크는 독일의 이런 문헌고증학적 역사연구 방법으로부터 영향을 받기는 했으나, 문헌 중심의 무미건조한 사건사나 제도사는 문제가 심각함을 깨달았다. 그래서 이를 극복할 수 있는 새로운 역사 개념과 방법론을 모색했다. 이런 과정에서 몇몇 학자의 영향이 크게 작용했다. 여러 학문 분야의 개별적 연구를 아우르는 경험적 역사의 종합화를 꾀한 앙리 베르(Henri Berr, 1863-1954)의 역사철학, 역사언어학자 앙투안 메예(Antoine Meillet, 1866-1936)의 비교언어학, 사회적 사실의 경험적 관찰과 사회의 일반적 법칙을 추구하고 사회연구에서 비교방법의 중요성을 역설한 에밀 뒤르켐(Émile Durkheim, 1858-1917)의 사회학, 비달 드 라 블라슈(Paul Vidal de la Blache, 1845-1918)의 인문지리학 등은 블로크의 새로운 역사학 형성에 강한 영향을 끼쳤다.

블로크는 역사연구의 대상은 사건이나 제도가 아니라 이들 뒤에 있는 인간이며, 그 연구목표는 구체적 인간 현실의 재구성이라고 생각했다. '살 냄새와 땀 냄새가 나는 인간적인 역사'를 탐구하고자 했던 것이다. 그러나 인간은 고립적 존재가 아니라 사회적 관계 속에 살아간다. 그렇기 때문에 역사연구의 주요 대상은 고립된 개인이나 개인적 행위 및 사상이 아니라 인간집단 또는 사회적 인간이며, 모든 역사적 현상은 사회적 맥락 속에서 이해되어야 한다. 그런데 인간은 사회적 존재이기는 하지만, 복합적인 성격을 띤 종합적인 존재다. 따라서 역사는 사회적 인간의 삶에 대한 전체사적 탐구여야 했다. 동시에 인간은 집단적 연관성을 지니고 장기간에 걸쳐 잘 변하지 않는 거대한 구조 속에서만 파악될 수 있는 존재이기 때문에, 역사는 구조사여야 했다.

사회에 대한 전체사적인 연구를 위해서는 사회과학을 비롯하여 인간에 관한 모든 학문 분야의 연구 방법론과 성과를 이용해 사회분석을 해야 했으며, 역사를 중심으로 여러 학문 분야 연구자들의 협동작업이 요구되었다. 사회 전체의 구조사적 이해를 위해서는 인간의 물질적·정신적 삶을 규제하는 경제구조와 집단 및 사회의 의식구조를 파악해야 했다. 구조사는 물질적 구조사와 정신적 구조사로 구분될 수 있지만, 물질적 구조사가 더 중요하다. 정신적 구조사는 물질적 구조의 소산이기 때문이다. 그러나 반드시 물질적 요인이 정신적 구조를 규정하는 것은 아니다. 이를테면 관습과 같은 사회적 의식은 독자성을 띠기도 하고, 심지어 집단의식이 물질적 구조를 규정하는 경우도 있다.

블로크가 유용하다고 생각하여 즐겨 사용한 역사연구 방법으로는 몇 가지가 있다. 하나는 문제 중심의 역사연구다. 문헌사료의 고증에 토대를 두고 단순히 사건을 시간 순이나 인과관계에 따라 나열하는 랑케 식의 역사를 극복하고 땀 냄새가 나는 역사적 인간사회의 구조를 규명하기 위해서는 현재로부터 제기되는 문제를 해명하는 역사연구 방식이 필요하다. 역사는 죽은 역사가 아니라 현재의 사회적 삶과 연결되어 살아 있으며, 현재사회의 기본적 의문 현상들을 해명할 수 있는 열쇠가 간직되어 있다. 사료를 읽을 경우에도 문제의식을 갖고 '질문표'를 작성하여 임할 때만 의미 있는 지식을 얻을 수 있다. '대부분의 증언들처럼 사료도 심문할 때에만 얘기를 하기' 때문이다.

다른 하나의 특징적 연구방법은 소급적 연구방식이다. 과거와 현재는 상호 연관되어 있으므로, 현재를 통해 과거를 이해하고 과거를 통해 현재를 이해해야 한다. 이에 따라 잔존하는 제도적·물질적 흔적 속에서 과거의 자취를 시간의 역방향으로 추적하는 소급적 방법을 역사연구에 사용할 필요가 있다. 소급적 연구방법은 특히 문헌기록이 매우 부족하고 변화가 완만한 농업사 연구에 적합한 방법이다.

블로크의 다른 또 하나의 중요한 연구방법은 비교사적 방법이다. 이에 대해서는 곧 뒤에서 별도로 개관할 것이다.

블로크의 이와 같은 혁신적인 역사학은 아날학파라고 하는 새로운 역사학의 조류를 낳았다. 이 학파는 블로크가 그의 학문적 동료인 뤼시엥 페브르(Lucien Febvre, 1878-1956)와 함께 1929년에 창간한 『아날(Annales)』지(誌) — 정식 이름은 *Annales d'histoire économique et sociale* 이다 — 에서 유래한다. 인접 사회과학의 연구방법론과 연구성과를 수용하고 경제와 사회를 중심으로 인간의 삶을 총체적으로 다루는 문제 위주의 역사학을 수립하려는 이 학술지의 취지에 공감하는 역사가들 사이에 아날학파라고 일컬어지는 집단이 형성되었다. 아날학파는 주안점이나 연구방법론이 세대와 역사가에 따라 달라지고 다양한 모습을 보이며, 그에 따라서 학술지의 이름도 여러 차례 부분적으로 변경되었다.

그러나 기본적이고 공통적인 역사인식은 별로 변하지 않았다. 문헌사료에 입각한 사건사나 제도사 위주의 직관적·반(反)과학적 경향을 띤 랑케류의 역사학에서 탈피하여 사회 전체의 구조와 변화를 연구하는 과학적인 역사를 추구한 블로크의 역사학에 기초해 있다는 점에서는 공통된다. 블로크와 페브르의 역사학을 계승해 발전시킨 아날학파는 유연하고 열린 자세로 사회과학을 비롯한 여러 학문을 포섭하는 역사학을 수립함으로써, 제2차 세계대전 이후 '사회사학'이라는 새로운 역사학이 서양의 역사학계를 풍미하게 된 근원이 되었으며 70년대 말 이후 우리나라 역사학계에까지 큰 영향을 미치게 되었다.

뛰어난 연구업적
블로크는 새로운 역사학을 이론적으로 정립하는 한편, 중세사를

중심으로 다양하고 광범한 사료를 수집하고 활용하여 구체적 역사
연구에 매진했다. 그리하여 주목할 만한 연구업적을 많이 남겼다. 그
는 중세의 사회경제사와 역사이론에 관해 총 10여 권에 달하는 저서
와 100편에 가까운 논문을 남겼다(그가 쓴 다수의 논문은 그의 사후
1963년에 *Mélanges historiques*[2 vols., Editions de l'EHESS, Paris: Serge
Fleury]라는 이름으로 발간되었다. 이 사후 논문집의 제2권 말미에는 블
로크의 연구업적이 연도별 목록의 형태로 망라되어 있다). 많은 그의
저서 가운데서도 대표적인 저서는 각각 1931년과 1939~1940년에 프
랑스어로 출간되고 근래 우리말로도 번역되어 있는 『프랑스 농촌사
의 기본성격』(*Les caractères originaux de l'histoire rurale française*, 김주식 옮
김, 신서원, 1994. 이 책은 2007년에도 이기영의 번역으로 '나남'에서 출
판되었다.)과 『봉건사회』(*La société féodale*, 한정숙 옮김, 한길사, 1986. *
2001년에 개정판이 출간되었다)라고 할 수 있다.

　『프랑스 농촌사의 기본성격』은 장원의 구조와 변화, 농촌공동체,
토지이용 방식, 경지제도 등을 중심으로 장원제의 역사와 풍경의 역
사를 결합해 프랑스 농촌의 물질적·정신적 구조의 역사를 전체적으
로 재구성한다. 동시에 프랑스 농촌사의 구조적 기본특징을 추출하
고 그런 특징이 역사적으로 어떻게 형성되었는지를 해명한다. 따라
서 블로크의 농촌사는 농업의 역사를 기술적·제도적 차원에서 시대
순으로 서술한 기존의 농업사와는 다를 뿐만 아니라, 사학사적으로
사건이나 제도를 중심으로 직관적 이해와 시간적 계기에 따른 개체
서술을 특징으로 하는 랑케류의 전통적 역사와는 전혀 다른 문제 중
심의 전체사이고 사회구조사라고 할 수 있다. 또 이 책은 프랑스 농
촌사의 특징을 파악하기 위해서 비교사적 연구방법을 적용하고, 경
지제도와 같은 물질적·제도적 잔존물에 대한 분석을 통해 구체적인
과거의 자취를 추적하는 소급적 연구방법을 사용한다. 사료로는 관

습집, 지적부와 지적도, 진정서 등 그 전에는 볼 수 없는 새로운 종류의 사료들을 이용하고 있다는 점도 특징이다. 그러므로 이 책은 블로크의 독창적인 역사인식과 연구방법론이 오롯이 구현되어 있어 사학사적으로도 매우 중요한 의미를 지니는 저술이라고 평가할 수 있다.

전 2권으로 된 『봉건사회』는 9–13세기의 서유럽사회를 복합적 특성을 지닌 봉건사회로 규정한다. 방대한 사료와 해박한 지식을 활용하여 사회유형으로서의 봉건사회 전체의 구조와 그 결합원리를 다양한 측면에서 예리하면서도 유려한 필치로 분석하고 설명한다. 따라서 이 책은, 봉건제를 제도적 차원에서 봉건적 주종관계 내지 할거주의 체제로 이해하거나 아니면 생산양식의 관점에서 농노제로 파악하는 기존 학계의 특정 계급 위주의 일면적 봉건제 인식과는 달리, 봉건제를 하나의 사회유형으로 보고 봉건사회의 구조와 제반 관계에 대한 종합적인 전체사를 구성하려고 한 획기적인 고전적 저작이라고 할 수 있다. 이 책에서 서술하는 봉건사회의 역사도 구조사적이고 전체사적이며 그 밖에 비교사적 연구방법 등을 사용하고 있다는 점에서는 기본적으로 앞의 『프랑스 농촌사의 기본성격』과 같다.

그렇지만 앞의 책이 문제 중심의 구조사적 성격이 강한 데 비해, 이 책은 블로크 역사학의 주요 특성 가운데 하나인 인간은 고립된 개체가 아니라 총체적이고 사회적인 존재이기 때문에 역사는 전체사적이어야 한다는 명제에 매우 충실한 책이라는 차이가 있다고 할 수 있다. 그런데 이 책은 이처럼 서유럽 봉건사회의 전체사 서술을 핵심적 목표로 삼았는데도 장원제와 농노제에 관한 서술 부분이 상대적으로 아주 적다. 이런 점이 이상하게 생각될지 모르지만, 이들 문제에 대해서는 앞의 책을 비롯한 다른 저서들과 글들에서 상세히 다루었거나 다루려고 했기 때문이라고 할 수 있을 것이다.

이와 같은 연구업적은 대부분 양차 세계대전 사이의 비교적 짧은 기간에 이룩된 것이다. 레지스탕스 운동으로 생을 일찍 마감하고 양차 세계대전으로 연구가 장기간 중단되었는데도 양적으로나 질적으로나 이와 같은 연구성과를 냈다는 것은 역사연구에 대한 그의 놀랄 만한 열정과 노력 및 능력을 보여주는 것이라고 하겠다. 더욱이 그의 연구성과물은 어느 것 하나 학문적으로 소홀히 할 수 없을 만큼 주제와 내용 및 질적 수준에서 의의가 크고 우수하다. 그의 업적은 서양 중세사 연구의 지평을 드넓게 확대하고 학계의 연구 수준을 새로운 차원으로 끌어올린 것이었을 뿐만 아니라, 사학사적인 측면에서도 일대 전환을 가져온 것이었다.

2. 이 책과 비교사적 연구결과

번역원서에 대하여

우리말 번역에서 『서양의 장원제 ─프랑스와 영국의 장원제에 대한 비교사적 고찰─』이라고 제목을 붙인 이 책의 프랑스어 원제목은 『Seigneurie française et manoir anglais』이다. 이 책은 원래 출판을 목적으로 쓴 정식 저서가 아니고, 블로크가 1936년에 스트라스부르 대학을 떠나 소르본 대학에 경제사 담당 교수로 부임한 후 작성한 일종의 강의록이다. 이 강의원고는 구술강의용으로 잠깐 사용하기 위해서 작성되었기 때문에 오랫동안 잘 알려지지 않았다.

그러나 본문을 읽어보면 알 수 있듯이, 블로크는 강의록을 큰 정성을 기울여 작성했다. 단순한 메모 형식으로 작성하지 않고 책을 쓰듯이 일일이 논리적으로나 문법적으로 연결된 문장으로 쓴 것이다. 그렇지만 강의원고가 그와 같이 세심하게 준비되지 못하고 비망록의 형태로 되어 있거나 초안 형태로 되어 있는 경우도 이따금 있다.

각 장의 끝 부분에서 흔히 그렇다. 그러나 대개의 경우 그다지 큰 문제가 되지 않는다. 다만 강의원고의 맨 끝 부분에 해당하는 제3부 제3장 제3절의 "영주적 반동"에 관한 글의 대부분이 간단한 메모 형태로 되어 있을 뿐이다. 일부나마 이처럼 비망록이나 초안 형태로 된 것은 강의의 세부 주제별 끝 부분의 원고가 미처 준비되지 못했거나 강의 현장에서 제한된 시간 내에 강의를 융통성 있게 진행하려고 했기 때문일 것이다. 또한 강의원고가 다소나마 누락되거나 분실된 경우도 두어 군데 있다.

　프랑스와 영국의 장원제에 관한 블로크의 강의원고는 이와 같은 자료상의 결함이 일부 있지만 대부분 완벽한 문장으로 작성되어 있다. 내용 면에서도 수준이 우수하고 블로크 특유의 독창성이 두드러지게 나타난다. 또 원고를 출간 목적으로 쓰지 않고 젊은 대학생들에게 강의할 목적으로 작성했기 때문에, 오히려 참신하고 흥미로우면서도 심사숙고해 볼 만한 견해들로 가득 차 있다. 그래서 이 책은 조르주 뒤비(Georges Duby, 1919-96)와 같은 후세 역사가에 의해서 '마르크 블로크의 모든 업적 가운데, 그리고 마르크 블로크라는 역사가의 숙달된 솜씨 가운데 가장 매력적인 것'이라는 평가를 받고 있다. 바로 이와 같은 완벽성과 강점이 뒤늦게 발견되어 이 강의록은 1960년 파리의 고등연구원(Centre National de la Recherche Scientifique et de l'Ecole Practique des Hautes Etudes) 제6부에 의해 책으로 출간되기에 이르렀던 것이다. 이 책은 프랑스와 영국의 농촌구조의 차이를 장원제의 역사를 고찰해 밝힘으로써 사학사적인 측면에서 비교사적인 연구방법의 유용성을 모범적으로 증명해 보인 의의 깊은 논저이기도 하다.

블로크의 비교사론

프랑스와 영국의 장원제에 대해 비교사적으로 고찰한 이 책은 저자 블로크의 역사인식과 연구방법론이 두루 반영되어 있다. 그러나 이 책이 특별히 주목받는 것은 그의 역사인식보다는 문제 중심의 역사연구 방식, 소급적 연구방식, 비교사적 연구방법 등 블로크 특유의 역사연구 방법이 십분 적용되고 있기 때문이라고 할 수 있다. 저자는 20세기 초엽에 영불의 농촌에 보이는 풍경과 경제적 구조의 차이가 어떻게 생겨났을까 하는 문제의식에서 출발하여 그 역사적 연유와 과정을 추적하는 문제 중심의 연구방법을 사용한다. 그리고 근래의 농촌 풍경과 경제적 흔적으로부터 과거로 거슬러 올라가면서 추적하는 소급적 연구방법을 사용하기도 한다. 또한 이러한 현재적 문제의식에서 소급하여 영불의 장원제 역사를 비교하면서 고찰하기도 한다.

그렇지만 이 책에서 단연 돋보이는 연구방법은 비교사적 방법이다. 현대 영불 양국 농촌사회의 차이의 원인을 시종일관 양국의 장원제 역사를 비교하여 고찰함으로써 규명하려고 하고 있기 때문이다. 그래서 우리가 여기서 블로크의 연구방법 중 보다 자세히 살펴볼 것은 우선 그의 비교사 이론의 내용이 무엇인가 하는 점이라고 하겠다.

20세기 초까지 비교방법은 주로 사회학계에서 사용되었다. 블로크의 새로운 역사학 형성에 큰 영향을 끼친 사회학자 뒤르켐 역시 비교사회학의 중요성을 강조해 마지않았다. 사회학자들은 존 스튜어트 밀(John Stuart Mill, 1806-73)이 1843년 『논리학 체계』(*A System of Logic*)에서 제시한 바에 따라 비교방법을 기본적으로 '일치법'(method of agreement)과 '차이법'(method of difference)으로 구분하여 사용했다. 일치법은 사례들의 비교를 통해 공통적으로 일치하여 나타나는 요인을 찾아내어 이른바 '이상형'이나 '전형' 또는 '일반적

유형'을 추출하는 방법이고, 차이법은 사례들 간의 상이점을 찾아 이 상형을 파악하거나 검증하는 데 사용된 것이다. 역사학계에서 비교 방법을 본격 채용한 것은 1920년대 들어서이고, 그 대표적 역사가는 중세 사회경제사가 앙리 피렌(Henri Pirenne, 1862-1935)이었다. 그 는 비교방법을 중세도시 연구에 적용하여 중세도시의 일반적 유형 을 정립했다. 블로크의 비교사는 그가 스승으로 생각했던 피렌의 비 교사에 큰 영향을 받았다. 그렇지만 블로크는 사회학적 비교방법을 수용해 사용한 피렌과는 달리 역사학적 비교사를 발전시켰다.

블로크는 비교사와 관련하여 1928년 오슬로 국제역사학대회 중 세사 분과에서 "「유럽사회의 비교사를 위해」"(Pour une histoire comparée des sociétés européenes)라는 제목의 논문을 발표했다(이 논 문은 *Revue de synthèse historique* 1928년 12월 호와 그의 사후 논문모음집인 *Mélanges historiques*, 제1권〔Paris: EHESS., 1963〕, pp. 16-40에 수록되어 있다). 이 논문에는 비교사에 대한 그의 주장이 잘 드러나 있다.

블로크에 따르면 비교는 '상이한 사회환경에서 둘 이상의 유사한 현상들을 추출하고, 이들 현상의 변화곡선을 그려보며, 유사점과 상 이점을 확인하고 설명하는 것'을 의미한다("유럽사회의 비교사를 위 해", *Mélanges historiques*, 제1권, p. 17). 비교사는 상이한 인근 사회들 상 호 간의 영향과 역사적 현상들 사이의 연관관계를 설명하고, '일반 적인 참다운 원인' 또는 '유일한 실제 원인'을 파악하며, 유사점과 함 께 상이점과 개별적 특성 및 차이의 원인을 밝히는 것을 목적으로 한다.

블로크의 위 논문에 의하면 비교방법에는 두 가지가 있다. 하나는 시·공간적으로 동떨어져 있어 상호 간의 영향관계나 공통의 기원을 찾을 수 없는 사회들 사이에 유사한 현상이 나타나는 경우의 비교다 ('원격지 비교방법'). 블로크는 그 사례로 인류학자 제임스 프레이저

(James George Frazer, 1854-1941)의 『황금가지』(*The Golden Bough*)에 나오는, 로마제국 초기 로마 인근 네미 호숫가의 디아나 사원에서 사제 지원자는 현직 사제를 살해해야만 사제가 될 수 있는 관습을 현대의 미개사회에서 찾아 비교하는 것을 들었다. 블로크는 유추에 근거한 가설의 설정을 통해 개별적으로는 상이하지만 같은 부류에 속하는 제도들을 찾아내고, 이 제도들에 대한 비교·고찰 속에서 그 동기와 의미를 추론할 수 있다고 했다.

다른 하나의 비교방법은 지리적으로나 시간적으로 근접하여 기원과 발전과정상의 작용요인을 공유하고 상호 큰 영향을 미치는 사회들 사이의 비교다. "끊임없이 상호 영향을 주고받으며, 인접성과 동시대성 때문에 동일한 거대 요인들의 작용을 받아 발전하고, 적어도 부분적으로는 공통의 기원을 갖는 동시대의 인접 사회들을 견주어 연구하는 것"이다. 블로크는 이 두 가지 비교방법 가운데서도 두 번째 방법이 역사연구에 더 적합하다고 한다.

블로크에게 있어 비교방법은 역사연구의 여러 유용한 수단 가운데 하나가 아니었다. 비교사는 그 이상의 가치를 가진 것이었다. 그는 1928년 오슬로 국제역사학대회에서 단순히 비교사에 관한 한 학술논문을 발표한 것이 아니었다. 역사학의 미래는 비교방법의 적용에 달려 있으며 오늘날 역사연구에 가장 필요한 과제 중의 하나가 비교방법을 일반화하고 완성하는 것이라고 역설하고 호소했다. 블로크는 왜 이렇게 비교사를 중요시했을까?

블로크가 밝힌 바에 의하면 그것은 첫째, 예컨대 개방경지제나 농노제 또는 게르만어와 같은 역사상의 경제적·사회적·문화적 현상은 민족과 국가의 경계와 일치하지 않으므로, 이런 테두리와는 다르거나 그보다 더 넓은 차원의 역사연구가 필요하기 때문이다. 따라서 그는 역사 연구와 서술은 비교사를 통해 민족이나 국가와 같은 편협

한 틀을 벗어나야 하며 벗어날 수 있다고 주장한다. 둘째, 비교 없이 민족이나 국가 또는 지방 단위의 개별적 연구만으로는 역사적 현상의 원인과 의미를 제대로 파악할 수 없기 때문이다. 그는 『프랑스 농촌사의 기본성격』에서 프랑스 농촌사의 독특한 성격과 프랑스 농촌사에서 일어난 변화의 진정한 의미는 유럽적 지평에서 비교사적으로 접근할 때 비로소 이해될 수 있으며, 프랑스 안의 다양한 지역적 차이도 비교사를 통해 밝혀질 수 있다고 했다. '지방적 연구가 없다면 비교사는 아무 것도 할 수 없지만, 비교사가 없다면 지방적 연구는 무의미하다'는 것이다. 셋째, 비교사는 민족이나 국가 간의 분쟁과 갈등이 고조되는 전간기(戰間期)의 상황에서 긴장관계를 완화하고 상호 간의 이해와 화해에 기여할 수 있는 역사 방법이었기 때문이다.

블로크는 비교사의 의미와 중요성을 역설하는 데 그치지 않고, 비교사적 연구방법을 실제로 그의 역사연구에 거의 전면적으로 적용하여 괄목할 만한 성과를 거두었다. 고전적 역작이라고 할 수 있는 그의 주저 『프랑스 농촌사의 기본성격』과 『봉건사회』는 비교사적 연구방법을 적극 활용함으로써 산출된 성과라고 해도 과언이 아닐 것이다.

책의 구성체계와 비교사적 고찰의 요지

블로크의 비교사 이론에 이어 살펴볼 것은 프랑스와 영국의 장원제 역사를 비교사적으로 논구하여 서술한 이 책의 구성체계와 그 내용이라고 하겠다. 내용에 관해서는 영불의 장원제가 각기 그 성립과 전개과정에서 상이한 점이 무엇이었는지가 중심이 되어야 할 것이다.

이 책은 전체적으로 문제를 제기하는 서론 부분과 비교사적 분석을 통해 문제제기에 대한 해답을 탐색하는 본문으로 구성되어 있다. 분문은 상이한 장원제 발전의 최종 단계와 결과에 관한 부분을 포함한다. 이런 구성체제는 특별할 것이 없고 학술서적이라면 당연하다고 생각할지 모른다. 그렇다. 그러나 블로크는 글의 형식적 구성체제에서만 그런 것이 아니다. 그보다 훨씬 중요한 점은 그의 역사학의 주요 특징 가운데 하나인 문제 중심의 역사를 이 책에서 구현하고 있다는 것이다. 아래에서 보는 바와 같이, 그는 영불 양국의 현대 농촌사회의 대조적 풍경과 구조가 어떻게 해서 생겨났는지 장원제의 역사를 통해 해명한다. 현대사회의 문제로부터 출발해서 역사적 과정을 비교·고찰하고 명징한 해답을 구하는 역사연구 서적은 유례를 찾기 힘들다고 하겠다.

서론은 영불 양국의 현대 농촌사회가 매우 대조적임을 환기시킨다. 외관상 영불해협의 프랑스 쪽 땅은 울타리가 없이 탁 트인 개방경지제와 집촌(集村)을 특징으로 하는 풍경이 펼쳐지는 데 비해, 영국 쪽은 울타리로 둘러쳐진 경지제도(인클로저)와 외딴집〔散村〕으로 된 풍경이 전개된다. 농촌사회의 구조에서도 영국은 프랑스에 비해 농업인구의 비중이 훨씬 낮고, 토지 가운데 곡물경작지가 훨씬 적은 대신 목초지의 비중이 높아 곡물의 자급률이 매우 낮으며, 대토지소유제가 지배적이다. 이에 반해 프랑스는 농업인구의 비중이 훨씬 높고, 곡물경작지의 비중과 곡물의 자급률이 매우 높으며, 대토지소유가 존재하지만 중소 규모의 농민적 토지소유와 병존한다. 바로 이런 영불 양 농촌사회의 대조적 현상의 원인을 본문에서 장원제 역사의 고찰을 통해 탐구하겠다고 한다. 탐구의 방법은 비교사임을 분명히 한다. 서론에서는 그 밖에 장원은 영주의 이익을 위한 경제조직이자 지배조직이며, 완벽한 형태의 장원은 영주직영지와 농민보유지로 조직된다고 정의한다.

영불 양국의 장원제 역사를 비교·분석한 본문은 초기의 장원제를 취급한 제1부와 중세 전성기인 11-13세기의 장원제 변천을 다룬 제2부 그리고 중세 말기인 14세기 이후의 장원제 변천과 귀결을 다룬 제3부로 구성된다.

제1부 제1장은 프랑스 북부 지역을 중심으로 일찍이 카롤링왕조 시대에 유럽에서 처음으로 성립하고 발달한 고전적이고 전형적인 형태의 장원제 구조를 제시하고, 제2장은 11세기에 뒤늦게 실시된 영국의 고전적 장원제를 논한다.

제1장에 의하면 북부 프랑스에서 발달했던 고전적 형태의 장원은 영주직영지와 농민보유지로 구성되고, 전자는 후자 보유자들의 부역노동으로 경작된다. 이런 장원제는 영주직영지가 농민들의 부역노동으로 경작된다는 구조적 조건으로 인해 집촌 형태의 주거지역에 적합하다. 고전장원제에서 영주는 농민에 대해 착취자인 동시에 마음대로 명령권을 행사하는 지배자였다. 농민 집단에 대한 영주의 착취는 이런 경제외적 강제에 의해 가능했다.

농민보유지는 영주에 대한 부역 및 공납과 같은 의무 부과와 수행의 단위였다. 그렇기 때문에 하나의 농민보유지는 한 세대의 농민가족이 보유하는 것이 원칙이었다. 그러나 이미 9세기부터 농민보유지의 이런 보유 원칙은 붕괴되어 농민보유지는 분할되기 시작하고 시간이 갈수록 분할이 가속화되었다. 장원에는 고대로부터 내려오는 다양한 신분이 존재했다. 그러나 다 같이 영주에게 종속되어 비슷한 의무를 수행한다는 조건으로 인해 하나의 통일된 장원 예속민이 형성되고 있었다. 11세기에 장원 주민은 일괄해서 '빌렝'(vilain)으로 불리게 되었고, 빌렝 가운데 특별히 인신 예속성이 강한 사람은 '농노'(serf)라고 불렸다.

제2장에서 블로크는 먼저 영국에서 1066년 노르만족의 영국 정복

이 있기 전까지의 영국 농촌사회의 주요 특징을 적시한다. 첫째, 갈리아와 마찬가지로 브리튼 섬도 일찍이 켈트족이 살던 땅으로 똑같이 로마제국의 지배를 받았으나, 프랑스보다 로마화 수준이 훨씬 떨어진다. 둘째, 갈리아로 침입한 게르만족은 로마인과 공존·융합하고 로마의 행정조직과 문화를 계승한데 반해, 브리튼 섬에서는 게르만족이 정복자로 등장하여 선주민을 적대시하고 로마의 유산과 단절했다. 셋째, 갈리아에서는 게르만족의 침입이 생활 깊숙이 영향을 미친 침략으로는 마지막 것이었으나, 브리튼 섬에서는 게르만족의 침략 이후에도 스칸디나비아인의 침략과 영향이 1066년 프랑스 노르망디 지방 출신 노르만족의 정복 때까지 강력하게 지속되었다. 이와 같은 이유들로 영국에서 장원제를 비롯한 봉건사회 형성은 프랑스에 비해 훨씬 늦어졌다.

물론 노르만족 정복 이전의 앵글로색슨사회에서도 봉건사회 형성에 필요한 조건이 조성되고 있었다. 그러나 봉건제사회가 성립할 정도는 아니었다. 영국에서 봉건사회가 본격적으로 성립한 것은 노르만족의 정복 이후다. 노르망디 출신의 노르만족은 영국을 정복한 후 프랑스 식 봉건제를 이식하고 그것을 모델로 하여 완벽한 형태로 시행했다. 그 결과, 프랑스에서는 봉건제가 왕권이 유명무실하고 지역할거주의적이었던 데 비해, 영국에서는 국왕 중심의 중앙집권적인 봉건적 주종관계가 전국적으로 철저하게 실시되었다. 장원제 역시 프랑스의 고전장원제가 도입되어 전국의 토지가 고전적 형태의 장원제로 재편되고 고전적 장원제가 엄격히 실시되었다.

농민보유지의 분할불가 원칙만 해도 프랑스와는 달리 영국에서는 철저하게 고수되었다. 농민보유지의 분할불가 원칙 준수로 말미암아 프랑스보다 더 가난한 다수의 빈농과 농업프롤레타리아가 발생하게 되었으며, 많은 프롤레타리아의 존재는 소작제 방식의 토지경영에 대한 영국 영주들의 의존도를 낮추고 토지를 직접 경영하는 데에 기여했다. 정복 후 앵글로색슨시대부터 존재했던 여러 부류의 부자유인 계층은 물론이고 그 때까지 자유인이었던 농민들까지 부역과 공납의 의무를 수행하는 고전장원의 예속민으로 편입되었으며, 이들 예속민은 모두 빌런(villein)이라고 불린 장원 예속민 집단으로 통합되었다. 아직 확실한 구분체계가 정립된 것은 아니었지만, 자유인 신분 유지자는 공적(公的) 재판을 받고 빌런 집단은 영주의 재판권 지배를 받는 경향이 생겨났다.

제2부의 주제는 11-13기에 진행된 장원농민의 법적 신분 변동과 장원 경제구조의 변동이다. 제1장에서는 프랑스를 중심으로 장원농민의 신분변동을 고찰한다. 프랑스에서는 12세기 말부터 농민보유지의 분할불가 원칙은 완전히 포기되며, 부역 및 공납의 의무를 수행한다는 조건으로 영주의 토지를 보유하는 사람은 모두 빌렝이라고 불렸다. 빌렝은 비(非)세습적 소작인인 적은 수의 자유인과 '농노'(serf)라고 불린 다수의 부자유인으로 구분되었다. 농노는 인신이 세습적으로 영주에게 예속되어 있는 자로서, 인두세 따위의 신분세를 지불했다. 농노의 토지보유를 포함한 빌렝의 토지보유는 관습에 의해 보호됨으로써, 농민의 토지 세습과 양도의 길이 열리게 되었다. 장원재판소도 노동력 확보를 위해 빌렝의 항구적·세습적 토지보유를 묵인했다.

제2장에서는 장원농민에 대한 프랑스와 영국의 재판관할권 변화 추이를 살핀다. 프랑스에서는 9세기 이후 카롤링왕조의 쇠퇴와 붕괴에 따라 공적 재판이 완전히 사라졌다. 국왕은 그의 직접적 봉신들과 왕령지 주민들에 대해서만 재판권을 행사하고, 농노는 물론이고 자유인 신분의 장원 예속민에 대해서도 영주가 재판권을 행사했다. 그러나 13세기 이후 국왕은 공공질서와 정의의 수호자임을 자처하며

재판권을 점차 왕국 전체로 확대하는 동시에, 장원농민과 영주의 관계에 개입하여 농노를 포함한 빌렝의 토지 보유와 상속권을 보호했다. 이와는 달리 영국에서는 장원 예속민인 빌런 집단의 토지보유권은 결국 국왕의 보호를 받지 못하고 말았다. 12세기 후반에 헨리 2세가 영주 계급과 타협하여 자유농민은 국왕재판소의 재판관할을 받고, 부자유농민으로 간주된 빌런 집단은 영주의 재판관할을 받도록 하는 결정적 사법 조치를 취했던 것이다. 이 조치로 영주가 장원의 관습을 자의적으로 해석할 수 있게 됨으로써, 다수의 장원농민이 보유지에 대한 세습권을 보호받지 못하게 되었다.

　제3장에서는 영국에서는 대토지소유제가 우세했던 데 비해 프랑스에서는 대토지소유제와 더불어 중소 토지소유제가 병존하게 되었던 원인을 이제는 법적 차원에서가 아니라 장원 경제구조의 변동에서 찾는다. 프랑스에서는 12-13세기부터 장원농민의 부역노동 부담이 대폭 감소하고 시설물 강제사용료, 타이유(taille)세 등과 같은 현물 내지 현금 형태의 부담이 크게 증가했다. 부역부담이 크게 줄어든 것은 영주직영지가 대폭 축소되고 축소된 직영지 부분은 농민들에게 소작지로 분양된 데서 기인한다. 직영지가 축소된 것은 장원 관리인의 권한남용이나 횡령 및 회계지식 부족, 잉여생산물의 이용과 수송의 곤란, 농민의 부역부담을 줄여 줌으로써 권력과 수입의 원천이 되는 장원주민의 수를 늘리려는 영주의 욕구 등 때문이었다. 그러나 영국에서는 영주직영지가 아래에서 보는 바와 같이 프랑스만큼 크게 축소되지 않았다.

　제3부에서는 중세 말 이후 경제상황이 변함에 따라서 장원제가 영불 양국에서 어떤 운명을 맞이하고 어떤 결과를 빚었는지를 분석한다. 제1장은 중세 말과 근대 초의 경제상황 변화를 다룬다. 중세 말기인 14-15세기에 프랑스에서는 직영지가 대폭 축소되어 영주는 거의

소작료 수취생활자로 살았고, 영주직영지의 축소로 소농과 중농의 수는 매우 많아지고 견고한 집단을 형성했다. 영국에서도 영주직영지가 축소되기는 했으나 프랑스보다는 훨씬 큰 규모로 잔존했으며, 농민보유지는 프랑스에 비해 덜 보호되었다. 중세 말기에 화폐지대를 수취하게 된 영주의 실질수입은 귀금속 함유량의 감소에 따른 화폐가치의 하락과 물가상승으로 크게 줄어들었다. 더욱이 16세기와 17세기에는 가격혁명으로 물가가 폭등하여 화폐지대 수입은 큰 손실을 입었다.

제2장에서는 중세 말엽 이후 경제상황의 변화에 대한 영국사회의 대응과 그 결과에 대해 논술한다. 프랑스와 마찬가지로 영국에서도 영주직영지 축소 현상이 나타났다. 그러나 영주직영지 축소가 프랑스보다 뒤늦은 13세기 말과 15세기 사이에 진행되었고, 직영지는 많이 남아 있게 되었다. 영국에서 직영지가 많이 잔존할 수 있었던 것은 첫째, 프랑스와 달리 영지의 하급 관리자층이 미약했던 데다 상급 관리인의 경우에는 중세 말기라는 시점에서 회계 지식을 갖춘 사람을 봉급제나 청부제로 고용할 수 있었기 때문이다. 그럼으로써 영주는 관리인의 권력남용이나 횡령을 줄이고 토지를 효율적으로 직접 경영할 수 있었던 것이다. 둘째, 영주직영지에서 생산되는 곡물이나 양털과 같은 잉여농산물은 13세기부터 스칸디나비아 등지로 수출할 수 있었고, 14세기 말부터는 국내의 모직물 공업 발전으로 수요를 확보할 수 있었기 때문이다. 셋째, 부역노동의 금납화(金納化)가 점점 가속화됨에 따라 여기서 생기는 화폐수입으로 농업프롤레타리아를 고용해서 직영지를 경영할 수 있었기 때문이다. 영국에서는 농민보유지의 양도금지와 단 한 명의 상속자에게만 보유지의 상속을 허용하는 관습으로 말미암아 농촌에 프랑스보다 더 많은 프롤레타리아가 존재했다. 이들은 영주의 직영지 경영에 필요한 값싼 임금노동을

제공하게 된다.

헨리 2세의 사법 조치로 빌런의 토지보유가 국왕재판소의 보호를 받지 못하게 된 상태에서 영주는 지대를 인상하거나 농민을 토지로부터 내쫓음으로써 농민보유지를 박탈했다. 그리하여 영주직영지는 확대된 반면에 농민적 토지소유는 쇠퇴했다. 특히 13세기부터 19세기까지 진행된 인클로저 운동은 소농들이 토지에서 추방되어 대대적으로 농업프롤레타리아에 편입되는 결과를 초래했다. 요면(yeoman)과 같은 중농도 19세기에는 정부의 소농 보호와 자본주의체제에의 부적응 및 곡가의 폭락으로 몰락한다. 영주 계급 역시 장미전쟁과 물가상승으로 큰 타격을 받아 쇠퇴하게 된다. 반면에 신흥지주층인 젠트리(gentry)는 치안판사직과 의회권력을 독점하고, 해산된 수도원의 토지를 불하받으며, 인클로저를 통해 농장을 통합하고, 자본주의적 농업경영과 상업활동을 행하여 막강한 권력과 재력을 가진 세력으로 성장했다. 젠트리 계층에는 상인 출신의 부르주아들도 합류했다. 그러나 젠트리 세력도 19세기의 보통선거제 실시와 선거구의 균등조정 및 도시주민의 수적 우세로 결국 크게 약화되게 된다.

제3장은 16세기부터 1789년 대혁명이 일어나기 전까지의 프랑스 장원제를 둘러싼 변화 양상을 논한다. 다수의 귀족 가문이 백년전쟁과 종교전쟁 및 가격혁명으로 몰락한 반면에, 많은 부르주아가 토지와 영주적 특권을 취득하여 귀족 계급에 편입되었다. 이에 따라 프랑스에서도 영국과 마찬가지로 자본가적 정신을 가진 영주들이 대두했다. 그러나 대다수의 귀족은 상공업 활동을 하지 않고 관직으로 진출했다는 점에서 영국과는 달랐다. 영주들만이 아니라 법률가들과 차지농들도 장원제의 존속을 지지했다. 특히 세습적 관료층을 형성한 고등법원의 사법관들은 귀족 계급에 가담하여 영주적 반동을 옹

호했다. 영주계급은 폐기된 특권들의 부활, 농민부담의 증가와 토지 획득을 목적으로 한 토지대장의 재작성과 토지측량, 토지에 대한 영주재판권의 유지, 토지의 부당점유나 값싼 매입을 통한 토지집적, 농민들의 집단용익권 배제를 통한 공유지 독점, 분할에 의한 공유지의 사유화 등의 반동적 조치를 취했다. 이에 대해 군주정부는 농민에 대한 영주의 과도한 부담부과와 토지탈취를 억제하는 농민보호 조치를 취했다. 그렇지만 그런 조치는 조세수입의 확보 차원에서 이루어진 것이었으므로 일정한 한계를 지니고 있었다. 결국 프랑스의 장원제는 대혁명기의 법률들에 의해 철폐된다.

서론

프랑스의 장원(seigneurie)과 영국의 장원(manoir)을 비교하는 이 책의 주제를[1] 고찰하기 위해, 우리는 여러 가지 면에서 우리 문명의 희미한 기원에 관련될 만큼 상당히 먼 과거까지 거슬러 올라가야 할 것이다. 그렇지만 먼저 살펴봐야 하는 것은 오늘날 농촌의 상황이다.

1. 현대 프랑스 농촌과 영국 농촌의 대조적 모습

내가 다음과 같이 말하더라도 놀라지 않기를 바란다. 내가 생각하기에, 역사가는 종종 매우 의식적으로 현재를 출발점으로 삼는 것이

---

1) 본래 프랑스어 원서의 제목은 "Seigneurie française et manoir anglais"로 되어 있다. 블로크는 제목만이 아니라 본문 전체에서 대체로 프랑스의 장원은 'seigneurie'로, 영국의 장원은 'manoir'로 구분해서 쓰고 있다. 어원을 따져보면 프랑스의 seigneurie는 영주의 권력이 미치는 영역이라는 의미가 강한 데 비해, 영국에 관한 manoir는 원래 영어로는 'manor'로 주거지 또는 저택이라는 의미가 강하다. 그러나 두 단어는 기본적으로 동일한 구조를 지닌 봉건사회의 장원을 지칭한다. 그래서 이 번역서에서는 특별히 필요한 경우를 제외하고는 장원이라고 번역한다.

좋다. 역사가가 스스로 분명하게 밝히거나 자인하지 않으면서 우연히 현재를 출발점으로 삼는 경우가 있으나, 그렇게 하는 것은 매우 위험하기 때문에 나는 '의식적으로'라는 말을 사용하는 것이다. 그렇지만 우리를 둘러싼 세계가 언제나 반드시 극명한 것은 아니다. 너무도 많은 역설적인 예를 들지 않더라도, 현재 우리가 살고 있는 사회만큼 모르는 것도 없다고 할 수 있기 때문이다. 그러나 오직 현재만이 현실의 삶에 직접적으로 닿는 더없이 소중한 선물을 우리에게 제공한다. 어느 날 앙리 피렌은[2] 나에게 "나는 골동품 연구자가 아니라 역사가다. 그렇기 때문에 나는 현실의 삶을 사랑한다"라고 말했다. 그런데 방금 내가 여러분들에게 말했던 바와 같이 보통 현재를 이해하기가 대단히 어려운 것처럼 보인다면, 그 주요한 원인 가운데 하나는 현재가 그 자체 내에 스스로를 설명할 수 있는 요소를 갖고 있지 않기 때문이다. 현재란 것은 결국 시간의 무한한 연속 속에 작위적으로 잘라낸 한 순간이므로, 그것에 선행하는 시대들의 영향을 받는다. 현재는 과거에 의해서, 가끔은 아주 먼 과거에 의해서, 물론 온통 지배받는 것은 아니지만, 크게 지배받는다. 역사에서 중요하거나 그 영향이 큰 현상은 현대에 나타난다고 생각하는 것만큼 큰 착각은 없다. 그런데도 자칭 근대적 정신의 소유자라고 하는 일부 사람은 너무나 빈번하게 그런 실수를 저지른다. 물론 나는 그 어떤 직업적 역사가가 정력을 기울여 탐구할 필요가 없는 역사란 존재하지 않는다고 생각한다. 인간사회는 어릴 적에 생긴 버릇의 영향을 크게 받

---

2) 벨기에의 역사가이자 현대 경제사학의 선구자이다. 『중세사회경제사』(*Histoire économique et sociale de l'Europe médiévale*), 『중세도시』(*Les villes du Moyen Âge*), 『모하메드와 카롤루스 대제』(*Mahomet et Charlemagne*), 『벨기에사』(*Histoire de Belgique*) 등의 저서가 있다. 블로크에 대한 지적 스승으로, 특히 1923년 그의 비교사 제창은 블로크의 비교사적인 역사연구에 직접적인 영향을 끼쳤다.

는 고령의 노인과 같다. 요컨대, 이 연구의 이유이기도 한 이런 명백한 사실에서 다음과 같은 일종의 역설이 성립한다. 역사가는 힘이 미치는 한 현재에 대한 이해의 문을 열어 줄 임무를 띠고 있기 때문에 참으로 자주 문제를 제기해야 할 대상은 현재이며, 그런 뒤 고문서의 숲 속에서 문제에 대한 해답을 추적하게 된다는 점이다.

따라서 시간여행을 떠나기 전에 먼저 현대의 공간과 세계로 간단한 여행을 떠나 보자. 나는 철도회사와 해운회사가 우리를 몇 시간 안에 프랑스에서 영국으로 태워다 주는 동안 나타나는 구경거리보다 더 인상적인 것은 없다고 생각하며, 그보다 더 당혹스러운 것 또한 없다고 감히 말하고 싶다. 이보다 더 짧은 여행이나 손쉬운 여행은 없을 것이다. 그렇지만 도버해협의 한쪽 해안에서 다른 쪽 해안으로 그렇게 짧은 시간에 건넜는데도 풍속이나 심지어 풍경에서조차 얼마나 놀라운 대조가 나타나는가 ! 그런데 너무나 단순한 이런 관찰─이런 단순한 관찰에 따르면, 교통의 발달로 인해서 인간 내면세계의 차이까지 줄어들 것이다─을 깊이 따져 보게 하는 요소가 거기에는 있지 않겠는가. 나는 여기서 그런 두 지역의 환경차이를 구성하는 온갖 요소 가운데 단 한 가지, 즉 농촌의 외관에서 나타나는 요소만을 살펴보고자 한다. 지금도 피카르디 지방에서는 옛 프랑스의 특징을 지닌 경작지를 볼 수 있다. 이따금 무척 기다랗게 뻗은 밭들이 있는가 하면, 계절에 따라서 어떤 때는 곡식의 수확물이 보이고 어떤 때는 건초더미나 사탕무 더미가 나타난다. 큰 마을들이 존재하고, 날씨가 여간 나쁘지 않다면 곳곳에서 사람들과 역축들이 일을 하고, 가끔 양들이 곡식의 그루터기가 남아 있는 밭 위를 이리저리 옮겨 다니는 모습을 볼 수 있다. 마지막으로 '광활한 평야들' 가운데 하나일 뿐인 한 고장 전체에 거의 울타리가 없음을 볼 수 있다. 이런 광활한 평야에 대해서는 이미 18세기의 어떤 사료에서 "어떤 농부가 같은 한 들판이나 면(面, canton) 안에 그가 갖고 있는 모든 땅뙈기들에서 벌어지는 일들을 한 눈에 다 바라볼 수 있다"라고 하고 있다.[3]

　그러나 이와 달리 바다 건너편 영국에서는 거의 어디서나 토지가, 18세기 이후 영국의 많은 판화에서 친숙하게 묘사된 생울타리나 마른 울타리로 구획되어 있음을 볼 수 있다. 밀밭은 별로 보이지 않고 수목과 풀밭이 많으며, 가옥의 대다수는 외따로 떨어져 있고 전체적으로 가옥과 사람을 찾아보기 어렵다. 그래서, 실상 잘못 아는 것이지만, 다소 피상적으로 관찰하는 사람들은 영국의 농촌 전체가 마치 런던 서쪽의 켄징턴 가든즈(Kensington Gradens)가[4] 갑자기 연장된 것처럼 하나의 광대한 공원에 지나지 않는다는 착각에 빠지기 쉽다. 내가 의식적으로 다소 과장된 이런 표현상의 대조법을 썼지만, 나는 이런 대조법을 사용할 때 여러 가지 세부적 차이를 고려해야 한다는 것을 잘 알고 있다. 즉, 영국으로 말하자면 특급열차의 승강구 문을 통해 한 번 힐끗 보고 생각하는 것보다 훨씬 더 다양하며, 프랑스 역시 보카주(Bocage)[5] 풍경이 존재하는 나라이기 때문에 그 어떤 나라보다 다양성이 풍부하다. 그렇지만 그런 대조적인 인상은 반드시 거

---

3) Archives de la Somme, C. 136(둘랑즈의 직무대리인). Marc Bloch, *Les caractères originaux de l'histoire rurale française*(이하 *Les caractères originaux*로 줄여 씀), 제I권, p. 38에서 재인용.
기다란 직사각형의 경지, 규칙적인 농작물의 재배와 수확, 집촌 형태의 마을, 추수 후 농경지에서 마을 전체 가축의 방목, 울타리가 없는 넓은 들판 등은 중세의 마을공동체적 농촌사회에 특징적인 토지이용 방식으로 개방경지제라고 부른다. 이런 농촌 경관이 프랑스에서는 아주 뒤에까지 잔존했다.
4) 런던 서부에 있는 거대한 공원.
5) 개별 가옥과 그 주변에 배치된 농경지가 수목으로 된 울타리로 둘러쳐져 작은 숲 모양을 이루는 프랑스 서부 지방 특유의 전원풍경을 가리키는 말이다. 이 지방은 중세부터 울타리가 없는 개방경지로 되어 있지 않고 산울타리로 둘러싸인 외딴 농가들로 된 특이한 풍경을 보인다.

짓된 것만은 아니며 시각상의 놀라운 충격은 시사하는 바가 크다.

사실 여기서 우리는 현재에 대한 관찰자가 사용하는 강점을 이용해, 다소 먼 과거를 연구하는 역사가에게 극도로 부족한 점 가운데 한 가지를 극복할 수 있다. 내가 의미하는 것은 통계수치의 이용이다. 농촌에 관한 통계자료를 수집하는 것은 쉽지 않으며 그 통계자료를 비교하기는 더더욱 어렵다. 통계자료의 신빙성도 아주 높지 않다. 그러나 그런 통계자료를 사용해 크기 면에서의 수준은 가늠할 수 있다. 그 가운데 정밀하지 않지만 의미가 큰 것으로 보이는 몇몇 자료는 다음과 같다.

1) 전체 취업인구 가운데 농업 종사자 수의 백분율(1934년)

잉글랜드와 웨일스	프랑스
5.3퍼센트	35.3퍼센트

※ 나는 프랑스에 관한 수치는 확실히 커다란 결함이 있다고 생각한다. 왜냐하면 프랑스의 시골 마을에 거주하는 수많은 장인이, 수공업이 그들의 주요 수입원이 아니고 대부분 시간을 투여하지 않을 때조차도 그들의 수공업 활동을 언제나 자신들의 직업으로 표시하기 때문이다.

2) 전체 토지면적 가운데 경지면적이 차지하는 비율(1934년)

그레이트브리튼	프랑스
21퍼센트	38퍼센트

3) 국내 밀 소비량 가운데 자국에서 생산된 밀의 비율(1912년)

그레이트브리튼과 아일랜드의 연합왕국	프랑스
19퍼센트	97퍼센트

4) 농업경영 규모

잉글랜드와 웨일스(1934년)	프랑스(1908년)
40에이커[6] 이상의 크기를 가진 농장들로 구성되는 전체 토지면적 가운데, 61헥타르 이상의 농장들이 51.5퍼센트를 차지하고, 121헥타르 이상 크기의 농장들이 22.8퍼센트를 차지한다.	1헥타르 이상 크기의 농장들로 구성되는 전체 토지면적 가운데, 40헥타르 이상의 농장이 차지하는 비율은 단지 38퍼센트 내지 37퍼센트를 차지할 뿐이다.

5) 영농형태(전체 경작지면적에 대한 자작농 비율)

잉글랜드와 웨일스(1921년)	프랑스(1892년)
20퍼센트	52퍼센트

그런데 양국의 이런 대조적인 현상은 자연조건에서 기인하는 것
이 아님을 강조해 두어야겠다. 이런 대조적 현상은 결코 항구적이지
않기 때문이다. 예컨대, 13세기의 영국은 대공업국이 아니었다. 그때
의 영국은 오늘날 그런 것처럼, 특히 19세기 후반의 영국이 그랬던
것처럼, 전 세계에서 양털과 면화를 수입하지 않았다. 오히려 자국에
서 생산한 양털을 플랑드르와 이탈리아로 수출했다. 당시의 영국이
오늘날의 오스트레일리아와[7] 같은 위치라면, 오늘날의 리즈(Leeds)

---

6) 1에이커의 크기는 4046.8제곱미터이고, 1헥타르는 1만 제곱미터이다. 따라서
   1에이커는 0.4047헥타르이고, 40에이커는 약 16헥타르인 셈이다.
7) 오스트레일리아는 오늘날 세계 최대의 양털 수출국이다.

는[8] 예전의 헨트(Gend)와 피렌체(Firenze)와[9] 같은 위치라고 할 수 있다. 영국산 곡물조차 인구과잉 상태에 있었던 플랑드르 지방과 밀을 재배할 수 없을 정도로 척박한 땅인 노르웨이로 수출되었다. 영국은 19세기 초엽까지도 중요한 밀 생산국이었다. 1846년에 그레이트 브리튼에서 밀 재배면적은 아직도 400만 에이커 이상이었고, 1934년에는 100만 에이커가 좀 넘었으며,[10] 현재의 재배면적은 1846년 재배면적의 32퍼센트밖에 되지 않는다. 또 영국도 15세기까지는 ─ 몇몇 지역에서는 그보다 더 뒤에까지 ─ 대부분 농촌이 오늘날 프랑스의 보스(Beauce) 지방이나[11] 피카르디 지방처럼 울타리가 없는 대단히 개방적인 경지제로 되어 있었다. 마지막으로 중세 말까지는 프랑스에서고 영국에서고 장원제 아래서 농민이 토지소유권을 주장할 수 없었지만, 농민보유지를 직접 경작하는 소농이 농촌주민의 대부분을 차지했으며 또한 전체 인구의 대다수를 구성했다.

---

8) 영국 북쪽에 있는 도시로 14세기에 플랑드르 지방에서 이주해 온 기술자들에 의해 양털공업이 도입되었고 18세기에는 영국 최대의 양털공업 도시가 되었다.

9) 이 두 도시는 중세 후기에 플랑드르 지방과 북부 이탈리아 지방에서 발달한 모직물 공업의 중심도시였다.

10) 원래 원서에는 밀 재배면적이 "de plus quatre milliers d'acres"와 "de plus d'un millier"로 기록되어 있다. 이 기록대로라면 밀 재배면적은 각각 '4,000에이커 이상'과 '1,000에이커 이상'에 지나지 않는다. 그러나 원서의 'millier'는 'million'의 착오임이 분명하다. 왜냐하면 영국에서 그때까지도 상당히 많은 밀이 재배되었다는 지표로 그 재배면적이 제시되고 있는데도 그 면적이 그토록 미미할 리는 없기 때문이다. B. R. Mitchell, ed., *International Historical Statistics. Europe 1750~1988*(London, 1992), pp. 249-250에 의하면 그레이트 브리튼에서 밀 재배면적은 1860년대 말 무렵에 대략 140만 헥타르 즉 345만 9,540에이커로 추정되고 1934년에는 75만 2,000헥타르 즉 185만 8,267에이커로 추정된다. 따라서 원서의 밀 재배면적은 1846년에 '400만 에이커 이상', 1934년에는 '100만 에이커 이상'으로 해석해야 할 것이다.

11) 파리 인근의 남서쪽 지방.

그러므로 이토록 인상적이고 여러 가지 중대한 결과를 초래한 대조적인 현상의 원인이 무엇인지를 탐구해야 하는 사람은 역사가다. 나는 여기서 완벽한 설명을 제시하리라고 기대하지 않는다. 나의 목표는 한정되어 있으면서도 비교적 명확하다. 어쨌든 나는 우리가 대조적인 현상을 설명할 수 있는 몇몇 요인을 발견하기를 바란다. 그런데 우리가 고찰해야 할 비교적 특별한 문제 가운데 다른 모든 문제를 압도하고 거듭 말하건대 바로 눈앞에 전개되는 경관을 보고 제기하지 않으면 안 되는 중대한 문제는 영불 농촌사회의 대조적인 모습이다. 우리는 이를 명심해야 할 것이다.

2. 프랑스의 장원과 영국의 장원

우리는 영국과 프랑스의 농촌에 대한 비교사적 연구의 길잡이로써 오랜 세월 동안 두 나라의 농촌사회를 지배해 온 한 제도, 즉 프랑스에서는 '세뇨리'(seigneurie)라고 불리고 영국에서는 뒤에서 설명하게 될 이유로 '매너'(manor)라고 불리는 장원제를 선택하고자 한다. 뒤에서 재론하겠지만,[12] 사실은 영국의 매너라는 말은 일상어에서는 그렇지 않더라도 영국의 법률용어에서는 그 뜻이 프랑스어와 같지 않다.[13] 이 점을 지금 나는 꼭 강조하고 싶다. 법률용어로서의 매너는 영주의 저택이나 성채를 지칭하지 않고 영주가 그의 '영주권'(seigneurie)을[14] 행사하는 땅 전체를 의미한다. 그 말은 한마디로 프

---

12) 제1부 제2장 제2절 참조.

13) 원래 영어의 manor란 말은 프랑스어의 manoir란 말에서 온 것이다. 그러나 영어의 manor는 일상어에서는 주택이나 작은 성채를 뜻하는 프랑스어의 manoir와 같은 뜻으로 쓰이지만, 법률용어로서는 프랑스어의 뜻과 다르게 사용된다.

랑스어에서 세뇨리, 즉 상원이라고 불리는 것과 동의어이며, 앞으로 이 책에서 일반적으로 매너를 이런 뜻으로 사용할 것이다. 장원을 지칭하는 용어가 이처럼 상이하다면, 각국 고유의 특성도 틀림없이 상이했을 것이다. 그렇지만 현실에서는 기본적으로 동일한 사회유형에 속한다.

프랑스에서는 장원제가 9세기의 갈리아(Gallia)에서[15] 완전히 성립된 것으로 보이며, 틀림없이 훨씬 전부터 형성되고 있었을 것이다. 주지하다시피, 장원제는 프랑스대혁명으로 폐지되었다. 물론 이것이 오랫동안 존속한 장원의 영향이 바로 그 혁명으로 인해서 일거에 소멸했다는 뜻은 아니다.

영국에서는 매너, 즉 장원이 노르만인의 정복(1066년)[16] 이후에 그런 이름으로 불리게 되었고 완벽한 장원구조도 갖추게 되었다. 이것은 물론 이전의 토착사회가 발전하면서 적어도 부분적으로 장원의 형태가 갖춰지고 있었음을 부정하는 것이 아니다. 영국에서 적어도 최근 몇 세기 동안 진행된 사회발전의 일반적 특성에 비춰 볼 때, 장원제는 정부 당국의 단호한 조치에 의해 소멸했다기보다 완만

---

14) 프랑스어의 seigneurie란 말은 장원이라는 뜻뿐 아니라 영주권이라는 의미도 지니고 있다.

15) 로마인들이 켈트(Celt)족이 사는 지역을 지칭하던 말이다. 대체로 로마에 정복되기 전에 켈트족이 거주했던 라인 강과 피레네 산맥 사이 지역이며, 오늘날 프랑스와 벨기에에 해당한다. 프랑스어로는 '골'(Gaule)이라고 불린다.

16) 9세기 말엽에 프랑스의 노르망디 지방에 정착하고 911년에 프랑크제국에 대한 종주권 인정 아래 노르망디공국을 건설한 후 프랑스화한 노르만인들이 1066년 노르망디 공(公) 윌리엄의 지휘 아래 영국을 정복한 사건을 말한다. 노르만(Norman)이란 게르만족 가운데 스칸디나비아 반도와 덴마크에 살던 북방인(Northman)을 지칭하는 말로, 일명 바이킹이라고도 한다. 노르만인은 8-12세기에 유럽 각지에서 약탈 행각을 벌였으며 여러 나라를 건설하기도 했다.

한 쇠퇴 속에서 소멸했다. 그런데도 1922년의 토지소유권법(the Law of Property Act) —— 1926년 1월 1일에 시행되었다 —— 은 낡은 장원제의 철폐를 알려 주는 것이었다. 이 법은 아직도 장원의 등기부에 등재했을 때만 농민이 경작할 수 있던 보유지를[17] 자유보유지(libre tenure)[18] —— 영국사회의 용어로는 사실상 완전한 소유지 —— 로 바꾼 동시에 그 토지에 부과되고 있던 이른바 '장원제적인'(manorial) 온

---

17) 이런 보유지를 '등본보유지'(copyhold)라 불렀다. 등본보유지란, 이 토지를 보유하려는 농민이 영주에게 등기료를 지불하고 장원재판소의 토지대장에 등기한 후 등기부의 등본 발급에 의해서 보유하는 농민보유지를 의미한다. 등본보유지 보유자는 그 토지를 마음대로 처분할 수 없었으며, 상속·매매·전대(轉貸)·저당 등의 경우에는 장원재판소의 허락을 받아야만 했고 모든 거래는 장원재판소의 토지대장에 기록되었다. 따라서 등본보유지는 그 보유권이 국왕재판소와 보통법에 의해 보호받지 못하고 오직 장원의 관습과 장원재판소의 지배를 받음으로써, 비록 장원의 관습에 의해 연납(年納) 지대가 고정되는 등 그 보유권이 어떤 측면에서는 보장되기도 했지만, 기본적으로 영주의 자의에 좌우되기 쉬운 토지다. 그러나 15세기 후엽부터 국왕재판소와 보통법 및 형평법에 의해서 등본보유지 보유자에 대한 일부 보호 조치가 취해졌다. 등본보유지의 기원은 빌런(villein)보유지다. 빌런보유지는 과중한 경작부역과 기타 인두세, 결혼세, 차지상속세 등 불명예스러운 부담이 부과되었다는 것이 특징이다. 14세기 중엽부터 15세기 말 사이에 영주에 대한 빌런의 부역노동 수행의무가 금납화됨에 따라서, 이런 부자유하고 관습적인 보유지인 빌런보유지는 대부분 등본보유지가 되었다. 그래서 등본보유지는 자유보유지에 비해 영주에 대한 예속적 성격을 강하게 띠게 되었다. 등본보유지의 보유기간은 보통 도합 세 사람의 일생 동안이다. 대체로 장원농민의 삼 분의 이 정도가 등본보유지 보유자였다고 추정되고 있다. 심지어 도싯(Dorset)과 같은 잉글랜드의 서부 지방에서는 16-17세기에 등본보유지 보유자가 근 90퍼센트에 이르기도 했다.

18) 영어로는 'freehold'라고 불린다. 자유보유지는 앞에 말한 부자유한 관습보유지에 비해 의무와 부담이 훨씬 가볍다는 것이 특징이다. 물론 자유보유지라 하더라도 농번기에는 부역노동을 하지 않았던 것은 아니지만 보통 힘든 부역노동을 하지 않았고, 부담금이 적었으며, 토지를 자유롭게 매매할 수 있었다. 그 보유자는 영주재판의 관할이었던 부자유인들과는 달리 국왕재판소의 관할이 되어 국왕의 보호를 받았다.

갖 부담의 폐기를 선언했기 때문이다.[19] 이것이 영국적인 8월 4일의 법이다.[20] 영국의 이 법과 프랑스에서 1789-93년간에 공포된 일련의 유명한 법령과의 시간차는 시사하는 바가 크다. 또한 이런 프랑스의 여러 법령이 생겨났던 열광적인 분위기와, 1922년에 대중의 커다란 관심을 끌지 못하고 법률 전문가들에게 돈벌이의 기회만 제공했던 영국의 이런 법령을 둘러싼 냉담한 분위기 사이의 대조 역시 의미하는 바가 크다. 분명히 1922년의 법률은 임종을 앞둔 사람에게 마지막 숨을 거두게 한 조치에 지나지 않는다. 그러나 임종을 앞둔 이 장원제는 행복한 내력을 지니고 있었다.

그런데 이런 프랑스의 세뇨리나 영국의 매너 ─ 거듭 말하지만, 사실은 크게 보면 어느 것이나 그 뜻은 매한가지다 ─ 에 대해서 나는 서두에서 아주 정확한 정의를 내리고 싶은 마음이 생기지 않는다. 우리는 장원제가 시간이 경과하면서 여러 번 크게 변모하는 모습을 볼 것이기 때문이다. 그렇지만 어떻게 가장 영속적인 특징들과 가장 전형적인 특성들을 밝히는 간략한 정의나마 출발점에서 제시하지 않을 수 있겠는가. 어찌 알맹이가 없는 낱말에만 관심을 두겠는가. 그래서 장원에 대한 정의를 내리면 나는 대충 다음과 같다고 생각한다. 경우에 따라 그 크기가 매우 다른 어떤 땅이 있고, 그 땅의 경영조직은 일부 토지생산물이 단 한 사람에게만 귀속되게끔 되어 있으며, 그 주민은 동일한 인물에게 지배받는 하나의 집단을 이루고 있다고 가정해 보자. 그 땅의 지배자이자 소유주인 사람이 영주이고, 그 땅이

---

19) 등본보유지의 장원제적 부담이 없는 자유보유지로의 전환은 장원영주에 대한 농민의 보상금 지불을 통해서 이뤄졌다. 그런 보상에 의한 전환은 1930년대 중반에 완료되었으며, 그때부터 등본보유지는 존재하지 않게 되었다.

20) 8월 4일은 1789년에 프랑스에서 혁명이 일어난 지 얼마 안 돼서 영주에 대한 농민의 부담을 포함한 봉건제의 전면적인 폐지가 선언된 날짜다.

곧 장원이다. 장원은 이런 두 가지 측면의 결합, 즉 경제적 이익의 도모와 내가 일종의 지배권이라고 부르는 것과의 결합이라는 것에 주목해야 한다. 이 두 가지 기본요소가 결합하는 방식은 시대에 따라 매우 달랐다.[21] 이런 이중성 자체가 바로 장원제의 본질을 이룬다. 이와 같은 이중성이 로렌 공(公) 가랭(Garin le Lorrain)의 무훈시[22] 속의 시구들에 담긴 심오한 의미다. 여기에 내가 그 시구를 번역해 둔다.

부란 것은 훌륭한 모피옷이 아니오,
돈도 아니고 성벽(城壁)도 아니며 기마(騎馬)도 아니오.
부란 것은 부모고 친구라네.
한 사람의 따뜻한 마음은 한 나라 전체의 황금만큼이나 소중하다오.[23]

바꿔 말하면 다음과 같다. 장원제는 본질적으로 경제적 차원의 제도라고 할 수 있다. 나는 이 점을 강조하고자 한다. 그러나 장원제를 제대로 이해하려면 장원제가 특히 중세에 사회구조를 구성하는 기본요소 가운데 하나이기도 했다는 것, 즉 가족, 봉신(封臣) 집단, 도시공동체처럼 사회생활을 하기 위한 기본단위 조직 가운데 하나였다는 사실을 간과해서도 안 될 것이다. 그런데 경제적 범주와 내가

---

21) 장원은 중세 전기에는 양 요소가 서로 균형되게 결합되어 있기도 했지만, 중세 후기 이후에는 지배권이 약화되거나 거의 소멸하기도 했다.

22) 12세기에 로렌 공(公) 가랭이 로렌 사람들과 보르도 사람들 사이의 격렬한 싸움을 읊은 프랑스 무훈시(武勳詩)의 고전.

23) 이 시에서 이중성이란, 봉건사회가 당시에 부와 권력의 상징인 모피옷이나 기마와 같은 것을 중요시하면서도 한편으로는 따스한 인간의 정을 소중히 여긴다는 뜻으로 이해된다.

지배권적 범주라고 부르는 것의 결합은 결국, 잘못 채택되어 사용되었으나 관용어가 되어 버린 한 용어 즉 '봉건제'(féodalité)라고[24] 우리가 이름붙인 사회체제의 주요한 특성 가운데 하나가 아니겠는가.

이런 이중성은 이를테면, 심지어 장원의 공간구조로도 표현되었다. 완전한 형태의 장원구조라고 할 때, 장원은 원칙적으로 두 부분으로 구성된다. 첫째 부분은 여러 가지 방식으로 제공되는 노동력——우리는 그 노동력의 제공방식의 변천을 고찰해야 할 것이다——을 이용해 영주가 직접 경영하고 그 수확물은 영주에게 귀속된다. 이 부분은 역사가들이 관행적으로 '영주직영지'(réserve)라고[25] 부르는 것이며, 프랑스의 고문서에서는 보통 '도멘'(domaine)이라고 했다. 그런데 몇몇 현대 저술가가 일반적으로 도멘을 장원과 동의어로 보는 잘못된 습성이 있으나, 두 가지 뜻으로 해석되는 문제를 피하기 위해서 내가 방금 정의한 의미로 엄밀하게 사용해야 한다. 장원을 구성하는 둘째 부분은 소규모의 농장(農場)들이나 땅조각들로 구성되며, 그 보유자는 영주에 대해 각종 공납(貢納, redevances)을 부담하고 부역을[26] 수행할 의무를 진다. 여기서 영주는 공납의 징수를 통해서는 작은 농장들의 토지생산물에 대한 그의 몫——그것도 단지 일부분만——을 거의 간접적으로밖에 수취하지 못한다. 우리는 옛 용어를 일반화해서 이런 작은 농장을 관행적으로 '농민보유지'(tenure)라고 부른다. 이런 농민보유지의 보유자들이 영주가 자신의 지배권

---

24) 이 말은 봉토를 뜻하는 'feodum'에서 유래하기 때문에 본래는 봉토 제도라는 뜻으로 사용했어야 하나, 현실적으로는 봉건체제를 지칭하는 말로 굳어져 버렸다.

25) 프랑스어의 'réserve'란 말은 원래는 영주가 농민들에게 분양하지 않고 남겨둔, 즉 유보된 토지라는 뜻이다.

26) 영주는 이 소농장을 보유한 사람들이 수행하는 부역노동을 사용해서 그의 직영지를 경영했다.

을 확대해 간 바로 그 인간집단을 이룬다. 이런 고전적 형태의 장원제가[27] 어디에서나 실시되었던 것은 아니다. 직영지가 없는 장원이 있었던 것이다. 그러나 농민보유지가 없는 장원은 없었다. 큰 규모의 토지 전부가 단 한 사람의 수중에 있고 어떤 농민보유지 보유자도 종속되어 있지 않은 대소유지를 장원이라고 부를 생각을 하는 사람은 없을 것이기 때문이다. 그런 것은 그저 단순히 하나의 대소유지, 곧 '라티품디움'(latifundium)일[28] 뿐이다. 달리 말하면, 장원은 사람들이 머물러 사는 땅을 일컫는다. 길게 따질 필요 없이 우리는 그와 같은 장원제가 조금만 보급되어도 사회구조 전체에 어떠한 영향을 미치는지 곧바로 알아챌 수 있다. 장원제는 순수한 의미의 노예는 아니지만 주민 가운데 가장 많은 수를 차지하는 예속민 계급 위에 지배자 계급이 군림하는 것을 전제하고, 상당히 강한 지배권력과 경제적으로 착취할 수 있는 권력이 이들 지배자의 수중에서 결합되는 것을 전제한다. 그런 까닭에 장원제의 생성과 변천 그리고 그 소멸이나 연장을 자세히 살펴보는 것은 참으로 가치 있는 일이 될 것이다.

3. 연구방법

이상과 같은 장원제가 이 시절의 기본적인 사회 형태였다. 우리는 장원제가 생긴 모든 사회나 그것이 존재했던 모든 유럽사회의 장원제 역사를 추적하려는 것은 아니다. 그와는 정반대로 우리는 여러 가지 점에서 서로 닮고 동일한 추세의 영향을 받았으면서도 우리가 조금 전에 보았듯이 서로 몹시 다른──설령 이런 상이성이 그들의 최

---

27) 오늘날은 일반적으로 '고전장원제'라고 불린다.
28) 로마사회에서 공화정 말기부터 제정 초기에 발달한 대소유지를 말한다. 지주는 많은 수의 노예노동력을 사용하여 대토지를 직접 경영했다.

종 단계에서 생겨난 것에 지나지 않는다 할지라도— 두 이웃 사회, 곧 프랑스사회와 영국사회의 장원제 역사를 탐구할 것이다.

그렇지만 필요하다고 생각될 때는 그 밖의 지역을 살펴볼 것이다. 여기서는 오늘날 다수의 훌륭한 학자가 한결같이 역사연구에서 가장 소중하게 사용될 수 있는 혁신적 방법이라고 여기는 '비교사'(histoire comparée)의 방법을 사용해 우리의 연구를 전개할 것이다. 우리 시대에 가장 훌륭한 국사(國史)를 썼기 때문에 더욱더 다음과 같은 평가를 할 자격이 있는 인물인 피렌은 1923년에 "참으로 비교사를 통해서, 오직 비교사를 통해서만 우리는 과학적 지식에 도달할 수 있다"라고 말했다.[29]

나는 최근에 역사연구에 적용되는 비교방법을 가능한 한 가장 정확하게 규정하려고 애썼다.[30] 나는 역사연구에서 사용되는 비교방법을 지금 다시 거론하지는 않겠다. 나는 때때로 자신의 학문에 대해서 숙고하고 자신의 연구방법을 보다 명료하게 인식하는 것이 역사가와 여타 분야의 모든 연구자에게 필요불가결하다고 확신한다. 이제 장원제의 변동과정을 밝히는 최선의 방법은 나의 연구를 진행시키는 것이라고 생각한다.

---

29) *Compte rendu du Ve Congrés international des Sciences historiques*, Bruxelles, 1923, p. 28.

30) 블로크는 1928년에 「Un problème d'histoire comparée: la ministérialité en France et en Allemagne」(*Revue historique de droit français et étranger*, 1928, pp. 46-91) 및 「Pour une histoire comparée des sociétés européennes」(*Revue de Synthèse historique*, 1928, pp. 15-50)라는 비교사에 관한 두 편의 논문을 쓴 바 있다.

제1부
초기의 고전장원제:
카롤링왕조 시대의 프랑스 장원과
노르만왕조 시대의 영국 장원

제1장 카롤링왕조 시대의 고전장원

뒤에서 보다 분명하게 밝혀질 이유들 때문에 프랑스의 장원부터 먼저 다룬다.

1. 사료

가끔 연구과정에서 오류를 범하기도 했지만, 즉각적으로 분명하게 알 수 없는 현상이 어떻게 생성되는지에 관해서는 충분히 연구해도 좋을 것이다. 그래서 무엇보다 프랑스에서 비교적 선명한 모습으로 나타나는 초기의 장원에 대해서 가능한 한 정확하게 이해하는 것이 중요하다. 그런 연후에 우리는 시간의 순서를 따라 필요한 사항을 써 넣음으로써 장원제의 전개과정을 재구성하고자 한다.

초기의 장원제를 개관하기 위해서 어떤 시기를 다루어야 하는지는 명백하다. 프랑스의 장원이 희미한 안개 속에서 뚜렷한 모습을 드러내는 시기는 9세기 말경이나 10세기 초의 위대한 카롤링왕조 시대다. 그때에 이르러서야 우리는 우리가 다루는 주제에 관해서 완전한 의미에서의 서술이 가능할 만큼 완벽하고도 아주 정확한 사료를 가지게 된다. 역사가는 절대적으로 자유로운 인간이 아니라 지나간 시대가 남겨 놓은 증거의 노예이기 때문이다. 그런 까닭에 카롤링왕조 시대의 장원제와 관련해 우리가 이용할 문헌자료에 관해서 먼저 간단히 언급해 두는 것이 좋겠다. 그것은 단순히 박학다식을 과시하는 상세한 자료를 축적하려는 의도에서가 아니라, 단적으로 말해서 우리가 알 수 있을 거라고 기대하는 것과 모를 수밖에 없는 것을 당장 대략이나마 분간하려는 의도에서다. 나는 역사를 이미 만들어져 있는 것이 아니라 만들어지고 연구되는 것이라고 말하고 싶다. 그래서 독자들의 입맛에 맞추느라고 사료의 문제에 대해서 일언반구도 하지 않는 점잖은 역사가는, 마치 자신의 수강생들에게 실험실의 존재를 알지 못하게 처신하는 물리학자와 같다고 생각한다.

우리가 대체로 카롤링왕조 시대의 장원에 관해서 잘 알고 있는 이유는 그에 관한 문서를 우리가 매우 많이 갖고 있기 때문이 아니다. 관례적으로 '상시예'(censier) 또는 '폴리프티크'(polyptyque)로 불렸던 장원수입의 명세목록을[1] 우리가 다소나마 가지고 있기 때문이다. 그것이 작성되게 된 경위는 이렇다. 영주가 그의 재산을 관리하기 위해서는 ―광대한 영지를 관리하는 것은 보통일이 아니었다― 그가 직접 경영하는 영주직영지와 같은 그의 소유물과 그의 토지보유농민들이 그에게 수행해야 하는 의무의 내용을 정확히 파악할 필요가 있었다. 이와 같은 목표를 달성하기 위해서 영주는 각지에 조사원들을 파견했다. 그들은 영주직영지의 현황에 대해서 직접 알아보았으

---

1) 어원에 따라 굳이 그 뜻을 구별한다면, 'censier'는 지대나 조세의 징수대장이라고 할 수 있고 'polyptyque'는 여러 장으로 된 재산명세 장부라고 할 수 있다. 어느 것이나 봉건적 농촌경제와 관련해서는 장원들로 조직된 영지의 재산과 수입에 관해 상세하게 기록된 대장을 말하는 것이므로, 여기서는 특별한 경우를 제외하고는 영지명세장이라고 번역한다.

며, 이어 주민 전체나 적어도 그 일부를 모아 놓고 그들에게 진실만을 말한다는 선서를 하게 한 후 각 농민보유지의 관습적인 의무가 무엇인지를 물었다. 그런데 우리는 이런 절차를 통해 동일한 관습의 지배를 받는 어떤 집단이 존재한다는 것을 알 수 있다. 주민들의 답변은 재산의 '명세장'(description)이라는 형태로 기록되었으며, 이렇게 작성된 두루마리나 장부는 영지 내의 문서고에 소중하게 보존되었다. 우리가 알다시피 그것은 영주와 그의 예속농민들 사이에 분쟁이 발생하는 경우에 재판에서 증거가 되었던 만큼 더욱 세심한 신경을 써서 보존되었다.

오늘날까지 보존되어 온 이런 종류의 문서는 확실히 가장 오래되었다 하더라도 9세기 이전으로는 거슬러 올라가지 않는다. 분실된 다수의 영지명세장은 문헌사료의 여기저기에서 언급되고 있다. 그러나 분실된 영지명세장이라 하더라도 그 작성시기는 카롤링왕조 시대 이전으로 거슬러 올라가지 않는다. 물론 온전한 원본 형태로 된 것이든 문헌기록 속에서 짤막하게 언급되기만 하는 것이든 간에 오늘날까지 전해지는 가장 오래된 영지명세장이 실제로도 가장 오래된 영지명세장이라고 쉽사리 단언할 수는 없다. 이와 같은 문제제기는 장원의 역사와 관련해서는 대단히 중요하다. 왜냐하면 이들 영지명세장은 장원에 관해 알 수 있는 사료로는 극히 소중할 뿐 아니라, 그런 것이 존재한다는 것 자체가 바로 장원제의 중요성에 대한 증거가 되기 때문이다. 따라서 영지명세장이 언제부터 작성되었는지를 아는 것은 큰 관심사가 될 수밖에 없다. 또한 장원의 기원에 관한 연구라는 측면에서, 토지대장을 작성해 장원을 경영한다는 중세의 관념이 종종 추측되듯이 로마 정부의 행정에서 유래하는지를 아는 것도 마찬가지로 중요할 것이다. 영주들이 로마 정부로부터 조세를 통한 수탈 방법을 배우는 동시에 과세권을 인수하거나 가로채는 일이 없었다고 말하기는 어렵기 때문이다. 이 문제는 당분간은 아마 미해결 상태로 남을 것이다. 그러나 현 단계에서 그와 같은 상관관계는 결코 입증되지 않았으며 그런 가능성을 뒷받침하는 것 또한 아무것도 없다고 말해야겠다. 몇몇 증거를 통해 우리가 추측할 수 있는 것은 이탈리아에서 게르만족의 대이동 직후 일부 교회 계통의 대영주들에게서 토지에 관한 명세장을 작성하는 관행이 생기게 되었다는 점이 전부다. 이탈리아의 이런 토지대장 작성 관행은 그 뒤 프랑크제국의 사람들에게 영지명세장 작성의 본보기를 제시한 것으로 생각된다. 카롤링왕조 시대의 르네상스는 여러 가지 점에서 이런 식의 모방 운동이었기 때문이다.

사실, 9세기에 갑자기 많이 나타나는 영지명세장의 유례없는 작성 유행은 분명히 카롤링왕조 시대 르네상스의 한 표현이다. 르네상스라는 이름으로 지칭되는 이 운동은 철학이나 문학 분야에서 아주 찬란한 성과를 낳지는 못했다. 그리고 정치 분야에서도 로마제국이 이런 르네상스의 이상을 표현하는 체제로서 기독교화되어 부활했으나,[2] 누구나 알다시피 굉음을 내면서 붕괴했다. 그렇지만 지적으로 당시 소수의 열성적인 사람들이 기울인 노력은 하찮은 것이 아니었으며, 성과가 없었던 것도 아니다. 그들은 겸허한 자세로 특히 그들의 문명 속에 다소나마 질서와 명확성을 복원하려고 애썼고, 언어상의 혼란을 막기 위해 문법에 맞는 언어 ── 말할 것도 없이 라틴어 ──와 읽기 쉬운 글자체를[3] 창안하려고 노력했으며, 또한 무질서를 방

---

2) 800년 카롤루스 대제가 로마교황에게서 로마제국의 황제라는 이름의 대관을 받은 것을 계기로, 로마제국의 황제로 상징되는 속세권력과 종교적인 측면에서 로마교황을 중심으로 한 교회권력의 결탁 위에 탄생한 프랑크제국을 말한다.
3) 이른바 '카롤링왕조의 소문자체'를 가리킨다. 메로빙왕조 말기의 글자체는 글자들이 서로 난삽하게 뒤얽혀 있어 해독이 어려웠으나, 카롤루스 대제 시대에

지하기 위해 인간관계에 명확성을 부여하려고 노력했다.[4] 카롤링왕조의 왕들은 그들이 소유한 왕령지의 현황을 파악하고 싶어 했으며, 교회와 수도원이 그들의 영지 현황을 파악하려는 목적에서 영지명세장을 작성하게 된 것은, 설령 영지명세장 작성이 수도원장에게 배당된 토지와 수도사들에게 배당된 토지를 구별하기 위한 노력의 표현에 지나지 않는다고 하더라도, 이들 왕이나 그 측근의 권고를 받았기 때문이다.[5] 당시 영국의 교회기관에서는 영지명세장이 작성되지 않았다는 사실은 프랑크제국에서 교회기관의 영지명세장 작성에 왕실의 영향이 컸음을 입증하는 것이다.

2. 영주직영지

9세기의 영지명세장들이 우리에게 보여주는 것처럼, 루아르 강 이북의 갈리아에 펼쳐져 있는 광대한 곡물경작 지대에 위치한 카롤링왕조 시대 교회기관의 대규모 장원은 매우 단순한 형태를 띠고 있다.

먼저 황무지와 임야를 제외한 넓은 의미의 농경지로 눈을 돌려보자. 농경지로는 곡물경작지, 초지, 포도밭, 삼밭, 텃밭이 있었다. 고전적인 도식에 따르면, 이 농경지는 뚜렷이 구분되는 두 부분으로 구성된다. 하나는 당시 '만수스 인도미니카투스'(mansus

---

주로 코르비 수도원에서 개발된 새로운 글자체는 또렷하면서도 우아하고 띄어쓰기도 확실한 것이 특징이다. 오늘날 알파벳의 소문자는 여기에서 유래한다.

4) 지배층의 주종관계 및 영주와 농민 사이의 지배예속관계와 같은 봉건적 인간관계의 확립 노력을 의미한다.

5) 카롤링왕조 왕들의 그런 의지와 노력은 카롤루스 대제에 의해 800년경의 '왕령지 관리령'(Capitulare de villis)과 810년경의 '교회기관과 왕실의 재산명세장 작성의 모범적 예'(Brevium exempla ad describendas res ecclesiasticas et fiscales)라는 칙령으로 표현되었다.

indominicatus)──후에 프랑스어에서는 '메 드멘'(meix demaine)이라고 불린다──라고 일반적으로 불린 영주직영지이고, 다른 하나는 소규모로 된 농민보유지이다. 장원 내 농경지의 크기는 물론 일정하지 않지만, 영주직영지는 언제나 전체 농경지 면적 가운데 큰 부분을 차지한다. 즉 크기 면에서──우리는 대략적인 크기밖에 알 수 없다──영주직영지는 보통 수백 헥타르에 이르는 전체 경작지 면적[6] 가운데 약 사 분의 일에서 절반까지를 차지한다. 따라서 영주직영지는, 당시의 농업이 조방적이었음을 고려한다고 하더라도 매우 큰 농장이었다. 물론 영주직영지에는 대규모의 농업경영에 필요한 주거용 건물, 곡물창고, 포도주 따위를 보관하는 지하저장실, 헛간 등 여러 건물이 포함된다. 영주직영지 가운데 농경지는 대개의 경우 한 곳에 통합되어 있었던 것 같지 않다. 영주직영지는 농민보유지들과 뒤섞여 장원 내에 흩어져 있었으나, 일반적으로 그 땅조각들은 농민보유지의 땅조각보다는 더 컸다. 영주의 이런 큰 땅조각은 보통 '쿨투라'(cultura)라고 불렸다.[7] 쿨투라라고 하는 이 이름은 오늘날 프랑스의 많은 지명 속에 '쿠튀르'(couture)라는 형태로 남아 있다.

농민보유지는 물론 영주직영지보다 그 면적이 훨씬 더 작았다. 그런데 농민보유지들의 크기는 매우 달랐다. 짐작되는 바와 같이, 그크기는 지역과 지방에 따라 달랐을 뿐 아니라 같은 장원 안에서도 달랐다.

따라서 농민보유지에 관한 한, 우리는 프랑스의 장원은 처음부터 균등하지 않다는 인상을 강하게 받는다. 뒤에서 살펴보겠지만 이런 특징은 영국의 장원이 프랑스의 장원과는 아주 상이한 모습을 띠고

---

6) 이런 농경지에다 임야, 황무지 등 비농지 부분까지 합한 고전장원 하나의 크기는 보통 1,000헥타르쯤 되는 대규모였다고 알려져 있다.
7) 비교적 큰 규모의 이런 쿨투라는 대부분 미경작지를 개간해 획득된 것이다.

나타난다는 점을 고려할 때 더욱더 중요한 사실이다. 이를테면 생제르맹데프레 수도원의[8] 영지에서 임의로 채택된 한 곳의 소유지, 즉 파리 근처에 위치한 빌르뇌브생조르주 장원의 경우만 하더라도,[9] 하나의 농민보유지 크기는 텃밭과 초지를 제외하고 1.5헥타르부터 약 21헥타르에 이른다.[10] 토질의 차이로 인해서 이처럼 큰 면적 차이가 생겼다고 생각하더라도, 이것은 엄청난 차이이다. 적어도 3년에 한 번은 어떤 토지라도 휴경해야 하는 삼포윤작제가 시행되고 있었고 생산성 역시 대단히 낮았음을 고려할 때, 1.5헥타르 정도인 농민보유지의 수확량은 참으로 미미했을 것이며, 21헥타르의 크기를 가진 농민보유지의 경우에도 그 면적은 상대적으로 훨씬 더 컸으나 총 생산물은 별로 많지 않았을 것이다.

이들 농민보유지에는 영주에 대한 의무 수행이 따랐다. 지금부터는 상세하게 논하지는 않고 이 의무가 현물이나 화폐로 된 공납과 부역이라는 두 가지 형태의 의무, 다른 말로 하면 납부의 의무와 작업의 의무 형태를 띠었다는 정도로만 언급하겠다. 중대한 사실은 카롤링왕조 시대에는 부역이 공납보다 부담과 중요성이 훨씬 더 컸다는 사실이다. 왜 그랬을까? 그 이유를 이해하기 위해서 부역의 본질적 구성부분이 무엇인지를 알아보자.

부역은 세 가지 종류로 분류될 수 있다.

하나는 제조부역이다. 일부 농민보유지 보유세대들은 영주를 위해

---

8) 이 수도원은 오늘날에도 파리의 중심가에 남아 있다.

9) B. Guérard, éd., *Polyptyque de l'abbaye Irminon ou dénombrement des manses, des serfs et des revenus de l'abbaye de Saint-Germain-des-Prés sous le régne de Charlemagne*(이하 *Polyptyque d'Irminon*로 줄여 쓴다), Paris, 1836, 제II권, pp. 165-178.

10) 생제르맹데프레 수도원 영지에서 농민보유지의 총수는 1,646개였고 그 합계 면적은 16,646헥타르로 추정되므로, 농민보유지 하나의 평균적 크기는 약 10헥타르쯤 되었다.

수공업적인 제조부역을 수행해야 했다. 예컨대, 농민보유지 보유자의 부인은 영주가 제공하는 아마로 내의를 짜야 했다. 이런 제조부역은 그 자체로 흥미롭지만, 장원이라는 경제조직 속에서 작업 날수로 보면 가장 빈번하게 요구되는 부역도 아니었고 가장 중요한 부역도 아니었다.

다른 한 종류는 수송부역이다. 많은 농민보유지 보유자들은 수레나 등짐으로 수송부역을 수행해야 했다. 이 의무는 영주에게는 토지의 생산물이 그 자신이나 식솔들의 소비지 또는 판매소까지 확실하게 운반되도록 하는 것이기 때문에, 영주에게는 꼭 필요했다. 그러나 수송부역의 경우에도 농민보유지 보유자가 부역을 수행하는 시간은 비교적 얼마 안 되었다.

세 번째 부역은 경작부역이다. 영주에게는 가장 중요하고 농민에게는 가장 힘든 부역이었다. 경작부역은 전체 부역의무의 대부분을 차지하고 공납의무에 비해서 부담이 훨씬 컸다. 그것은 그럴 수밖에 없었다. 앞에서 보았듯이 영주직영지는 매우 큰 규모의 토지였고, 이 대규모 농장 곧 '아시엔다'(hacienda)를[11] 경작하기 위해서는 막대한 노동력을 사용할 수밖에 없었기 때문이다.

그런데 영주는 어떤 노동력을 사용할 수 있었을까? 우선 영주는 영주직영지에서 숙식을 제공하고 그 노동력을 온전히 영주 마음대로 농사일에 부릴 수 있는 일꾼들을 거느릴 수 있었다. 이들 비천한 남녀 농장일꾼은 법적으로 상이한 두 가지 신분 출신으로 구성되었을 것이다. 하나는 자유롭게 합의된 계약을 통해 고용된 자유로운 남녀들이고, 다른 하나는 인간가축이 여전히 팔리고 있던 시장에서 구입하거나 영주가 소유하고 있는 기존의 노예들에게서 태어난 노예들

---

11) 중남미의 스페인어권 지역에서 광대한 규모의 농장을 일컫는 말이다.

이었다. 영주들은 부자유한 형태로든 자유로운 형태로든 실제로 이런 종류의 가내인력을 고용했던 것으로 보인다. 영주들은 현존하는 문헌사료를 언뜻 보고 추측할 수 있는 것보다 더 많은 가내일꾼을 실제로 사용했다고 말할 수도 있을 것이다. 그렇지만 유감스럽게도 실제로는 일반적으로 그런 일꾼의 수를 영지명세장에 기록하는 것이 적합하지 않다고 판단했다. 그러나 영지명세장에도 그들의 존재에 대한 기록이 다음의 예와 같이 나타나는 경우가 있다. 생제르맹데프레 수도원의 영지명세장 가운데 메종쉬르센 장원에 관한 장에는 영주직영지의 현황에 관한 기록이 있는데도 영주직영지에 사는 사람들에 대해서는 단 한 마디의 언급도 없다. 그렇지만 그 장에 있는 농민보유지 보유자들에 관한 기록에서,[12] 결혼을 하고도 본처에서 아이를 갖지 못한 아말기수스라는 이름의 어떤 농민이 영주직영지에 직속된 한 여성과 낳은 한 아이와 함께 살고 있음이 전해지고 있다. 게다가 그 기록에 의하면 그 사람 자신의 법적 신분은 콜로누스(colonus)인데도 그의 서자는 리투스(litus) 신분이라는[13] 상이한 법적 신분을 지니고 있다.[14] 그런데 우리가 알다시피, 당시에 양친 가운데 한 사람은 콜로누스 신분에 속하고 다른 한 사람은 노예 신분에 속하는 부모에게서 태어난 자녀는 일반적으로 리투스 신분으로 취급되었다. 그러므로 영주직영지에 직속된 여성은 노예 신분이었던 것이다. 이런 예는 이와 같은 문헌사료를 해석할 때 비판적인 주의를

---

12) 영지명세장은 보통 장원별로 영주직영지에 관해서 먼저 기술하고, 그 다음에 농민보유지들에 관해 기술하는 형식으로 되어 있다.

13) litus는 게르만법에서 주로 해방노예 출신의 반(半)자유인을 가리키는 용어다. 리투스를 비롯한 여러 신분에 관해서는 이 책의 81~82쪽과 제1부 제1장 제4절의 "신분" 참조.

14) *Polyptyque d'Irminon*, 제II권, p.272.

기울여야 한다는 점에서 제시한 것이다. 그러므로 영주직영지에는 남녀 농사 일꾼들 ─ 그 대부분은 십중팔구 노예들 ─ 이 존재했다는 사실을 잊지 말자. 그렇지만 모든 사실은 그들의 수가 광대한 면적의 토지경작에 필요한 노동력을 충당하기에는 어림없을 정도로 적었음을 보여준다.

영주의 저택에서 숙식을 제공받지 않는 임금노동자의 경우에도 그 수가 적기는 마찬가지였으며, 숙식을 제공받는 일꾼들보다 오히려 훨씬 더 적었다. 이유를 굳이 따지지 않아도 확실히 영주가 영주직영지 밖에 사는 농업노동자를 날품으로 고용하는 데 그쳤을 것임을 쉽게 이해할 수 있을 것이다. 영주는 가끔 임금노동자를 고용했으나 오직 예외적으로 농번기에 노동력의 부족분을 보충하기 위해서만 그들을 찾았다. 당시의 경제조직은 농촌생활에서 아주 미미한 역할밖에 하지 못했던 ─ 순수한 임금 제도라고 할 수 있는 ─ 이런 식의 임금노동 체제보다는 예속노동 체제에 훨씬 더 적합했다.

그러므로 영주에게는 제3의 수단만이 남아 있었다. 즉 농민보유지 보유자들의 강제노역으로 영주직영지를 경작하는 것이다. 실제로 통상 사용된 노동력은 이런 노동력이었다. 농민보유지 보유자들의 강제노역으로 영주직영지를 경작한다는 점이 가장 잘 알려진 형태로서의 카롤링왕조 시대 장원의 주요 특징이다. 영주직영지와 농민보유지 사이에는 아주 긴밀한 상호의존 관계가 존재한다. 왜냐하면 농민보유지 보유자들의 경작부역은 영주직영지 경영에 필수적이었기 때문이다. 다른 말로 하면, 영주직영지는 충분한 수의 농민보유지가 존재하지 않으면 불모지나 다름없었기 때문이다. 게다가 이들 농민보유지 보유자의 대부분 시간은 영주의 밭에서 영주를 위해서 일하는 데 쓰였다. 좀 과장해서 말하면, 농민보유지는 무엇보다도 그 토지를 보유한 농민에게 '강제된' ─ 나는 이 형용사를 강조한다 ─

농업노동을 수행하는 대가로 주어진 보수라고 할 수 있다. 경작부역 그 자체의 중요성으로 보아서나, 초기의 장원에 관한 고찰을 위해서는 경작부역에 대한 이해가 중요하다는 점으로 보아서나, 우리는 이들 경작부역을 보다 자세히 살펴봐야 한다. 고찰 결과에 의하면 경작부역은 본질적으로 매우 상이한 두 종류의 의무를 포함하고 있음이 밝혀졌다.

우선, 예상되는 바와 같이 농민보유지 보유자들은 영주 직영의 곡물경작지나 포도밭 또는 초지에서 작업반으로 편성되어 일해야 했다. 이것이 영주가 요구하고 농민들이 공동으로 수행한 노동인 부역('corrogata')이었다. 어떤 경우에는 밭갈이 작업, 울타리 작업, 수확작업 등 수행해야 할 작업의 종류가 명시되어 있기도 하고, 어떤 경우에는 제공된 인력의 사용이 영주나 그의 대리인의 재량에 맡겨져 있기도 했다. 또 어떤 경우에는 수행해야 할 작업 일수(日數)가 1주일에 3일이나 그 이상으로 고정되어 있기도 했지만, 어떤 경우에는 작업 일수 역시 영주의 자의에 따르게 되어 있기도 했다. 어떤 농민들은 그들의 역축과 쟁기를 갖고 가서 일했던 데 비해, 그런 것이 없거나 형편상 갖추고 있지 못한 농민들은 오로지 팔 힘만으로 일해야 했다. 이런 모든 구별은 유용하기 때문에 나중에 우리는 이런 구별방식의 일부를 이용해야 할 것이다. 그러나 이런 구별은 농민에게 부과된 의무의 본질이나 그 내용과 관련된 것은 아니다. 부역은 영주직영지 가운데 일정 부분에서 영주 자신이나 그 대리인의 관리감독 아래 영주가 사용하는 노동력을 영주 마음대로 사용할 수 있는 것과 관련되어 있었다. 이런 방식의 부역은 시간제부역이라고 할 수 있다.

그러나 모든 영주직영지가 이런 방식으로 경작되지는 않았다. 대개의 경우 각 농민보유지 보유자는 영주직영지 내의 곡물경작지나 포도밭의 일부를 미리 배정받아 전적인 책임을 지고 경작했다. 일반적으로 영주는 이 경우 농민에게 씨앗을 제공한 듯하다. 씨앗을 제공받은 농민은 할당받은 토지를 처음부터 끝까지, 즉 갈이질 작업에서 수확 작업까지 잘 수행해야 할 의무가 있었다. 물론 그 생산물은 전적으로 영주에게 귀속된다. 이런 방식의 부역은 도급제(都給制)부역이라고 할 수 있다.

요컨대, 영주직영지에는 두 부분이 있었다. 한 부분은 시간제부역을 수행하는 농민의 작업반이 경작하는 토지이고, 다른 한 부분은 그 경작을 각기 위임받아 모든 수확물을 영주에게 인도할 책임을 진 농민보유지 보유자에게 배정된 토지이다. 따라서 농민보유지 보유자의 경작부역에도 두 가지가 있었다. 하나는 영주 마음대로 사용하는 시간제 방식의 경작부역이고, 다른 하나는 일정한 땅조각을 처음부터 끝까지 모두 경작하는 도급제 방식의 경작부역이다.

지금까지 우리는 농경지에 관해서만 말했을 뿐, 장원 내의 황무지와 임야에 관해서는 언급하지 않았다. 그러면 황무지와 임야는 어떠했는가? 간단히 다루기 위해서 나는 잘 알려져 있는 임야에 관해서만 살펴보겠다. 임야는 광대한 면적을 차지하고 있었고 그 경제적 기능이 매우 컸기 때문에 대단히 중요했다. 그것은 다음과 같은 여러 이유 때문에 확실히 오늘날보다도 훨씬 더 농촌생활에서는 없어서는 안 되는 것이었다.

첫째, 임야는 분명히 오늘날과 마찬가지로 나무의 공급원이었다. 그런데 나무는 중세 사람들의 일상생활에서 오늘날과는 비교할 수 없을 만큼 엄청나게 중요한 위치를 차지했다. 우리의 생활은 현재 강철, 주철, 석탄, 석유에 큰 영향을 받고 있다. 이와는 달리 중세 사람들은 여러 가지 면에서 나무로부터 절대적인 영향을 받으면서 살았다. 나무는 중세에 실제로 흔하게 발견할 수 있었던 토탄(土炭)과 더불어 가정난방용으로나 산업용으로 사용된 유일한 연료였다. 그리고 나무는 쇠를 대신했을——예컨대, 대들보용으로——뿐 아니라, 석재나 벽돌도 대신하고——교회, 성, 다리는 목재로 되어 있었다——심지어 기와까지도 대신할——많은 가옥의 지붕이 나무로 된 너와로 이어졌다——정도로 가장 널리 사용된 건축자재였다. 또 당시 쇠가 물론 알려지지 않았던 것도 아니고 도기를 제조할 줄도 몰랐던 것이 아닌데도, 많은 연장은 전부 또는 일부가 나무로 만들어졌고 다량의 식기도 나무로 만들어졌다.

둘째, 임야가 나무의 공급원이었던 것보다 훨씬 더 중요한 의미를 지니는 것은, 그것이 오늘날에는 거의 찾아볼 수 없는 방목장으로 이용되었다는 사실이다. 온갖 종류의 가축이 임야에서 큰 나무 밑의 잎사귀와 어린 싹 그리고 풀을 뜯어먹었다. 그렇지만 임야는 무엇보다 돼지떼가 도토리나 너도밤나무 열매를 주워 먹는 곳이었다. 당시 갈리아나 영국에서는 흔히 경작지의 넓이가 추상적인 면적단위로 측정되지 않고 곡물의 평균적인 파종량으로 측정되었다. 임야의 크기도 일반적으로 방목할 수 있는 돼지의 수효로 평가될 정도로 임야는 돼지 방목장으로서 중요한 곳이었다.

마지막으로, 중세에 그리고 간혹 우리가 생각하는 것보다 훨씬 더 최근까지 농경이나 가축사육을 했다고 해서 고대적인 사냥과 채집 관습이 사라졌던 것은 아니다. 그렇게 때문에 임야는 사냥과 야생식물 채집을 위해 인간에게 필수적이었다. 중세 사람들은 모든 면에서 자신의 노동으로 자연을 개조하려고 하기보다는, 자연 그 자체에 순응해 그 혜택을 누리려고 하는 마음이 훨씬 더 강했다. 자연을 개조하지 않았을 때 임야만큼 인간에게 베푸는 것이 많은 것도 없다. 임야에서는 고기와 마찬가지로 인간생활에 필수적인 가죽을 제공하는 야생짐승들이 뛰어다니고, 농민들이 먹는 꿀을 생산하는 벌떼가 붕붕거리며, 그들이 먹는 시거나 쓴 과일이 열리는 야생의 과수가 자라고 있었다. 또 임야에서 자라는 떡갈나무에서는 가죽을 무두질하는 데 쓰는 껍질이 채취되었고, 떨어진 나뭇잎은 가축의 잠자리 짚으로 사용되었다. 이런 예들은 임야가 제공하는 여러 가지 유익함 가운데 일부이지만, 나머지는 생략한다. 왜냐하면 임야의 여러 가지 유익한 것들을 다 찾아내 열거하자면 너무나 길어 지겨울 지경이기 때문이다.

그런데 우리가 영지명세장들을 급히 읽어보기만 하는 경우에는 임야가 거의 전적으로 영주의 것이라는 느낌을 받는다. 여기저기서 일부 농민보유지의 구성부분 가운데 임야의 단편이 발견되기는 한다. 그러나 그 면적은 영주직영지에 속한 광대한 면적의 임야에 비하면 보잘것 없다. 생제르맹데프레 수도원의 영지명세장에 의거해서 대략적이나마 농민보유지들에 포함된 임야의 규모를 추산할 수 있다. 이 영지를 구성하는 장원들에서 농민보유지에 속하는 임야와 영주직영지에 속하는 임야를 포함해서 대충이라도 산출할 수 있는 전체 임야 면적 가운데, 농민보유지에 속하는 임야 면적은 약 1퍼센트를 차지한다. 그런데 영지명세장들이 임야가 영주직영지에 속하는 것처럼 보이게 하고 그에 따라 다수의 역사가가 그렇게 보고 있는데도, 왜 우리는 조금 전에 임야를 곧바로 영주직영지에 속하는 재산의 일부로 보지 않았을까? 영주가 임야를 실제로 그의 소유라고 생각하는 것은 누가 뭐라고 해도 법적으로는 그 일부가 허구적이라는 사실을 잊어 버리는 것이 될 것이기 때문이다. 주민들이 이 임야에 대한 이용권, 즉 방목권과 야생식물 채취권 및 나무 채취권을 지니고 있었다는 것은 이론의 여지없이 명백한 사실이었다. 유감스럽게도 대단히 드물기는 하지만, 몇몇 문헌은 우리에게 주민들의 이런 권리가 당시의 법정에서 몹시 존중되고 보호받을 만한 권리였음을 보여준다. 후대의 증거들도 이런 사실을 확인하고 있다. 한편 임야에 대한 이

들 권리의 행사과정에서 권한다툼이 불가피한데도 그 권리들 없이
는 작은 농촌사회들이[15] 참으로 살아갈 수가 없었으므로 임야에 대
한 주민들의 대부분 권리는 인정되지 않을 수 없었다. 사실 영지명세
장 이외의 당시 문헌사료들에는 방목지에 대해서 언뜻 봐서는 모순
되는 것 같으면서도 바로 그러한 모순 때문에 특징적인 면을 잘 표
현하는 한 어구가 사용되고 있다. 그 문헌사료들에는 장원의 모든 부
속물, 즉 곡물경작지, 가옥, 물레방아 그리고 오늘날 우리가 쓰는 말
로 하면 공유지(communal)라고 할 수 있는 주민들의 집단 이용 토지
인 'communia'와 함께 매각된 장원들에 관한 언급이 나타난다. 이런
식의 표현은 한 개인이 공유재산을 점유하고 있음을 보여준다. 그러
나 공유지와 함께 장원이 매각되고 있다는 기록은 영주가 공유재산
에 대한 권리를 가지고 있으나 영주의 권리 맞은편에는 농민공동체
의 권리 역시 존재함을 의미한다. 그래서 임야와 공유지 일반에 대한
연구——나는 이런 연구를 강조한 바 있다——를 통해서 우리는 우리
가 다른 곳에서[16] 그 흔적을 찾아보게 될 중요하면서도 그리 명확하
지 않은 사실과 장원의 성립에 관한 연구를 위해서도 고려하지 않으
면 안 되는 사실과 마주치게 되었다. 즉, 영주에 맞서 똑같은 땅에 대
해서 공동의 권리를 행사하는 농민들의 공동체가 존재했다는 사실
과, 권리 행사에 있어 경합되고 어떤 의미로는 중첩되는 다양하고도
강력한 물권(物權)이 존재했을 가능성이 있다는 사실을 발견하게 되
었던 것이다.

앞에서 우리는 농민보유지 보유자들이 영주에 대한 각종 의무를

---

15) 마을을 말한다.
16) 이 책에서는 공유지의 소멸을 다루는 제3부 제2장 「영국 장원제의 귀결」 중
맨 끝의 "인클로저"에 관한 부분과 동 제3장 「프랑스 장원제의 귀결」 중 맨 끝
의 "영주적 반동" 부분 참조.

졌고 여러 가지 점에서 그 의무가 가혹했음을 보았다. 이것은 물론 오로지 장원이라는 경제체제 속에서 지주였던 영주가 동시에 명령권을 마음대로 행사하는 지배자였기 때문에 가능했다. 그렇지만 나는 장원제의 이런 측면에 대한 설명을 당분간 접어 두겠다. 그런 측면은 확실히 어떤 때는 사람의 신분에 관계되기도 하고 어떤 때는 사인(私人)에 대한 국가의 공권(公權) 양도에 관련되기도 하는 몇몇 문제들, 한마디로 법적인 차원의 문제들과 긴밀하게 결부되어 있다. 우리는 이런 법적인 문제를 영주권의 생성과정 그 자체에 대해서 살펴볼 때 다뤄야 할 것이다. 이런 측면에서의 장원은 분명히 하나의 인간집단이므로, 지금 여기에서는 장원은 그 자체의 법—기정사실이 결국 합법적인 것과 혼동되는 경향이 있는 중세의 법률상의 관행에 따라서 장원의 법은 단순히 관습에 불과할 뿐이었다—을 가지고 있었다는 점만을 나는 특별히 지적해 두고자 한다. 영지명세장을 작성케 한 영주는 그 자신이 지배자인 동시에 착취자로 존재한다고 할 수 있는 작은 사회의 관습을 기록하는 것 외에는 다른 어떤 것도 생각하지 않았다. 이것은, 게르만왕국의 왕들이 그들 부족의 법을 성문화했을 때—예컨대 클로비스 왕이 살리프랑크족의 관습법을 라틴어로 작성하게 했을 때[17]—, 그 법을 바꾸려는 생각을 조금도 하지 않고 반대로 그들의 유일한 의도가 조상들에게서 물려받은 유서 깊은 법규범을 기억보존의 수단인 문자로 고정시키려 했던 것과 마찬가지다. 우리가 알다시피, 성문화되었든 안 되었든 간에 장원의 이런 관습은 예속민들뿐 아니라 영주에게도 완전한 구속력이 있는 것으로 생각되었다. 우리는 이 점에 대해서 뒤에 자주 재론할 것이다. 모호한 장원의 역사에서 관습이라는 개념은 되풀이되는 일종의 중심주

---

17) 그 결과, 탄생한 것이 유명한 『살리법』(*Lex Salica*)이다.

제와 같다. 불확실한 점이 많은 장원제의 성립기가 지나간 이후에도 관습의 힘을 확인할 수 있다는 것은 흥미로운 일이다.

그저 부차적일 뿐인 특성은 모두 제외시키려고 했던 앞의 서술에서도 인상적인 것이 하나 있다. 그것은 장원이 구속력이 강하면서도, 가령 영주의 이기적인 욕심을 조금이라도 간파한다면 영주에게 유달리 효과적인 조직이었다는 느낌이다. 나는 이런 느낌이 진실과 다르다고는 결코 말하지 않겠다. 그렇지만 현실은 실상 그리 단순하지 않았을 뿐 아니라 이와 같은 종류의 개설적인 강의를 통해 알게 되는 것보다도 훨씬 더 복잡했음을 이제 보여주어야 할 것이다. 나는 현실이 이처럼 단순하지 않은 것이 역사가에게는 다행이라고 감히 말하고 싶다. 왜냐하면 여러 시대를 거친 역사적 기념건조물의 경우 그 건축물의 서툰 증축과 개축이 건축에 관한 여러 가지 활동상을 아는 데 도움이 되는 것과 마찬가지로, 장원제 내부의 이런 얼마간의 불일치 현상은 장원조직을 재구성하는 데 상황증거로서의 역할을 하기 때문이다. 그러므로 이제부터는 한 문제씩 이런 난해한 점들을 살펴보자.[18]

넓은 면적의 영주직영지 때문에 농민의 경작부역 부담은 매우 컸다. 그래서 농민보유지는 소작료 수취생활자(rentier)를 위한 단순 소득원이라기보다 대토지소유자의 토지경영에 필요한 노동력의 원천으로 여겨졌다. 이런 것이 영지명세장들에 근거해 묘사된 장원의 주요한 특징 가운데 하나다. 그러나 서두에서 내가 했던 말을 되풀이하지만, 이와 같이 서술하는 것은 분명히 갈리아 북부의 곡물경작 지대에 존재한 교회기관의 광대한 장원들의 경우에 특별히 들어맞는 말

---

18) 블로크의 원고 속에는 이에 관한 상세한 설명이 미완의 상태로 남아 있다. 그는 지역별 차이라는 첫째 문제만을 다뤘다.

이다.

따라서 두 가지 문제가 제기된다. 첫째는 세속귀족의 장원은 어떻게 구성되어 있었는가 하는 것이다. 둘째는 프랑스의 농촌 모습이 지역에 따라 어떤 차이가 있었는가, 다시 말하면 다양성이 있었는가 하는 점이다.

첫째 문제는 사료 부족으로 분명하지 않다. 내가 알기에 세속귀족의 장원에 관해 수치가 표시된 기록은 단 하나만 남아 있다. 생제르맹데프레 수도원의 어떤 봉신이 소유한 파리 남쪽의 노제(Nozay)에 있는 은대지(恩貸地)에 관한 기록이 바로 그것이다.[19] 이 은대지의 공간구조는 전형적인 고전장원의 비례관계를 보여준다. 즉 농경지의 경우 영주직영지는 장원 전체 면적의 삼 분의 일에서 절반까지를 차지하며, 농민들의 부역부담은 대개는 매우 무거웠던 것으로 보인다. 그러나 이런 단 하나의 예에서 결론을 끌어낼 수 있겠는가. 뒤에서 곧 확인하겠지만 그저 장원구조는 영주가 교회기관인가 세속귀족인가 하는 신분에 따른 차이보다는 어쩌면 지역에 따른 차이가 더 컸을지도 모른다는 막연한 느낌만이 들 뿐이다.

둘째, 우리는 프랑스의 농촌사회에 대해 분명히 알 수 있는 시점부터 나타나는 기본적인 주거 형태를 대체로 두 가지로 구별할 수 있다. 하나는 집촌 형태고, 다른 하나는 산촌(散村) 형태다. 이 두 형태의 거주방식이 정확히 어떤 모습이었는지, 그리고 특히 집촌과 산촌이 토지를 점유하는 형태 사이의 차이가 무엇이었는지를 분명히 알아야 한다. 과거 프랑스 농촌사회의 세포조직은 개인도 아니었고 좁은 의미의 세대(世帶)도 아니었다. 그것은 일반적으로 가부장제적인 성격을 띠는 가족이었다. 집촌 형태의 마을이 지배적인 지역들은 여

---

19) *Polyptyque d'Irminon*, 제II권, pp. 278-280.

러 가구가 모여 살면서[20] 상당히 광활한 땅을 경작했다. 이 광활한 땅에서는 농민가족들의 밭이 서로 뒤섞여 있었고, 어떤 계절에는 공동체 전체가 집단적인 권리를 행사하고 있었다.[21] 반면에 산촌 형태의 마을에서는 종종 두 가구 내지 세 가구씩 흩어져 사는 경우가 있었지만 대체로 각 가구가 완전히 고립된 방식으로 거주했던 것으로 보인다. 오늘날 프랑스에서 볼 수 있는 다수의 산촌은 과거 가족공동체별 거주 형태에서 생겨났다. 혈연으로 결합된 이 작은 가족 집단은 한결같이 자신의 밭 가운데에 위치한 가옥에서 거주했다.

그런데 우리가 이미 말한 바와 같이, 분명히 장원은 산촌 형태의 마을보다도 집촌 형태의 마을에 훨씬 더 적합한 것이었다. 상당히 광활한 땅에서는 영주가 직접 경영하고자 하는 큰 규모의 토지를 별도로 떼어 두는 것이 쉬웠고, 모두 함께 어울려서 거주하는 농민보유지 보유자들을 작업반별로 동원하는 것이 훨씬 더 용이했다. 그와 달리 농민보유지들이 곳곳에 뿔뿔이 흩어져 있는 경우에는 어떻게 영주직영지를 조직할 수 있으며, 노동력도 사방에 흩어져 있는 상황에서 어떻게 이를 이용해서 영주직영지를 별 어려움 없이 안정되게 경영할 수 있겠는가. 사실 당시에 장원은 틀림없이 매우 상이한 형태를 띠고 있었을 것이다. 생제르맹데프레 수도원 영지의 경우에 한편으로는 파리 남쪽에 위치한 팔레조와[22] 에피네쉬르오르주,[23] 그리고 브리의 고원지대에[24] 위치한 콩라빌[25] 등의 큰 마을에 3개의 장원이

---

20) 보통 1개 마을은 10-30호 정도로 구성되었던 것으로 추측된다.
21) 수확 후의 곡물경작지나 초벌 후의 초지 및 휴경지는 마을 주민 모두의 가축이 공동으로 방목되는 집단적 이용권의 행사대상이 된다.
22) *Polyptyque d'Irminon*, 제II권, pp. 6-23.
23) 같은 사료, 제II권, pp. 52-59.
24) 브리(Brie)는 파리 동남쪽 인근 지방으로, 100-200미터 높이의 고원지대를 이룬다.

있었다. 또 다른 한편으로는 오늘날에도 볼 수 있고 이 영지명세장의 기록 자체도 9세기 이후에 그 존재를 알려 주고 있는 보카주 지대에, 곧 산촌 형태의 마을이 발달한 지방에 3개의 장원이 있었다. 이들 3개의 장원은 장원의 토지가 매우 분산되어 있어서, 이 영지명세장에서 장원에 이름을 붙이려고 했을 때 단지 장원이 위치한 행정구역상의 이름을 붙일 수밖에 없었던 드뢰(Dreux)[26] 소재 빌르묄 장원과[27] 부아시 장원,[28] 그리고 멘(Maine)의[29] 보카주 지대에 있는 코르봉 촌(村)의 장원이다.[30] 우리가 곡물경작지만을 중심으로 장원의 전체 곡물경작지 면적 가운데 영주직영지의 곡물경작지가 차지하는 비율을 산출하면, 다음과 같은 대략적인 수치를 얻게 된다. 팔레조 장원은 37퍼센트, 에피네쉬르오르주 장원은 36퍼센트, 티에 장원은 30퍼센트인[31] 데에 비해, 빌르묄 장원은 11.5퍼센트, 부아시 장원은 10퍼센트이며 코르봉 촌 장원은 고작 12퍼센트이다. 더구나 코르봉 촌 장

---

25) 같은 사료, 제II권, pp.179-190.

26) 파리 서쪽에 위치.

27) 같은 사료, 제II권, pp.76-116.

28) 같은 사료, 제II권, pp.131-150.

29) 파리로부터 남서쪽으로 200킬로미터 정도 떨어진 프랑스의 북서부 지방.

30) 같은 사료, 제II권, pp.122-130.

31) 블로크는 장원 전체의 곡물경작지 면적 가운데 영주직영지의 곡물경작지 면적이 차지하는 비율이 앞에서 세 번째로 열거한 콩라빌 장원 대신에 티에 장원에서 30퍼센트라고 한다. 그러나 콩라빌 장원과 티에 장원은 같은 장원이 아니다. 이 두 장원은 각각 그가 참고한 생제르맹테프레 수도원의 영지명세장 제16장(pp.179-190)과 제14장(pp.151-164)에 기록되어 있는 엄연히 다른 장원들이다. 그는 이 두 장원을 혼동하고 있는 것이다. 장원 전체 곡물경작지 면적 가운데 영주직영지의 곡물경작지 면적이 차지하는 비율은 제14장의 티에 장원에서는 30퍼센트정도 되지만, 제16장의 콩라빌 장원에서는 25퍼센트쯤 된다. 티에 장원 역시 파리 시의 도심에서 10킬로미터쯤 떨어진 곳에 위치해 있었으므로, 마을이 집촌 형태를 띠었다고 볼 수 있다.

원은 특히 시사하는 바가 크다. 이 장원은 기증토지들 ─ 교회기관의 모든 장원은 물론 이런 기증토지에서 유래한다 ─ 로 구성되었지만, 산촌 형태의 마을이었고, 그런 조건 자체가 기증토지들을 유난히 분산시키는 데 기여했던 것이다. 토지가 널리 흩어져 있는 이런 상황에서 영주직영지는 농민보유지 보유자들의 노동으로 경작할 수 없다고 판단되어 농민보유지들로 바뀌기도 했다.

이런 사정이 코르봉 촌의 장원에서 전체 곡물경작지 가운데 영주직영지 부분이 12퍼센트라는 낮은 비율을 차지하게 된 까닭을 설명해 준다. 그러나 코르봉 촌의 장원에는 에봉과 에렘베르주라는 사람이 생제르맹데프레 수도원에 대해서 프레카리아(precaire)[32] 형태로 보유한 소규모의 장원이 하나 남아 있다.[33] 비록 곡물경작지가 약 48.47헥타르이고 초지가 19.37헥타르로 장원의 규모가 작기는 하지만, 장원은 하나의 영주직영지와 9개의 농민보유지로 구성되어 있다. 전체 면적 가운데 영주직영지가 차지하는 비율은 대규모 고전장원들의 비율과 비슷하다. 즉 영주직영지의 곡물경작지 면적은 전체 면적 가운데 34퍼센트를 차지하며 초지는 57퍼센트를 차지한다.[34]

---

32) 어떤 사람이 토지소유자에게 어떤 봉사나 얼마간의 사용료를 제공하는 대가로 일정 기간이나 그의 일생 동안 토지에 대한 용익권(用益權) 양도를 간청하여 이를 향유하는 조건부 토지보유 또는 그런 토지보유 계약을 말한다. 일반적으로 교회기관이 소유한 토지가 프레카리아 형태로 양도되는 경우가 많았다.

33) 이 영지명세장 p.124의 제15항에 기록되어 있다.

34) 이 대목은 미완성 상태로 남아 있기 때문에, 코르봉 촌의 장원에 관한 부분은 카르팡티에 여사가 M. Bloch, *Les caractères originaux*, 제2권, p.104를 참조하여 완성하였다.

3. 농민보유지

우리는 앞에서 카롤링왕조 시대의 장원, 특히 교회기관이 소유한 대장원의 외형적인 모습을 매우 정확하면서도 아주 간략하고 효과적인 방식으로 고찰하려고 했다. 이제 우리는 이런 외관 아래 모든 제도에서, 그리고 어쩌면 모든 조직체에서 발전, 수정, 시행착오를 겪었다는 증거가 되는 내적 모순 현상 가운데 일부를 장원제와 관련해 검토하고자 한다.

어떤 장원에나 존재했던 농민보유지로 눈을 돌려보자. 이와 관련해서 영지명세장 형태로 되었든 토지기증 문서나 매매계약서 속에 꽤 자주 보이는 비교적 짤막한 기입형태로 되었든 당시의 문헌기록들 속에는 하나의 단어가 끊임없이 되풀이해서 나타난다. 이것은 '망스'(manse)라는 단어다.[35] 이 단어는 몇 개의 동의어를 가지고 있다.[36] 그러나 여기에서 동의어에 관해서는 언급하지 않겠다. 망스라는 말에 대한 예를 들면, 루이 경건왕은 알자스의 에르스탱에 있는 땅을 그의 아들 로타르에게 증여하면서, "짐은 그에게 이 땅에 있는 1개의 영주직영지와 60개의 망스를 그의 고유재산으로 양도한다"라고 말했다.[37] 영지명세장은 농민보유지 보유자들의 의무를 일일이 열거하지는 않는다. 즉 뒤에서 보는 바와 같이, "아무개는 그의 가옥에 대해서는 얼마를, 그의 밭에 대해서는 얼마를, 다른 것에 대해서는 얼마를, 그의 인신에 대해서는 얼마를 지불해야 한다"라는 식으

---

35) 'manse'는 프랑스어식 표기이고, 라틴어로 된 원사료의 기록 속에서는 'mansus' 형태로 되어 있다.

36) 'huba', 'factus', 'sors' 등이 그것이다.

37) *Monumenta Germaniae Historica*(이하 *MGH*로 줄여씀), *Legum*, sectio V, K. Zeumer, ed., *Formulae Merowingici et Karolini Aevi*, Hannover, 1886, p. 294, no. 10.

로 기록되어 있지 않다. 영지명세장에는 "이러이러한 사람들이 보유한 어느 망스에는 얼마의 금전과 몇 마리의 닭, 며칠 간의 작업이 부과된다"라는 식으로 쓰여 있다. 더구나 망스는 보통 종류별로 나열되어 있으며—망스의 종류에 대해서는 뒤에 다시 다루게 될 것이다—, 같은 종류의 망스는 기본적으로 동일한 의무를 진다. 그래서 영지명세장들은, 대단히 상세한 영지명세장까지도 거의 한결같이 큰 주의를 기울여 맨 처음에 나타나는 망스의 의무내용을 소상히 기술하고, 동일한 종류의 여타 망스에 대해서는 "동일한 의무를 진다"라는 말을 덧붙이는 것으로 그친다.

한마디로 망스는 일련의 건물, 곡물경작지, 초지, 텃밭 등으로 구성된다. 망스의 토지들은 흔히 흩어져 있으나 원칙적으로 주택(maison)—여기에서 망스라는 이름이 유래한다—이 그 중심을 이루며,[38] 영주에게는 망스가 농민에게 의무를 부과할 수 있는 단위였다. 망스는 장원의 세포조직과 같았다. 이러한 망스 제도는 장원 관리 당국에게는 참으로 편리한 것이었다. 관리업무를 크게 줄여 주었기 때문이다. 단지 망스가 존재하는 것만으로도 관리업무가 수행된다고 생각할 만큼 충분했다. 그러나 영주가 망스의 창출에 큰 관심을 기울였음을 특별히 입증하는 다음과 같은 직접적인 증거들이 있다. 군데군데 망스 제도에 편입되지 않은 일부 땅조각이 남아 있는 경우가 있었다. 이런 토지는 때로는 새로운 이주자들이, 때로는 심지어 처음에 분양받은 농민보유지의 경계를 넘어서서 토지를 확장하려는 기존의 농민들이 늦게 개간한 땅조각이었을 것이다. 영주로

---

38) 중세의 원사료에서 망스의 라틴어형인 mansus는 '머무르다'는 뜻을 지닌 라틴어 'manere'에서 파생된 말이며, 그 자체가 중세의 사료에서 때로는 주택을 의미하기도 했다. 오늘날 프랑스어에서 주택을 뜻하는 'maison'의 어원도 라틴어 manere이다.

서는 우선 이들 작은 땅조각—이런 땅조각에 대한 명칭은 곳에 따라 '오티스'(hôtise), '보르드'(borde), '레신'(laissine)이라고[39] 하는 등 다양했다—의 존재를 인정하고 장원의 정상적인 틀 안에 편성한 후에, 마지막으로 그 보유자들에게 공납과 부역노동의 의무를 부과하는 도리밖에 없었다. 그래서 의무가 부과되지 않은 상태의 소규모 보유지에 대한 인정은 원칙적으로 일시적일 수밖에 없었다. 영주들은 가능한 한 서둘러서 이런 비정상적인 작은 땅조각으로 새로운 망스나, 적어도 정상적인 망스 제도의 한 부분으로 여겨지던 반쪽망스(demi-manses)를 조직하려고 했다. 장원제에서는 토지를 소위 '망스화'(amansée)하지 않고서는 경영하기 어려웠기 때문이다.

그러므로 망스 제도에서 적어도 한 가지 점만은 분명하다. 그것은 망스가 장원의 경영과 관련해 그 나름의 기능을 담당한다는 사실이다. 그렇지만 우리는 그 기능이 단순한 기능을 의미하는 것이 아니라는 점에 유의하자. 내가 적어도 한 가지는 분명하다고 하는 것은, 여러 가지 점에서 망스 제도가 과거 프랑스 농촌사회의 가장 이해하기 어려운 문제 가운데 하나이기 때문이다. 과거 프랑스의 농촌사회가 던지는 수수께끼들 가운데, 나는 지금 여기에서는 당시의 가장 특징적인 제도인 장원제의 내적인 일부 모순 현상을 드러낸 망스 제도만을 고찰할 것이다.

망스 크기의 불균등성

적어도 같은 장원 안에서 똑같은 의무를 수행하는 동일한 종류의 망스는 그 망스의 경작자에게 역시 똑같은 토지수입을 가져다 주리

---

39) 원래 중세의 라틴어 문헌에는 각각 'hospitium', 'borda', 'laissina'로 기록되어 있다.

라고 기대되었을 것이다. 다른 말로 하면, 동일 장원 내에서 같은 종류의 모든 망스는 똑같지는 않지만 적어도 비슷한 크기로 되어 있었을 것이라고 예상되었을 것이다. 그런 경우가 실제로 가끔 있었다. 아르투아 지방에 위치한 생베르탱 수도원의 영지에서는 동일한 종류의 망스가 서로 크기가 다른 경우는 적다. 이와는 반대로 다른 영지들에서는 망스의 종류가 같은데도 망스의 크기는 다른 경우가 대단히 많았다. 바로 이런 망스 크기의 상이함이 우리에게는 첫 번째로 놀라운 점이다.

어쩌면 여기에서 나는 횡설수설하는 매우 유감스러운 실수를 하고 있다고 비난받을지도 모르겠다. 사실 이미 나는 앞에서 세대별로 보유한 농민보유지들, 즉 망스의 크기가 일반적으로 서로 크게 달랐다고 말하지 않았던가. 비난받을 만한 것은 또 있다. 왜냐하면 이제 우리는 한 세대의 농민가족이 반드시 하나의 망스를 보유하고 있지 않음을 보려고 하기 때문이다. 이런 불일치를 확인하는 것이 두 번째 놀라움이다.

망스와 보유자의 세대 수

각각의 망스는 거의 언제나 한 세대의 농민가족──여기서 가족이란 일반적으로 인정되는 넓은 의미의 가족이다──이 경작하는 농장을 이룬다고 생각하는 것은 너무나 당연하다. 실제로 그런 경우가 종종 있었으며, 심지어 흔하기까지 하다. 그러나 항상 그런 것은 아니었다. 상호 혈연관계에 있다는 표시가 없으면서도 처자식이 딸린 여러 세대가 하나의 망스를 공동 보유하는 경우도 자주 있었다. 가끔 망스 공동보유자들의 법적 신분이 상이한 경우를 검토해 보면, 그들 사이에 친척관계가 존재하지 않음을 확인할 수 있다. 여기에서 바로 다음과 같은 몇 가지 의문이 생긴다. 그러한 경우에 왜 망스는 분할되지 않았는가? 주지하다시피, 망스는 원칙적으로 분할될 수 없는 것으로 간주되었기 때문이다. 또 공납은 어떻게 징수되었는가? 너무나 당연하게도 하나의 망스를 함께 보유한 여러 사람, 즉 '공동보유자들'(socii)이 연대책임을 졌으리라고 생각된다. 마지막으로, 특히 이런 공동보유 현상은 원래부터 있었던 것인가 아니면 그렇지 않았는가? 원래부터 그랬던 것은 아니다. 우리는 다음과 같은 사실을 잘 알고 있다. 9세기 후반에는 망스 제도가 이미 분해되는 과정에 있었다. 영주들은 국왕의 지원을 받아 망스의 분할불가 원칙을 ──864년 6월 25일 피트르에서 샤를 대머리왕이 내린 유명한 칙령 속의 몇몇 규정이[40] 국왕의 지원에 대한 증거이다── 견지하려고 애썼으나, 망스 보유자들이 그들의 보유지를 마구 양도하는 습관이 있어 집과 텃밭밖에 남지 않은 경우가 종종 발생했기 때문에 그 원칙을 지키기가 어려웠다. 영주들은 이와 같은 상황이 장원을 '파괴할' 가능성이 있고 각종 농민의 의무가 착실하게 수행될 수 없게 한다고 판단했다. 그러나 결국 다음 몇 세기 동안에 대부분 프랑스에서 망스의 분할이 가속화되어, 망스가 농민에 대한 의무부과 단위라는 관념 자체가 사라지고 망스라는 이름도 잊히게 되며 농민들의 의무도 망스 단위로 계산되지 않고 사람이나 밭뙈기별로 부과될 정도였다. 9세기부터 망스는 해체의 길에 들어섰고 여러 보유자 사이의 이와 같은 망스 분할은 망스 제도의 변화를 보여주는 징조 가운데 하나였다는 느낌을 떨치기 어렵다.

자유인망스와 노예망스

이제 마지막으로 망스 제도 가운데서 불일치 현상이 가장 심한 문

---

40) *MGH.*, *Capitularia*, 제II권, pp. 310-318.

제를 다뤄 보자.

나는 조금 전에 카롤링왕조 시대의 문헌에서 망스는 각기 그 자체 일련의 고유한 의무를 지니는 몇 가지 종류로 구별되었다고 언급한 바 있다. 이런 구분의 기준이 장원마다 달랐던 것은 아니다. 프랑크 시대에 갈리아 전체에서 몇몇 종류를 제외한다면, 전 지역을 통해 크게 두 가지 종류의 망스가 존재하며 많은 장원에서 이 두 종류의 망스는 병존한다. 두 가지 망스는 '자유인망스'(mansus ingenuilis)와 '노예망스'(mansus servilis)라고 불렸다. 사료를 보면 이 두 망스 사이에는 크게 세 가지의 차이점이 있음을 바로 알 수 있다. 자유인망스는 영주를 통해서 국왕에게 전달되는 현물로 된 일종의 전쟁세 같은 것을 부담하고 있다. 그리고 그 토지의 면적이 노예망스보다도 보통은 더 크다. 또 자유인망스는 전체 숫자에서도 노예망스보다 훨씬 더 많다.

농민보유지의 기본단위를 지칭하는 이들 이름은 불가해한 점이 전혀 없다. 망스의 이름은 그 보유자의 신분 명칭과 일치하고 보유자의 신분 명칭은 당대에 일반적으로 통용되던 기준을 따랐기 때문이다. 당시에 사람의 신분에는 크게 두 가지 종류가 있었다. 노예(esclave)—당시의 문헌사료에 나타나는 '세르부스'(servus)를 이런 말로 옮길 수밖에 없기 때문에 이 말을 쓴다[41]—와 자유인이 그것이다. 자유인 가운데서도 생활양식, 사회적 지위, 영주에 대한 종속

---

41) 세르부스라는 말은 로마시대에는 노예를 가리켰다. 그러나 중세 초기에는 노예 출신의 농노나 외거노예를 뜻하게 되었으며, 그 대신 당시 노예를 뜻하는 라틴어로는 흔히 '만키피움'(mancipium)이란 말이 사용되었다. 오늘날 프랑스어에는 이 후자의 말에 어원을 둔 노예라는 뜻의 말이 없기 때문에, 블로크는 프랑스에서 13세기 말부터 오늘날까지 노예라는 뜻으로 사용되고 있는 '에스클라브'(esclave)라는 말을 사용하고 있는 것이다.

정도에 따라서 여러 수준의 자유인들이 있었고 여러 가지 명칭이 사용되었다. 그 중 자유인 출신이면서도 농민보유지 보유자로서 영주권력의 지배를 받았던 사람은 일반적으로 '콜로누스'(colonus)라고 불렸다. 그래서 콜로누스는 매우 비천하고 예속적인 사람으로 취급받았다. 그렇지만 공법상으로는 콜로누스 역시 프랑크 국왕의 자유로운 신민이었기 때문에,[42] 국왕에게 특히 군역을 수행하거나 그렇지 않으면 군역면제세를 납부할 의무를 졌다. 여기에서 조금 전에 말한 바 있는 자유인망스의 특수한 부담들이 생겼다. 콜로누스는 노예가 아니었다. 자유인망스는 자유로운 신분을 지닌 보유자의 망스, 다른 말로 하면 콜로누스의 망스를 뜻했다. 노예망스는 영주가 노예를 자신의 집에서 부양하지 않고 이른바 '외거시키는 것'(chaser), 즉 제반 공납과 부역의 의무를 수행하는 조건으로 작은 토지를 독자적으로 보유케 하는 것이 편리함을 발견한 데에서 생겨난 노예 보유의 망스를 의미한다. 그래서 이 두 종류의 농민보유지가 군역세와 각각의 보유지에 부과된 특유한 공납의 부담으로 구별되는 것은 당연한 일이었다.

  망스의 이름과 보유자의 신분이 일치하기 때문에, 장원의 주민 현황이 아주 완벽하게 기록되어 있는 문서에서 각 자유인망스를 1명 또는 여러 명의 콜로누스가, 각 노예망스를 1명 내지 여러 명의 노예가 보유하고 있음을 보게 된다는 것은 역시 당연할 것이다. 아니 더 정확히 말해서, 절대적으로 자명할 수밖에 없는 것으로 보인다. 그와는 반대로 망스의 종류와 보유자의 신분이 불일치하는 것은 결코 있을 수 없는 일일 것이다. 대체로 이렇지만, 놀라운 사실은 그렇지 않은 경우가 매우 많다는 점이다. 예컨대, 생제르맹데프레 수도원의 영

---

42) 콜로누스는 로마제국 시대부터 법적으로는 언제나 자유인 신분이었다.

지에서 팔레조 장원의[43) 경우에는 다음과 같이 되어 있다. 여기에서 나는 세대주의 신분만을 통계수치의 산출 대상으로 삼으며, 부부의 신분이 상이한 세대는 산출 대상에서 제외한다.[44) 이 장원에는 108개의 자유인망스에 180세대——이미 우리가 알고 있다시피, 망스 수보다도 세대 수가 더 많다——가 있다. 이 가운데 6명의 세대주 신분은 명시되어 있지 않다. 나머지 174세대 가운데 168명 세대주의 신분은 콜로누스이지만, 6명의 세대주 신분은 노예이다. 한편 이 장원에는 5개의 노예망스가 있다. 이들 노예망스를 보유한 세대주의 신분은 리투스 즉 게르만법상의 해방노예가 1명이고 노예가 7명이지만, 콜로누스도 2명이나 된다.

또 랭스(Reims)의 생르미 수도원의 영지 가운데 엔(Aisne) 도(道)에 위치한 아길쿠르 장원의[45) 경우는 다음과 같다. 장원 내에서 망스를 보유하고 그 신분이 알려진 155명의 세대주 가운데 150명은 '자유인'(ingenus)——생르미 수도원의 영지명세장에서는 콜로누스라는 말이 사용되지 않고 있다——이고, 4명은 노예이며, 1명은 해방노예——따라서 그 전에는 노예였거나 노예의 후손이었을 것이다——이다. 한편 이 장원에서는 노예망스를 보유하고 그 신분이 알려진 69명의 세대주 가운데 11명만 노예이고 58명은 자유인이다. 물론 노예망스를 보유하고서도 자유인 범주에 포함된 사람들의 일부는 자유를 획득한 노예 집안의 후손들이라고 생각할 수 있다. 이것은, 사람의

---

43) *Polyptyque d'Irminon*, 제II권, pp. 6-23.

44) 부부의 신분이 상이한 경우는 4세대다.

45) B. Guérard, éd., *Polyptyque de l'abbaye de Saint-Remi de Reims ou dénombrement des manses, des serfs et des revenues de cette abbaye, vers le milieu du neuvième siècle de notre ére*(이하 *Polyptyque de l'abbaye Saint-Rémy-de-Reims*로 줄여 씀), Paris, 1853, pp. 42-58.

신분이 변하더라도 농민보유지의 이름까지 바꿀 필요는 없었음을 보여주는 것이라고 하겠다. 그러나 망스 보유자의 신분변동에 의한 이런 해석은 자유인망스의 보유자 가운데 왜 노예 신분이 존재하는지를 설명하지는 못한다. 분명히 우리는 오래된 한 제도가 본래는 극히 규칙적이고 대단히 명확한 것이었으나 결국에는 엄격하게 유지되지 못한 예를 다시 한번 보고 있다.

그렇지만 이와 같이 농민보유지의 종류와 보유자 신분의 불일치는 자명한 사실이었으므로, 영지명세장 작성자들 가운데 일부는 너무나도 큰 모순을 지니게 된 망스라는 이 오래된 용어를 폐기하는 것이 더 나음을 깨닫게 되었다. 그래서 그들은 망스의 종류에 따라서 다르게 부과되는 부역의 특성에서 제법 적절하게 추출해 선정한 새로운 명칭을 기존의 망스 종류에 부여하려고 애썼다. 구식의 농민보유지 분류방식과 새로운 현실 사이에 갈등이 생긴 것이다. 우리는 뒤에서 새로운 현실에 대한 또 다른 한 예를 다시 한번 더 살펴볼 것이다.[46]

사실 이제 우리는 좀 더 자세하게 농민보유지를 경작하는 사람들과 영주 사이에 확인되는 권리상의 관계가 정확히 어떠했는지를 살펴봐야 한다. 그렇지만 우리는 전문적인 학술연구처럼 상세히 논하지는 않을 것이다. 그러나 상당히 잘 알겠지만 경제적 조직인 장원은 동시에 영주가 지배하는 인간집단이었다는 점에서, 영주가 행사한 지배권의 본질에 대해서는 다소 상세한 설명이 필요하다.

4. 신분

카롤링왕조 시대의 제도에 관해서 성실한 학생이라면 알아야 하

---

46) 제2부 제1장 제2절 참조.

는 내용을 각국의 역사가가 간단명료하게 쓰려고 노력한 몇 권의 개론서를 펼쳐보면, 그 시대의 사회가 틀림없이 복잡다단했는데도 그 시대 사람들 각자는 물론 그 주변사람들까지도 자신의 사회적 지위를 잘 알고 있었던 것처럼 보일 정도로 복잡한 현실의 많은 부분이 잘 기술되어 있다는 느낌을 받는다. 나는 이런 도식화의 유용성을 크게 신뢰하지는 않지만, 도식화는 어쩌면 유용할지도 모른다. 그러나 당시의 사료에서 도출되는 실상은 그와는 판이하다. 당대인들의 눈에는 그들이 살고 있는 사회의 신분 구분이 절대로 명확하지 않았다. 신분에 관한 갖가지 이름이 혼용되고 있었다. 예컨대, 영지명세장에는 영지에 따라서 다른 신분 명칭이 나타난다. 자유인에 대해서 생제르맹데프레 수도원의 영지명세장에서는 그저 '옴 리브르'(homme libre)라고만[47] 불리는 사람들과 구별되어 콜로누스라는 말이 쓰인 데 비해서, 랭스의 생르미 수도원의 영지명세장에서는 '옴 프랑'(homme franc)과[48] 구별되는 '엥제뉘스'(ingénus)란[49] 말이 사용되고 있다. 또 해방노예와 그 신분을 표시하는 데에는 어떤 때에는 게르만어 계통의 말이,[50] 다른 때에는 라틴어 계통의 말이,[51] 또 어떤 때에는 두 가지 계통의 명칭이 혼용되는 등 상이한 명칭이 얼마나 많이 사용되었는지 알지 못할 정도다. 프랑크제국의 공법에서는 콜로누스가 노예와는 전혀 다른 자유인으로 간주되었다. 그러나 어느 날 특정 법률의 한 조항에 대한 해석을 문의받은 어떤 재판소의 재판장

---

47) 자유인이라는 뜻으로, 원래의 라틴어 사료에는 'liber'로 기록되어 있다.

48) 원래의 라틴어 사료에는 'francus'로 기록되어 있다.

49) 원래의 사료에는 'ingenus'로 기록되어 있다.

50) 예컨대, 리투스라는 용어.

51) 예컨대, 'libertus', 'denarialis', 'tabularius', 'cartularius', 'epistolarius' 등과 같은 명칭.

은 사람의 신분에는 오직 자유인과 노예라는 두 가지 신분만이 존재하며, 오 ! 놀랍게도, 콜로누스는 어쨌든 특수한 예로서 노예 신분에 속한다는 견해를 표명했다. 국왕의 대법정이 신민의 각종 신분을 열거할 생각을 하거나 종교회의가 대다수 신자의 여러 신분을 나열할 생각을 한 적은 없었다. 영지명세장처럼 격식을 갖춘 문서의 훌륭한 작성자들은 경우에 따라 뜻이 달라지고 종종 서로 간에 구별하기 어려운 상당수의 신분 용어 앞에서 어떤 종교회의가 실제로 그렇게 했듯이 그저 '기타 등등'(et cetera)이라는 말을 덧붙일 수밖에 없었다. 이에 대해서는 오해하지 말자. 이런 애매모호하고 잡다한 말들 속에 사회사와 관련된 두 가지 큰 교훈이 깃들어 있다. 첫째는 법적인 신분 분류는 그 자체로 하나의 현실이 아니라 현실 그 자체에 대해 어떤 사회가 지니는 다소 모호한 의식의 반영이라는 점이다. 결국 한 인간이란 사람들이 그가 어떤 사람이라고 평가하는 그 무엇이다. 둘째는 아주 오래된 동시에 새로운 시대의 싹이 움트는 사회에서 우리는 거의 필연적으로 전통적인 신분 분류와, 현실의 사회상황으로 생겨났으면서도 현행법에 의해 아직 제대로 인정받지 못한 새로운 사회관계 사이의 다툼을 목도하게 된다. 이런 것이 바로 카롤링왕조 시대에 갈리아의 상황이었다.

게다가 게르만족의 대이동 결과로 갈리아에 이중의 신분 전통이 존재하게 되면서 상황은 더욱 복잡해졌다. 한편에는 로마사회의 전통이 있었다. 로마사회는, 외관상 획일적인 것 같은 허상에 사로잡혀 생각하는 것보다 훨씬 더 큰 지방적 다양성과 켈트족 사회의 유산이 더해져 복잡했다. 다른 한편에는 게르만족 사회의 전통이 있었다. 신분에 관한 용어만 하더라도 물론 서로 전혀 달랐다. 그렇지만 이 두 계통의 사회 모두에게 공통된 특징이 하나 있었다. 그것은 거의 인간으로 취급받지 못한 노예 계급이 사회의 신분체계에서 맨 아래 단계를 채웠다는 사실이다. 왜냐하면 노예는 주인의 완전한 소유물이어서 어떤 수준에서도 일반 주민의 구성원이 되지 못했기 때문이다. 나머지 신분에 관해서는 두 사회 사이에 여러 가지 차이가 있었다. 특히 그 수가 적지 않았던 해방노예의 사회적 지위에 큰 차이가 존재했다.[52] 로마제국 후기의 로마사회는 국가 당국의 대단히 강력한 조치에[53] 의해 매우 계급서열제적 사회가 되었다. 이 조치의 목표는 사람들을 각자가 맡은 직업에 세습적으로 매어두는 것이었다. 적어도 원칙적으로 자치시의 원로원(curia) 의원은 그 도시의 원로원에, 장인은 그의 동업조합에, 군인은 군대에 대대로 매어 있었던 것과 마찬가지로, 대토지소유자에게 공납을 이행한다는 조건으로 토지를 경작하는 소작인은 자유인 출신이더라도 자신의 '땅덩어리', 곧 그의 경작지에 자자손손 매어 있는 것으로 간주되었다. 소작인도, 그 지주도 그 토지를 떠날 수 없었던 것이다. 이런 농민이 전문용어로는 콜로누스라고 불린 세습 소작인이었다. 그러나 로마제국 몰락 이후 뒤를 이은 게르만왕국들은 너무나 취약해서 그토록 가혹하고, 심지어 아주 인위적이라고까지 말할 수 있는 제도를 유지할 수 없었다. 그런데 콜로누스라는 말은 존속했다. 그러나 그 말은 이와 같이 자유로운 신분의 경작자가 영주에게 예속되어 있다는 새로운 의미를 지니게 되었다.

한편, 새로운 것은 아니었지만 그 강도와 범위 면에서 전에 없이

---

52) 중세 초기의 여러 게르만 부족법에 의하면 게르만사회 계통의 해방노예는 로마사회 계통의 해방노예에 비해 사회적 지위가 훨씬 더 낮아 노예에 가까울 정도였다.

53) 경제적·사회적 파탄을 맞이한 로마 당국이 최후의 대책으로 직업과 신분을 기존의 상태로 묶어두는 원적법(原籍法. Jus originarium)을 실시한 것을 말한다.

컸던 어떤 사회적 요구가 생겼다. 사회적 무질서 속에서 사람들은 저마다 자신을 보호해 줄 힘 있는 자를 찾았으며, 세력가는 누구나―자발적으로 피보호민이 되었든 그렇지 않았든 간에―끊임없이 증가하는 피보호민을 주변에 거느릴 때만 자신의 세력이 커진다고 생각했던 것이다. 이런 개인적인 주종관계는 여기서는 분석할 수 없는 갖가지 형태와 이름을 띠었다. 이 주종관계는 가끔 봉건제(le régime féodal)라고 불리지만, 그보다는 오히려 봉신제(封臣制. le régime vassalique)라고 부르는 것이 더 합당한 제도의 기초를 이룬다. 우리가 알아야 하는 중요한 점은 비천한 계급에서의 주종관계가[54] 거의 언제나 다음과 같은 특징을 내포하고 있다는 것이다. 그 관계는 세습적이었으며, 종속인에 대해서는 부역노동이나 공납 또는 선물 형태로 된 경제적 측면의 의무 부과를 포함한다.

간략하지만 대체적인 윤곽을 파악하는 데 충분하다고 생각되는 이와 같은 기초지식을 갖고 이제 장원의 예속민에 대해 살펴보자. 예속민의 일부는, 자유인이지만 세습 소작인이라는 바로 그 지위 때문에 상전(上典)인 지주에게 온갖 종류의 의무를 수행해야 하는 콜로누스의 후예들이다. 예속민의 다른 일부는 고대 로마법상의 해방노예 출신들이다. 이들은 흔히 해방의 형태에 따라 서로 구분되기도 한다.[55] 또 다른 일부는, 보통 게르만어로 리투스라고 부르는 게르만법상의 해방노예 출신들이다. 또한 최근에 영주의 보호 아래 놓이게 된 자유민 출신의 예속민들도 있다. 그들은 적어도 처음에는 이론상 자유로

---

54) 봉신제적 주종관계는 본래 사회 상류층 내에서의 주종관계다.
55) 중세 초기에 로마법에 따른 해방노예는 대체로 노예가 왕 앞에서 동전을 던지는 의식을 거쳐 해방되는 'denarialis'라고 불린 해방노예와, 교회기관의 성직자 앞에서 문서를 통해서 해방되는 'tabularius'라고 불린 해방노예로 구분되었다.

운 동의의 형태를 취하기는 했지만, 당시 이런 종속의 통상적인 상징이었던 인간의 머리당(當) 세금, 곧 인두세를 영주에게 흔히 지불하곤 한 사람들이다. 그런데 이들 가운데 다수가 장원 바깥에 거주하고 있으며, 콜로누스와는 달리 본래 의미의 소작인이 아니었으나 그들 역시 공납과 부역의 의무를 졌다. 마지막으로, 예속민의 다른 일부는 결코 해방된 적이 없는 노예 출신들이었다.

그럭저럭 분류된 이런 다양한 신분을 장원별로 한층 더 자세히 구별하고자 하는 노력들이 있었다. 대충 알다시피, 콜로누스, 리투스, 완전자유인, 인두세 납부 의무자, 피보호민, 노예 등으로 구별되었다. 당시 사람들은 서로 다른 신분끼리 결혼하는 경우——그런 경우가 자주 있었다——에 가급적 세삼한 주의를 기울여 배우자의 신분을 명확히 하려고 했다. 그 이유는 우선 신분에 관한 다양한 용어와 관습을 존중했기 때문이고, 또한 이런 신분이 실제로 개인의 삶에 큰 영향을 끼쳤기 때문이다. 예컨대, 생제르맹데프레 수도원의 영지에서 오직 노예여성만이——그녀가 노예망스에서 살든 자유인망스에서 살든 간에——영주를 위해서 내의나 천 조각을 짜거나 아니면 거위를 사육해 살찌워야 했으며, 적어도 카롤링왕조 시대 초기까지는 노예 신분만이 원칙상 매질을 당했다.

그렇지만 이와 같은 신분상의 모든 차이는 훨씬 더 중요한 다른 현상, 곧 영주에게 종속되어 하나의 장원예속민 집단이 형성되는 현실 앞에서 사라지고 있었다. 여기에는 두 가지 현상이 두드러진다. 하나는 언어와 관련된 것이고, 다른 하나는 법적인 측면과 관련된 것이다. 앞에서 내가 말했듯이, 보통 생제르맹데프레 수도원의 영지명세장에는 "아무개는 콜로누스이고, 또 아무개는 노예이다"라고 쓰여 있다. 그러나 거의 언제나 "아도아르는 콜로누스이고 그의 부인 외잔은 생제르맹의 사람이다"라는[56] 식의 말도 첨가되어 있다. 또는 망스화되지 않은 땅뙈기의 보유자에 관해서는 "새로 도래한 사람이자 생제르맹의 사람인 공트랑"이라고 기록되어 있다.[57] 가끔 예외적으로 이 수도원 소유의 자유인망스를 "생피에르(Saint-Pierre) — 아마도 생피에르생모르데포세 수도원의 영지임이 틀림없을 것이다—사람인 에르망프루아"가 보유하는 경우도 있다.[58] 또는 다른 영지 소속인과 결혼한 경우에는 "처자식은 생제르맹의 사람이 아니지만 그 자신은 생제르맹의 사람이고 콜로누스인 그레구아르는……"라고 기록되어 있든가,[59] 피보호민에 관해서는 "이 망스는 밀롱이 기증한 것이다. 지금은 생제르맹에게서 보호 증서를 받은 그의 아들 에메리가 보유하고 있다. 그의 형제들은 이 망스를 그와 함께 공동으로 보유하지만, 생제르맹의 사람들이 아니다. 그러나 그 형제들 가운데 아몽이라고 불리는 한 형제의 자녀들은 생제르맹의 사람이다. 그 형제는 그 수도원의 연등용(燃燈用)으로 12데나리우스를 지불한다"라고 되어 있다.[60] 이런 기록에서 가장 중요하게 쓰인 말은 매우 강한 어조와 넓은 의미로 쓰인 '사람'이라는 말이다. 법적인 현상과 관련해서는 다음과 같이 말할 수 있다. 분명히 카롤링왕조 시대부터 영주에 대한 예속민의 지위를 결정한 것은 장원사회의 집단 관습이었다. 그런데 관습은 특히 콜로누스에게만 적용되었다고 말들 하지만 이론상으로는 영주에 대해 권리를 지니지 못했던 노예에게도 적용되었다. 요컨대, 실제로도 의미가 있고 법률가들을 크게 고심하게 한 잡다한 전통의 신분들이 있었으나, 이 신분들은 몇 가지

---

56) *Polyptyque d'Irminon*, 제II권, p. 220.
57) 같은 사료, p. 252.
58) 같은 사료, p. 97.
59) 같은 사료, p. 268.
60) 같은 사료, p. 110.

간단한 관념을 중심으로 단순화되는 경향이 강했다고 할 수 있다.

우리는 프랑스의 장원을 고찰한 시기보다 더 늦은 시기 — 이것은 장원제의 발전과정에서 후기 단계를 의미하는 것이 아니다 — 의 영국의 장원을[61] 살펴볼 것이다. 따라서 두 사회의 장원제를 효과적으로 비교하기 위해서는 무엇보다 인간 신분의 이런 단순화가 11세기 말에는 기정사실이 되었다는 점을 강조해 둘 필요가 있다. 그 점과 관련해 특징적인 것은 카롤링왕조 시대에 공법상의 신분들을 지칭하는 대부분 말은 통속어 속에 아무것도 남기지 않았다는 사실이다. 이를테면, 그 중에서도 특히 '콜로누스'라는 말은 널리 퍼져 나가기는 했으나, 프랑스어나 프로방스어 속에 그 후속어를 남기지 않았다. 프랑스어의 '콜롱'(colon)이란 말은 라틴어 'colonus'(콜로누스)에 의거해 후에 다시 만들어진 학술적인 용어였으며, 통속어의 발음법은 달랐던 것 같다. 사실 콜로누스라는 말은 일상생활에서 사용된 낱말이 아니었다. 11세기에 장원의 예속민을 지칭하기 위한 말로는, 처음에는 장원을 가리키고 뒤에는 마을을 나타내기 위해 당시 통용되던 말인 '빌라'(villa)의 주민을 뜻하는 '빌렝'(vilain)이[62] 사용되었다. 이런 빌렝이 특별히 강력한 인신적 관계를 통해서 그의 영주에게 매이게 될 때는 '세르프'(serf)라는 말이 사용되었다. 여기서 농노를 뜻하는 세르프는 그 전시대에는 노예를 지칭했던 세르부스(servus)와 동의어다.[63] 그러나 현실에서는 신분을 구분하는 방법이 이와는 매우 달랐다. 다음과 같은 방식으로 두 가지 형태의 예속상태가 구분

---

61) 프랑스에서는 고전장원제가 9세기쯤에 성립했던 데 비해, 영국에서는 고전 장원제가 프랑스보다 훨씬 늦은 11세기 말엽에 성립했다.

62) 원래 중세 라틴어 기록에서는 'villanus'다.

63) serf의 어원은 라틴어로 노예를 가리키던 servus로서, servus의 발음이 변천해 serf가 되었다.

되었다. 첫째는 단순히 농민보유지를 보유하다가 토지보유를 그만두는 예속 형태다. 당시에 이런 예속 상태에 있던 빌렝은 자유인으로 여겨졌다. 다른 하나는 인신이 예속되어 혈통과 함께 세습되는 예속 형태다. 당시에 이처럼 자신의 영주를 선택할 수 없었던 사람은 자유인이 아니라 농노라고 불렸다.

요컨대, 카롤링왕조 시대의 장원은 다음과 같은 특징을 지닌 것으로 볼 수 있다.

첫째, 장원은 영주직영지와 노동력의 원천인 농민보유지와의 긴밀한 협력관계에 토대를 둔 경제적 기업체였다. 이런 긴밀한 협력관계는 집촌 형태의 주거지역에서는 장원의 크기와 관계없이 어떤 장원에서나 실현될 수 있었으나, 산촌 형태의 주거지역에서는 대장원의 경우에는 실현되기가 비교적 어려웠던 데 비해 소규모 장원의 경우에는 비교적 용이했다.

둘째, 장원은 대부분 분할될 수 없는 단위로 이루어진 소규모의 농민보유지들이 영주직영지 주변에 모여 있는 형태를 취했으며, 이들 농민보유지의 종류는 최초 보유자의 신분에 따라 구분되고 망스라고 불렸다. 그러나 이런 망스 제도는 이미 카롤링왕조 시대에 명백히 쇠퇴하는 조짐을 보인다.

셋째, 영주는 출신이 극히 다양하고 그의 주위에서 익살광대의 울긋불긋한 외투처럼 법적으로 잡다한 집단을 이루는 사람들을 지배했다. 그러나 이들의 다양한 신분을 구별하는 명확한 기준을 설정하기는 어렵다. 중요한 것은 분명히 이들이 하나의 관습적인 집단을 형성했으며 — 이 집단은 한편으로는 보호관계를 통해서 바깥으로 확대되었다 — 기업주인 동시에 토지와 인간의 경영자인 똑같은 집단 우두머리에게 모두 예속되어 있었다는 사실이다.

제2장 11세기 영국의 장원

영국의 초기 장원의 역사를 알기 위해서는 영국의 역사 자체의 주요 특성을 상기해야 한다. 영국의 역사는 중세 초 이후 프랑스의 역사에 비해 매우 독특했다.

1. 영국 농촌사의 기본적 특성

그렇지만 당장에 받는 인상은 프랑스와의 유사성이다. 갈리아와 브리튼 섬은 기원전 1세기에 켈트어를 사용하는 사람들이 거주하고 있었다.[1] 그러나 갈리아와 마찬가지로 브리튼 섬은 그때부터 로마인들의 지배를 받았다. 적어도 오늘날의 잉글랜드와 웨일스나 심지어 그보다 훨씬 더 큰 지역에 해당하는 대부분 브리튼 섬이 로마인의 지배를 받았다. 또한 갈리아에서와 마찬가지로 여기서도 로마의 지배는 게르만족의 침입으로 종말을 맞았고 여러 게르만족 수장(首長)

---

1) 갈리아라는 말이 켈트족이 거주하는 땅을 가리키듯이, 브리튼이란 이름도 주로 잉글랜드 지방에 거주한 켈트족을 지칭하는 말이었으며 이 지역을 점령한 로마인들이 이 섬 전체에 확대해 부른 것이다.

출신의 왕조가 통치하는 새로운 게르만왕국들의 건립으로 귀착되었다. 그렇지만 이미 이 기간에 다음과 같은 근본적인 차이점이 생겨났다.

첫째, 로마의 지배 아래에서 브리튼 섬이 어느 정도로 로마화되었는가 하는 수준의 차이 문제다. 틀림없이 세심한 주의를 기울여 지역과 사회집단에 따라 로마화의 수준이 달랐음을 밝혀내는 것이 바람직할 것이다. 도시의 로마화는 확실히 농촌의 로마화와는 매우 달랐기 때문이다.[2] 영국의 로마화가 갈리아의 로마화보다 훨씬 더 약했다는 점만은 의문의 여지가 없다. 그 증거로는 한 가지만 들어도 충분하다. 주지하다시피, 갈리아에서는 켈트어를 점차 사용하지 않았다. 이것이 오늘날 프랑스인들이 게르만족의 일파인 프랑크(Franc)족에게서 프랑스어(français)라는 이름을 빌려 왔으나, 라틴어가 조금씩 변형된 것일 뿐 라틴어 그 자체와 다를 바 없는 라틴어계 프랑스어를 사용하게 된 까닭이다. 이와는 반대로, 영국에서는 게르만족의 지배를 피해 서부로 퇴각한 브리튼계 로마인들이 브리튼식 켈트어를 콘월 지방에서는 18세기까지 사용했고, 웨일스에서는 오늘날까지도 사용하고 있다. 한편 게르만인들에 대한 독립전쟁을 지휘한 수장들의 이름은 라틴어로 된 경우가 자주 있었다. 왜냐하면 켈트족의 상류 계급은 로마식 이름을 차용했으며 십중팔구 최소한 새로운 이주민 무리나 유력자들과 접촉할 때는 라틴어를 사용했을 것이기 때문이다. 그러나 로마의 지배가 끝나자, 라틴어는 완전히 사라졌다. 확실히 그것은 라틴어가 다수 주민의 언어가 아니었기 때문이다. 우리가 여기에서 라틴어의 운명을 통해 분명히 목격하는 바는 물론 관

---

2) 로마는 주로 영국의 도시와 도로망 주변지역을 점령해 지배했기 때문에 농촌사회는 도시에 비해 로마화 수준이 훨씬 떨어졌다.

습과 사회구조적 현상에도 역시 그대로 들어맞는다.

둘째, 브리튼으로의 게르만족의 대이동은 갈리아로의 대이동과는 전혀 다른 특성을 지니고 있다. 갈리아에 정착한 대부분 게르만인은 로마의 군인으로 복무하는 조건으로 일부 토지를 양도받는다는 로마제국과의 협정에 따라 민족대이동에 앞서 이주했다. 그래서 게르만인들이 결국 로마로부터 독립하게 되었을 때, 인종적인 적대감이 분명히 존재했는데도 로마로부터 대단히 강한 영향을 받았다. 게르만인들은 로마제국이 창출한 행정조직의 틀을 자신들의 통치에 이용하려고 애썼으며, 자신들의 편에 가담해 상당한 부분의 재산을 보존받은 갈로로마계 귀족층의 조력을 받아 통치했다. 특히 게르만인들은 당시 고도로 로마화되어 있었던 토착주민을 내쫓으려는 생각을 해본 적도 없다. 물론 로마인들의 재산을 몰수하거나 그들을 노예화하거나 학살하는 등의 개별적인 사례들은 많았다. 그렇지만 전체적으로 볼 때, 게르만족의 수장들은 고대의 로마 귀족층과 공존하고 다소간 융합되어 하나의 새로운 귀족층을 형성했을 뿐이다. 한편 게르만족의 농민들도, 그 출신이 물론 다양했지만 ─석기시대 이래로 얼마나 많은 문명이 프랑스 땅에 나타났던가 ! ─모두 또는 대부분 라틴어를 구사하고 조상이 로마제국의 백성이었던 훨씬 더 많은 수의 농민 대중 가운데 크고 작은 무리를 지어 정착했다.

갈리아로 이동한 이런 게르만인들과 달리 앵글족, 주트족, 색슨족 등 3개의 종족 출신으로 바다를 통해 브리튼 섬에 도착한 게르만인들은 처음부터 침략자였다. 이 시기, 즉 5세기 초 무렵에는 로마제국의 장군들이 번갈아 로마 황제임을 선포하는 일련의 군사반란으로 로마군대가 그들을 지휘하는 장군들에 이끌려 유럽대륙으로 철수했기 때문에, 영국에 남아 있는 로마군대가 거의 없었다. 그렇기는 해도 게르만족의 침입에 대한 저항은 토착귀족들의 지도 아래 매우 격렬했다. 게르만족의 정복활동은 약 2세기 동안 지속되었지만, 완전히 종결되지는 않았다. 왜냐하면 브리튼족의 수장들은 브리튼 섬의 서부지역 전체와, 남쪽으로는 9세기에 가서야 게르만족에 정복되는 콘월을 계속 지배하고 있었기 때문이다. 또한 그들은 북쪽으로는 아일랜드에서 건너온 또 다른 켈트족 수장들이 건설했으나 후에 스코틀랜드왕국에 병합되는 솔웨이 만(灣)과 클라이드 만 사이의 지방과 중부에서는 13세기에 가서야 영국의 국왕들이 정복하는 웨일스를 계속 지배하고 있었기 때문이다.

이런 저항의 작은 섬들 바깥에 있는 토착주민들은 과연 어떻게 되었을까? 잉글랜드의 남서 지방 즉 콘월의 접경지역을 제외하고는 브리튼계 로마인 출신의 귀족들은 때로는 도망을 가거나 때로는 재산을 빼앗기고 사회적 열등 신분으로 전락해 완전히 사라졌던 것으로 보인다. 그렇지만 귀족의 수가 적었다 하더라도 그들의 운명은 장원제의 기원을 연구하는 데 대단히 중요함은 물론이다. 또한 비천한 계급들에서도 브리튼계 로마인 출신의 사람들이 완전히 사라졌다고 생각하기는 어렵지만, 이동하지 않고 그대로 남아 있던 집단이 별로 많지 않았고 굳건하게 견디지도 못했던 것으로 보인다. 그렇지만 이런 사태를 기독교가 게르만 이교도들에 의해서 완전히 뿌리 뽑히고 그 결과 앵글로색슨족의 영국은 597년 이후 완전히 다시 개종될 수밖에 없었다는 사실의 근거로 삼을 것까지는 없다. 왜냐하면 우리는 로마제국의 지배 아래서 기독교가 어느 정도까지 영국의 농촌에 전파되었는지를 알지 못하기 때문이다. 또한 켈트어가 주트족이나 앵글족 또는 색슨족이 정착한 여러 지방에서 매우 급속히 게르만어로 대체되었다는 사실도 오늘날의 영어가 게르만어 계통에 속하게 된 결정적인 원인으로 간주할 수는 없을 것이다. 왜냐하면 갈리아의 라틴어와 달리 로마시대 브리튼 섬의 농민들이 사용하던 켈트어는 문화어가 아니었으며, 따라서 정복자의 위세와 구전문학에 근거한 게르만어에 대항할 능력이 훨씬 더 떨어졌기 때문이다. 그렇지만 갈리아의 게르만족 왕들의 법이 언제나 라틴어로 기록되고 있던 때에 앵글로색슨족 왕들이 그들의 법을 자국어로 작성했다는 사실은 앵글로색슨족의 왕들이 프랑크족이나 고트족 또는 부르군트족의 왕들이 사용할 수 있었고 일부 이들을 지도하기도 했던 라틴어와 라틴문화의 전문인력을 그들 주변에서 찾지 못했음을 입증하는 것이다.

그러나 무엇보다 지명에 대한 연구는 프랑스와 영국의 이런 역사적 차이의 진실을 밝혀 준다. 우리는 프랑스 장원제의 기원에 관해 지명연구가 알려 주는 바를 다시 언급해야 할 것이다. 여기에서는 단지 다음과 같은 사실만을 지적해 두도록 하자. 특별한 점이라고는 아무 것도 없으나 게르만족의 영향이 프랑스의 중부나 남부 지방보다 상대적으로 더 강했던 지역에 위치한 마른(Marne) 도의 경우를 살펴보자. 내가 분석한 바로는 663개의 주요 코뮌 가운데 켈트계의 것임이 틀림없는 이름이 8개이고, 분명히 로마시대까지 거슬러 올라가는 이름이 24개이며, 켈트시대의 것—아마도 몇몇 이름은 그랬을 가능성이 높다—이든 로마시대의 것—아마도 대부분 이름이 그럴 가능성이 높다—이든 간에 상관없이 과거로 거슬러 올라가는 이름이 178개이다. 결국 게르만족의 대이동 이전의 이름이 틀림없는 것은 모두 합쳐 210개이다. 그렇지만 덧붙여 말해 둘 것은 나머지 지명 가운데 상당수가 망각 속으로 사라진 최초의 이름이 어느 시대에 속하는지를 전혀 알 수 없게 하는, 비교적 최근에 바뀐 이름들—중세 초에 본당사목구(本堂司牧區)가 섬기는 성자의 이름을 마을 이름으로 채택한 모든 마을이 바로 이런 경우다—임을 증언한다는 점과 여타의 많은 지명은 어느 시대에 속하는지 판단하기가 불가능하다는 점이다. 이에 반해서, 맞은편 영국에서는 서식스나 베드퍼드셔 지방을 예로 들면, 마을의 이름 가운데 기원후 6세기 이전의 것은 하나도 찾을 수 없다. 오래된 영국은 사실 젊은 영국인 셈이다.

셋째, 그러나 그 뒤에 프랑스와 영국의 역사적 차이는 더욱더 커졌다. 프랑스에서는 게르만족의 침략이 내면 생활에 영향을 미친 마지막 사건이었다고 할 수 있다. 아랍인은 프랑스의 남부에서, 헝가리인은 거의 프랑스 전역에서 끔찍한 피해를 줬으나, 그저 스쳐 지나가는 정도에 지나지 않았다. 스칸디나비아인, 즉 노르만인의 경우에도 마찬가지였다. 단지 노르망디 지방의 농사짓는 관습에 이들이 영향을 끼치기는 했지만, 그 영향이라는 것도 최근의 역사가들에 의해서 대부분 극도로 낮게 평가되고 있다. 아무튼 결국 노르만인 침략의 영향은 프랑스의 아주 작은 한 구석에 국한되었을 뿐이다.

영국의 사정은 전혀 달랐다. 프랑스보다 더 빨리 시작된 것은 아니었지만, 스칸디나비아인의 침략은 훨씬 더 오랫동안 지속되었고 그 영향은 비교할 수 없을 만큼 컸다. 스칸디나비아인의 침략으로 찬란하고 독창적이었던 한 문명이 결국 거의 완전히 폐허로 변하게 되었을 뿐 아니라, 그들에게 저항하기 위해 앵글로색슨족은 우리가 그 영향을 뒤에서 보게 될 군사적·재정적인 온갖 종류의 제도를 창출해야만 했다. 또한, 앵글로색슨족의 영토에서 게르만어를 사용하는 트위드 강3) 이북의 땅이 할양되어 결국 북부 스코틀랜드 왕들의 수중에 떨어지는 사태에 이르게 되었던 것이다. 그 결과 우리가 거론하게 될 잉글랜드는 남부 스코틀랜드와 웨일스가 분리되어 나감으로써 옛 북부 브리튼의 일부 지역 이외에는 포함하는 것이 거의 없게 되었다. 뿐만 아니라, 특히 북부 및 북동부 잉글랜드의 대부분이 극도로 스칸디나비아화되었다. 왜냐하면 그 지역은 오랫동안 스칸디나비아

---

3) 스코틀랜드의 중심도시인 에든버러 남쪽 인근에 있는 강.

인 수장들의 지배 아래 남아 있었고, 스칸디나비아에서 온 이주민이 거기서 토지를 나눠 가졌으며, 여러 연대기가 전하듯 다수의 스칸디나비아인들이 거기에 정착했기 때문이다. 서픽 및 노픽 지방과[4] 더불어 요크, 링컨, 레스터, 케임브리지[5] 등의 지방과 다수의 변경백령(邊境伯領)들은 '덴마크인의 관습'이라는 뜻의 데인로(Danelaw) 지역을 형성했다. 덴마크인이라는 말은 영국에서 사실상 대부분──노르웨이적인 요소가 우세한 북동부 지역을 제외하고는──이 덴마크인 지파(支派)에 속하는 스칸디나비아 출신의 침략자들을 지칭하기 위해 사용되었다. 몇몇 주를 중심으로 발견되는 다수의 지명은 스칸디나비어에서 유래하며, 이것은 스칸디나비아인들의 식민이 얼마나 중요했는지를 보여주는 증거가 된다. 또 다른 하나의 증거는 바로 언어다. 이들 지역의 여러 방언은 스칸디나비아어의 단어로 가득 차 있었으며, 스칸디나비아어의 단어는 이들 지역으로부터 일반 영어 속으로 퍼져 나감으로써 오늘날 영어는 스칸디나비아어적인 특성이 아주 강한 어휘를 지니게 되었다. 그런 언어상의 결합은 둘 다 게르만 어족에 속하는 앵글로색슨어와 덴마크어의 유사성으로 말미암아 촉진되었다. 우리는 스칸디나비아로부터의 이런 차용물이 영국에서 광범위한 지역의 장원제에 미친 영향을 살펴볼 것이다.

영국 전역이 정치적으로, 또한 틀림없이 문명적으로도, 스칸디나비아적인 세계에 병합된 것 같은 생각이 들 정도였다. 영국은 크누트 대왕(1014-35) 시절에 그에 의해 건설되고 영국 그 자체와 덴마크 및 노르웨이를 포함하는 거대한 해상제국의 일부가 되었으며, 또 많은 스웨덴인이 영국의 왕에게 개인적으로 봉사했다. 그런데 크누트

---

4) 런던 북동부의 해안 지역에 위치한 지방.
5) 모두 잉글랜드의 동부에 있으며, 가장 북쪽의 요크부터 차례대로 남쪽으로 내려오면서 위치한다.

대왕 이후 에드워드 참회왕(1003-66)과[6] 더불어 앵글로색슨 왕조가 복원되었지만, 그와 같이 재건된 국가는 대단히 허약해서 모든 이웃 세력의 훌륭한 먹잇감이 되었으므로 누구의 손아귀에 떨어질 것인 가 하는 문제만 남아 있었다. 그 중에서도 특히 두 인접 세력이 위험 한 존재로 보였다. 하나는 그레이트브리튼 섬의 북쪽 내지 북서쪽에 있는 다도해 전체의 군주이기도 했던 북해 건너편의 노르웨이 왕들 이나 덴마크 왕들이었다. 다른 하나는 그들 역시 '해적' 두목들의 후 손들이기는 했으나 완전히 프랑스화한 도버해협 맞은 편의 노르망 디의 공작들이었다. 그런데 나로서는, 과거의 전례에 비춰 볼 때 앵 글로색슨사회에 가장 위험한 사람들은 순수한 스칸디나비아인들이 었으리라고 생각된다. 실제로 1066년 초에 에드워드 참회왕이 사망 하고 잉글랜드의 한 대영주——이 영주의 이름은 해럴드이며 스칸디 나비아인 출신일 가능성이 높다——가 국왕으로 즉위했을 때,[7] 새로 즉위한 왕권을 위협하는 침입이 두 방면에서 있었다. 하나는 북해의 해안으로 '냉혹한 고문관'(顧問官, dur conseil)이라는 별명을 지닌 역 시 해럴드라는 이름의 노르웨이 왕이[8] 상륙한 것이고, 다른 하나는 도버해협의 해안으로 기욤 서자공(庶子公)이[9] 상륙한 것이었다. 그

---

6) 앵글로색슨 계의 마지막 왕. 1042년부터 1066년까지 재위했으며, 신앙심이 깊 은 기독교도였으므로 '참회왕'이라는 칭호가 붙여졌다.

7) 국왕으로 즉위한 대영주는 이스트앵글리아와 웨식스의 백작인 해럴드이며, 그는 영국에서 국왕 다음으로 세력이 강했던 인물로서 에드워드 참회왕은 사 망하기 전에 그를 왕위 계승자로 지명했다.

8) 이 왕은 일반적으로 해럴드 3세(노르웨이어로는 하랄 3세[Harald Ⅲ, 1015-66]) 라고 불리는 노르웨이의 왕이다. 냉혹한 고문관이란 'Harold Hardrada'의 'Hardrada'를 번역한 말로, 무자비한 지배자를 뜻한다.

9) 영어식 이름은 윌리엄 1세(Willian Ⅰ)이며, 윌리엄 정복왕을 가리킨다. 이하에 서 영국을 정복하는 시점부터는 윌리엄이라고 번역한다. 그는 노르망디 공 로 베르 1세와 무두장이의 딸인 아르레타 사이에 태어난 사생아였다.

러나 선례에 근거한 예측이 언제나 정확한 것은 아니다. 해럴드는 공격을 받고 살해되었으나 윌리엄은 승리했기 때문이다. 그 후 몇 번의 침공 기도가 있었지만 위대한 시대의 종말을 맞은 스칸디나비아인들은 영국이라는 전통적인 사냥감을 포기해야 했다. 프랑스의 정복이기도 했던 노르만인의 정복으로 영국은 서유럽 강대국 대열에 끼이게 되었다. 노르만인의 정복은 장차 영국의 사회구조에 심대한 영향을 미치게 된다.

여기에서 우리는 한 가지 착각을 하지 않도록 조심해야 한다. 영국의 주민 수에 미친 영향이라는 면에서 볼 때, 노르만인의 정복은 확실히 앵글로색슨족의 침입이나 심지어 스칸디나비아인들의 침입에 비할 바가 되지 못했다. 유럽대륙의 노르망디와 네덜란드에서 영국으로의 이주는 1066년 이전부터 시작되었으며, 적어도 에드워드 참회왕 시절부터 시작되었다. 에드워드 참회왕 자신이 노르망디에서 자란 적이 있고 대륙 출신의 사람들과 토착귀족들이 서로 더 큰 영향력을 행사하기 위해 끊임없이 다투는 측근들로 둘러싸여 자란 바 있다. 영국으로의 이주는 물론 노르만인의 정복 당시와 그에 뒤이은 시기에 훨씬 활발하게 계속되었다. 그러나 누가 영국으로 이동했던가? 갖가지 지위를 지닌 기사들, 병졸, 서기, 약간의 상인, 도버해협 건너편으로 주인을 수행해 간 몇몇의 하인이 이동해 갔다. 한마디로 이주 전의 본국에서는 꽤 미천한 지위를 가진 사람들도 섞여 있었으나, 피정복자에 대해서는 곧 지배자의 위치를 차지하게 되었던 상당히 적은 수의 사람들이 이주한 것이다. 이들 프랑스인——문헌기록이 그렇게 부르고 있다——이 그리도 큰 원한을 품은 토착인들의 위협에서 그들의 생명을 보호하기 위해 가혹한 조치를 취하지 않으면 안 되었던 것은 그들을 모두 합쳐도 토착민 대중 속에서 소멸할 처지에 있던 한 줌밖에 안 되는 소수였기 때문이다.[10]

그러나 영국으로 이동한 사람들의 숫자가 별로 많지 않더라도, 여기에서 우리가 아주 특별히 관심을 가져야 하는 문제는 바로 지배 계급이 영국으로 이주한 경우다. 우리가 연구하는 것은 본질적으로 지배 계급을 위해 작동한 장원제이기 때문이다. 그리고 이렇게 이주한 지배 계급이 토착사회의 지배 계급을 거의 전면 대체했던 만큼 지배 계급의 이주는 그만큼 더 우리의 관심을 끈다. 어떤 사태가 실제로 일어났는지를 알기 위해서 우리는 몇몇 법률이론이나 법적 의제(法的 擬制, fictions juridiques)를 살펴봐야 한다. 노르만인들은 언제나 위대한 법률가들이었기 때문이다.

첫째, 윌리엄 정복왕은 관습적으로 봉건 제도—영국의 토착인 사회에서는 봉건제가 어떤 면에서 보면 맹아적 상태에 머물러 있었을 뿐이다—라고 일컬어지는 것이 지배하는 고장 출신이었다. 토지소유권이라는 관점에서 볼 때, 봉건 제도의 주요 특징은 다음과 같다. 대부분 토지에 대한 물권이 다단계로 이루어져 있다. 예컨대 자크라고 불리는 어떤 농민은 피에르라고 불리는 어떤 영주에게 공납과 부역의무를 수행한다는 조건으로 토지를 분급받아 보유하고 있었다. 이 영주 자신은 그 토지를 폴이라고 불리는 다른 영주에게서 소위 봉토로서, 다시 말하면 충성이라는 일반적인 의무와 군사적 봉사를 중심으로 보다 명확하게 규정된 의무들로 구성된 여러 가지 의무를 수행한다는 조건으로 보유하고 있다. 그런데 농민 자크가 보유한 토지의 영주였던 피에르가 보유한 봉토의 소유주인 폴은 이 번에는 장이라고 불리는 자신보다 높은 지위에 있는 제후에게서 봉토를 수여받은 봉신이 될 수 있었다. 이런 연쇄적 관계는 전부 완성되는 경우에

---

10) 당시 영국의 인구는 100만 내지 200만 명 정도였던 데에 비해 노르만 정복민의 수는 1만 명이 채 안 되었다고 추정되고 있다.

단계적으로 결국 프랑스에서 모든 공작과 모든 주요한 백작 및 그밖에 다른 많은 중요한 인사의 봉주였던 국왕에까지 이른다. 이와 같은 제도에서는 로마적인 의미의 소유권이라는 말이 적용될 수 없다. 각자는 그가 가지고 있는 토지에 대해 자신의 권리보다 우위에 있기도 하고 하위에 있기도 한, 상이하면서도 똑같은 효력을 지닌 권리들 곧 상급 및 하급의 권리들을 침해해서는 안 되었기 때문에 아무도 토지소유주가 아니었다. 그렇지만 이런 제도가 점진적인 과정을 거쳐 형성된 대륙의 나라들에서는 이런 제도가 완벽하게 발달하지 못했다. 바꾸어 말하면 조금 전에 서술한 다단계의 연쇄관계는 왕에게까지 도달하지 못하고 어떤 순간에 끊어져 버린다. 이른바 자유지(alleu),[11] 즉 그 점유자가 자신보다 우위에 있는 어떤 봉주도 두고 있지 않는 토지가 바로 그런 것이었다. 독일법에서는 이런 자유지가 '태양의 봉토'(Sonnenlehn)라는 예쁜 이름으로 불렸다. 그런데 이들 자유지는 농민들의 소규모 농장일 수도 있고 농민보유지가 부속되어 있는 장원일 수도 있었다. 실로 소유지이기는 했으나, 누구에 대해서도 종속관계에 있지 않은──물론 국가에 속한 경우를 제외하고──토지였던 것이다.

그런데 노르만인의 정복 후에 대륙의 봉건제가 완벽하게 도입된 영국에서는 봉건제가 거의 강제되고 심지어 인위적으로 실시된 사회체제였다고 말할 수밖에 없을 정도의 엄격성을 띠었다. 자유지는

---

11) 원래 중세의 라틴어 사료에서는 'alodis', 'alode', 'allodium'이라고 기록되어 있다. 어원적으로는 전부 또는 일체라는 뜻의 'al'과 토지 또는 소유지라는 뜻의 'od'가 결합한 말로, 완전한(또는 절대적인) 소유권이 부여된 토지 곧 완전한 사유지라는 의미이다. 봉건사회에서 이런 토지는 봉건적 관계에 들지 않은 토지, 즉 충성 및 군사봉사의 대가로 보유하는 봉토나 지대지불 의무가 따르는 농민보유지가 아닌 비(非)봉건적 자유토지를 지칭한다.

없었다. 직접적으로든, 또는 대부분의 경우에 그랬듯이 일련의 매우 긴 중간 단계를 거치든, 모든 토지는 궁극적으로 국왕에게서 하사받아 보유되었다. 이른바 '의무가 면제된 보시 형태로' 보유된 교회기관의 토지도 마찬가지였다. 이런 식의 법적 의제는 오늘날까지도 영국에서 전해지고 있다.

둘째, 흔히 중세의 모든 국가에서는 국왕에게서 하사받아 보유하는 재산이 아닌 경우에도 반역죄를 범하면 재산이 몰수되는 처벌을 받았다고 생각하기 쉽다. 그렇지만 국왕에게서 하사받아 보유한 토지이거나 무엇보다 충성의 의무가 부과된 봉토인 경우에는, 이런 몰수의 불가피성과 정당성이 훨씬 더 큰 것처럼 보였다. 그런데 윌리엄 정복왕은 자신을, 그런 권리들이 꼭 군사적으로 정복한 날부터 시작되는 정복자라고 여기지 않았다. 그는 그의 사촌 에드워드 참회왕의 ─ 사실이든 거짓이든 간에 ─ 유언과 에드워드 참회왕의 국왕 즉위 전에 장래의 적수 해럴드가 그에게 한 약속 ─ 진짜든 가짜든 간에 ─ 을 이유로 내세워 자신을 에드워드 참회왕의 합법적인 계승자로 여겼으며, 따라서 그의 영국 통치는 에드워드 참회왕 사망 즉시 시작된다고 믿었다.[12]

요컨대, 당시 윌리엄 정복왕에 맞서 싸우거나 단순히 그를 지배자로 인정하지 않기만 해도 반역자였던 것이다. 사실상 영국인 전체나, 아니면 적어도 지배 계급은 반역자들이었다. 따라서 모든 사람은 재산을 몰수당하는 벌을 받아야 했다. 우리는 이런 이론이 언제 결정적

---

12) 윌리엄 정복왕은 1051년경 영국을 방문해 그의 사촌으로서 노르망디에서 자란 바 있는 에드워드 참회왕에게서 왕위계승을 약속받았다는 소문이 있다. 또 윌리엄 정복왕이 영국을 정복하기 몇 년 전에, 프랑스 해안에서 난파를 당한 웨식스의 백작 해럴드가 그의 신하가 되기로 서약했다는 얘기도 전해지고 있다.

으로 만들어졌는지 잘 알지 못한다. 그런데 몇몇 문헌기록에 의하면, 적어도 상당한 지위에 있던 영국인은 모두 그들의 토지를 보존하기 위해 돈을 지불하고 되사야만 했던 것 같다. 특히 그들 가운데 극소수는 돈을 지불해서라도 그들의 토지를 보존하려 한 목적을 확실히 달성했다. 이런 재산강탈은 갑자기 발생한 것이 아니었다. 그런 강탈은 1066년 전투의[13] 결과일 뿐 아니라, 1075년까지 계속된 상당히 많은 반란의 결과였다. 그 반란 가운데 가장 유명한 사건은 1069년에 반란을 진압하고 반란자들에게 경고한다는 명분으로 험버 강 이북 지역을 온통 철저하게 황폐화시킨 일이다. 윌리엄 정복왕의 치세 말에는 "그 왕에게서 직접 받아 보유한 토지들, 다시 말하면 중요한 토지 가운데 1퍼센트 미만만이 1066년 이전에 그 토지를 보유한 동일 인물들—그들의 자손을 통해서건 미망인을 통해서건—이 점유하고 있었다"라고 추산되었다. 이렇게 '몰수된' 토지는 물론 윌리엄 정복왕의 추종자들에게 분배되었다. 따라서 우리는 전혀 새로운 지배 계급의 등장을 목도하게 된다. 외지 출신의 지배 계급은 필연적으로 그들과 함께 피정복민에 대한 정복자 특유의 탐욕과 출신 고장의 관습을 지닌 채 왔다는 점을 부언해 둔다. 이와 같은 사태는 게르만족의 침략기에 갈리아에서는 전혀 발생하지 않았다. 그런데 영국에서의 이런 사실은 외지 출신의 지배 계급이 그 수혜자가 되었던 장원제의 발전에 중대한 영향을 미쳤다.

13) 노르망디 공 윌리엄 정복왕이 1066년 영국 정복과정에서 결정적인 승리를 거둔 헤이스팅스 전투를 말한다.

2. 『둠즈데이북』과 '장원'이라는 말

따라서 우리가 여기에서 11세기 말을 출발점으로 삼는 것은 이 시기에 우리의 연구주제를 위해 그렇게도 중요한 사회적 재편이 진행되었다는 극히 타당한 이유 때문이다. 그러나 증거를 바탕으로 하는 역사라는 학문의 경우에 거의 언제나 그렇듯이, 이것은 또한 이전 시대에 관한 사료의 부족 때문이기도 하다. 그런데 깊이 논의할 필요까지는 없다고 하더라도, 우리가 이 시기의 영국 장원제를 서술하기 위해서 이용하는 가장 중요한 문헌사료, 즉 마땅히 그 시대에 특유한 유형의 문헌이라고 할 수 있는 문헌사료의 본질적 특성에 관해서는 간략하게나마 말해 두는 것이 좋겠다.

11세기의 앵글로색슨왕국이 유럽대륙의 다른 왕국들과 달랐던 특징 가운데 하나는 국왕을 위한 정기적인 그리고 거의 영구적인 조세 징수가 유지되었다는 점이다. 이것은 스칸디나비아 출신의 침략자들에 대한 투쟁의 산물이었다. 때로는 이들 침략자에게 포로의 몸값을 지불하거나 아니면 일시적이나마 그들의 철수를 매수하기 위해, 때로는 그들 침략자에 대한 항전 조직을 정비하기 위해 주민들에게 빈번하게 조세를 징수할 수밖에 없었던 것이다. 그런데 나라 전체를 지배했던 스칸디나비아 출신의 크누트 대왕 치하에서, 에드워드 참회왕 치하에서, 그리고 이어서 노르만왕조 치하에서, 조세를 징수하게 된 원인이 소멸했는데도 군주들은 이런 재원을 쉽게 포기하지 않으려고 했다. 이런 조세는 어떤 때는 '데인겔드'(Danegeld) 곧 데인세(稅)라고 불리기도 하고, 어떤 때는 그저 간단하게 '세금'(Geld)이라고 불리기도 했다. 당시의 경제적 조건 아래서 징수된 조세는 무엇보다 토지세였다. 그런데 노르만인의 정복에 뒤이어 실시된 대대적인 사회개편으로 조세의 징수가 어렵게 되었다. 그 때문에 윌리엄 정복왕과 그 측근들은 1085년에 그 시점의 재산소유 현황을 정복 직전의 현황과 비교할 수 있는 영국 전체에 대한 방대한 재산목록 작성에 착수하도록 결정했다. 조사요원들이 재산현황을 조사하려고 각지로 떠났다. 그 후 그들은 보고서를 군주정부에 제출했고, 뒤이어 중앙위원회가 이를 취합해서 두 권의 책으로 편찬했다. 이 책은 오늘날까지도 런던에 보존되어 있으며, 민중들은 아주 일찍부터 관행적으로 '최후 심판의 책' 즉 『둠즈데이북』(*Domesday Book*)이라는[14] 별명으로 불렀다.[15] 분명히 이것은 신약성서의 요한계시록이 말하는 7개의 인장으로 봉인된 유명한 책을 암시하는 것이다. 그 밖에 예비조사서의 몇몇 사본 내지 요약서가 있다.

정치적 관점에서 볼 때, 이와 같은 작업은 노르만인 관료제의 우수성을 입증하는 것이다. 그런데 나와 같은 사회 사가들에게 『둠즈데이북』은 더없이 소중한 가치를 지닌 정보자료가 된다. 실제로 조사요원들은 유지들로 구성된 면(centaine)[16] 단위의 심사위원단을 조직하고 각 마을의 대표자들을 심사위원단 앞에 출두하게 했다. 마을의 사정에 매우 밝은 이들 대표자에게 심사위원들은 마을별로 영주의 저택, 프랑스의 망스에 해당하는 농민보유지의 수, 쟁기의 수, 계급의 종류와 계급별 인구 수 및 계급별 사람들의 보유지 면적, 임야와 초지 및 방목지의 면적, 그리고 물레방아와 양어장의 수 및 토지

---

14) 'domesday'는 'doomsday'와 같은 말이고, 'doom'은 파멸적 운명 또는 최후의 심판이란 뜻이다.

15) 한 권은 『둠즈데이』 또는 『exchequer 둠즈데이』라고 하는 것으로 32개 주의 조사자료를 축약한 것이고, 다른 한 권은 『소 둠즈데이』로서 에식스, 노퍽, 서퍽 주를 포괄하며 원 조사자료의 모든 내용을 상세하게 보여준다.

16) 'centaine'이란 100이란 뜻으로, 영국의 군(county) 또는 주(shire)를 구성하는 하위 행정구역인 'hundred'를 말한다. 그래서 여기서는 면으로 번역한다. hundred의 기원은 몹시 모호하고 따라서 그에 관해서는 여러 가지 견해가 있으나, 대체로 100명의 전사를 동원할 수 있는 100세대의 농민보유지(hide)로 구성된 행정구역과 관련이 있는 것으로 본다.

의 가격 등을 열거하면서 일련의 질문을 던졌다. 그리고 이 문헌기록이 전하듯이 모든 것을 '삼중으로' 캐물었다. 즉 에드워드 참회왕 때와 윌리엄 정복왕 때 그리고 현 시점(1085년)이라는 세 가지 서로 다른 시점에 걸쳐서 조사를 진행했다. 『둠즈데이북』은 카롤링왕조 시대에 프랑스에서 작성된 영지명세장들——영국에는 그 시기에 전혀 그와 같은 명세장이 없었다——가운데 가장 잘 작성된 것보다는 어쩌면 약간 덜 상세할지도 모르지만, 취급하는 범위 면에서는 훨씬 더 전국적이었다.

그러나 이 귀중한 문서는 동시에 이해하기 매우 어려운 기록이기도 한데, 그것은 주로 다음과 같은 이유 때문이다. 어떤 의미에서는 중세의 모든 문헌기록은 13세기까지 굉장한 어려움을 겪었다고 할 수 있다. 문헌기록이 표현하는 현실은 실제의 일상생활이었으므로 그 현실을 표현하는 데 적합한 거의 유일한 말은 일상언어, 즉 프랑스어나 독일어 따위와 같은 방언으로 된 통속어 속에서 찾아야 했다. 그러나 오직 라틴어만이 연대기나 증서 작성용의 문어로 쓰일 수 있는 품위를 지닌 언어였다. 그런 까닭에 끊임없이 용어의 치환을 해야 했다. 그렇지만 그 치환방식은 여러 가지였고 종종 서툴기도 했다. 예컨대, 'fief'에[17] 관해서 재판관들은 토론을 거쳐 결론을 내리곤 했다. 그러나 공증인들은 어떤 때는 모사(模寫)를 통해 비교적 분명한 뜻을 가진 'feodum'으로 옮겨 적기도 하고, 어떤 때는 유감스럽게도 다소 비슷한 단어들인 'beneficium'이나 'stipendium'을 사용하거나 가끔 심지어 순전히 소리의 유사성——'fiscus'——때문에 전혀 터무니없는 방식으로, 이른바 고전적인 라틴어로 번역하기도 했다.[18]

---

17) 중세 라틴어로는 'fevus', 'fevum', 'fivum', 'fievum', 'fievium'이었으며, 봉토라는 뜻이다.

18) 굳이 그 대체적인 뜻을 우리말로 옮긴다면 feodum은 봉(封), beneficium은

바꿔 말하면, 일상언어는 예컨대 프랑스어였던 데 비해 문자언어는 별개의 언어인 라틴어였던 것이다. 그러므로 문헌기록 속에서 당시의 사회 현실에 다가가기 위해서는 언어로 표현된 어두운 장막을 뚫고 파악하려는 피곤하고 힘든 노력을 기울여야 했다. 이제 『둠즈데이북』의 경우를 살펴보면, 다음과 같이 요약할 수 있다. 즉 대부분 프랑스 서부의 노르망디나 멘 지방의 프랑스어를 사용하는 조사요원들은 영어를 쓰는 현실에 당면해 생각은 프랑스어로 하면서도 기록은 라틴어로 했다고 할 수 있다. 이중으로 번역함으로써 이중의 장막이 생겼고, 결과적으로 사실에 부합하지 않는 용어가 사용되게 된 것이다.

우리가 앞에서 살펴봤던 것처럼 영국의 장원은 비교적 뒤늦게 성립했기 때문에 우리에게 장원의 성립에 관한 일반적인 역사를 해명할 수 있는 극히 소중한 경험을 제공해 준다. 그러나 사실을 말하자면, 주지하다시피 그것은 아직도 상당히 불분명한 점이 많은 실험실 속에서 생긴 경험이다. 그렇지만 이런 모호함 속에서나마 가능한 한 명확하게 고찰하도록 노력하자. 그런 목표에 도달하기 위한 길잡이로서 하나의 단어 즉 영국에서 장원을 지칭하는 바로 'manor'(manerium, manoir)라는 말의 역사를 살펴보는 것도 부적절한 방법만은 아닐 것이다. 역사적인 말의 의미를 따지는 것은 만능열쇠가 아니며, 그것이 하나의 문이라도 제대로 여는 경우는 상당히 드물다. 그러나 그 열쇠는 일반적으로 제법 훌륭한 이해의 길로 이끌어 준다.

장원을 지칭하는 manor, 즉 매너라는 말은 여러 가지 점에서 놀라운 것이다. 그 말은 당시 영국의 현실을 표현한다. 그렇지만 그것은 영어가 아니다. 내가 의미하는 것은 그 말이 영어의 오래된 앵글로색

은대지, stipendium은 녹봉, fiscus는 국고(國庫)라고 할 수 있다.

슨적 유산의 일부가 아니라는 점이다. 그것은 의심할 바 없이 프랑스어다. 사람들은 나에게 이런 사실에서 놀라운 점이 무엇이며 이 경우에 그것이 영어의 유일한 단어냐고 반문할 것이다. 물론 아니다. 그러나 매너가 프랑스어이긴 하지만, 영국인들이 그 말을 그것의 프랑스어적인 뜻과 함께 채용한 것은 아니었다. 프랑스어에서 그것의 의미는 의문의 여지 없이 명백하다. 매너의 원래 프랑스어식 표현인 'manoir'는 오늘날과 마찬가지로 9세기의 프랑스에서 주택——그 어원은 '머무르다'는 뜻을 지닌 라틴어의 동사 'manere'이다——을 뜻했으며, 보다 특별한 의미로는 아주 견고하게 축조된 성채보다는 작지만 농민들의 가옥보다는 크고 흔히 방어시설이 갖추어져 있는 건축물이었다. 프랑스에서는 결코 그 말이 그 외의 다른 뜻을 지녔던 적이 없다. 단지 몇몇 노르만인의 문헌기록에서만 예외적으로 다른 뜻으로 쓰였지만, 그런 예외적 의미의 사용은 모두 노르만인들의 영국 정복 이후에 생겨난 현상이다. 노르만인의 문헌기록에서 다른 뜻으로 사용된 경우는 오직 매너라는 하나의 차용어뿐임은 분명하다. 그 차용어의 의미 변화는 많은 영주가 도버해협 양쪽 기슭에 영지를 가지고 있었다는 사실에서 기인한 반작용의 산물이다. 영국에서 매너는 이따금 주택, 또는 고급 주택이라는 그것의 프랑스어적인 의미와 일치하는 경우도 있었으나, 압도적으로 자주 쓰인 그것의 의미, 곧 법률적인 전문용어로서의 의미는 전혀 달랐다. 그것은 영주직영지와 농민보유지들로 구성되고 영주가 지배하는 영역 내에 있는 농지와 황무지 및 임야를 포함하는 장원이었던 것이다. 어떤 땅조각이라도 매너에 속했으며, 영주의 법정이 매너의 재판소였다. 그렇지만 다른 언어에서 차용된 단어가 차용 후 독립적으로 진화해서 결국 애초의 의미와는 전혀 다른 의미를 지니게 되는 것만큼 놀라운 일이 있을까. 프랑스어는 독일어의 어휘에서 '가축' 또는 '동산'(動産)을 뜻하는 단어인 'Vieh'를 빌려왔다. 이 차용으로부터 공작령이나 백작령을 뜻하는 프랑스어의 'fief'(봉토)라는 말이 만들어졌다.[19] 그렇지만 독자적인 의미 변화를 위해 보통은 진화의 시간이 필요했다. 매너라는 말의 경우 그 차용은, 빨라도 노르만인의 정복(1066년) 이전에 이뤄졌을 리는 없다. 그런데 매너라는 말은 프랑스어에서 쓰일 때와는 달리『둠즈데이북』(1085년) 안에서는 줄곧 전문적인 의미를 띤다. 이런 믿기 어려운 급속한 변화는 어떻게 설명할 수 있을까?

  그것을 이해하기 위해서 이 유명한 토지대장을 작성한 사람들이 처했던 상황을 살펴보자. 그들은 정복된 앵글로색슨왕국을 우두머리 정복자들을 위해서 잘 설계된 하나의 위계화(位階化)된 체제로 만들고자 했다. 즉 영주에게 예속되어 있지 않고 공납과 부역 의무를 지지 않는 농민토지가 가능한 한 없게 하는 한편, 소농들에게 부과된 부역노동으로 경작되는 보다 큰 농장, 이른바 영주직영지 주위에 배치되지 않는 농민토지가 없도록 하려고 했다. 이것은 윌리엄 정복왕과 함께 도래한 기사들만을 위한 것이 아니었다. 영국을 지배하게 된 국왕 또한 그런 체제에서 이익을 얻을 수 있어야 했다. 그래서 주지하다시피, 모두 국왕의 봉신이었던 영주들은 그들의 휘하에 있는 사람들이 국왕의 명령을 잘 따르고 조세납부의 의무를 잘 이행하게 하는 책임을 졌다. 따라서 노르만인 지배 아래에서 영국왕국은 우리가 장원이라고 부르는 것의 거대한 집합체가 되었다.

  그러나『둠즈데이북』을 작성하는 데 참여한 서기들의 출신 고장인 노르망디에서는 장원이 도처에 존재하기는 했지만, 이를 부르는 보편적·전문적인 이름이 없었다. 이것은 이상하게 보일지도 모른다. 그렇지만 전적으로 법률 밖에서 흔히 자연발생적으로 생성된 많

---

19) 독일어에서 'Vieh'의 첫머리 글자 'V'의 발음은 'f'와 같다.

은 제도의 경우에는 전문적인 용어가 없었다. 장원이라는 말이 존재하기는 했다. 그러나 사람들은 어떤 사람이 이런저런 토지로 된 장원을 소유하고 있다고 말했을 뿐, 장원이라는 이름 아래 토지 그 자체가 여러 가지 권리를 지닌 것으로는 이해하지 않았다. 예전 프랑크왕국 시대에는 큰 저택과 넓은 땅을 지닌 대소유지를 지칭하기 위해 일반적으로 농촌에 있는 농장(農莊)이란 뜻의 '빌라'(villa)라는 오래된 라틴어 단어가 사용되었다. 그러나 빌라라는 말은 그 뜻이 점차 변해 벌써 11세기에는 주택들의 집합체, 즉 마을(village)이나 도시(ville)를 가리키게 되었다. 빌라라는 말의 지소접미사가[20] 나타나는 것은 훨씬 후의 일이다. 윌리엄 정복왕 당대의 사람들은 빌라를 주택들의 집합체로만 알았다. 실제로, 오늘날 우리가 장원이라고 부르는 것에 대해 말하고자 했던 11세기 프랑스의 한 영주는——그의 봉신이나 농노 또는 그의 토지보유자에 관해서 이야기하면서 그들을 거의 구별하지 않고 '내 아랫 사람'이라고 말했던 것과 마찬가지로——단순히 '나의 토지'라고만 말했다. 당시의 사람들은 용어가 좀 모호하더라도 기꺼이 감수했다. 사실 윌리엄 정복왕의 서기들은 틀림없이 토지에 대한 이런 쉬운 용어를 때때로 사용했다. 그러나 『둠즈데이북』과 같은 방대한 토지대장의 작성용으로 쓰기에는 그 말은 너무나 모호하고 저속한 표현이었다. 프랑스 출신의 공증인들이 나태한 자세로 일상어의 부정확한 표현에 만족할 수 없었던 것은 그렇게 해서는 토지대장을 작성할 수 없었기 때문이다. 앵글로노르만의 서기들이 현실을 분명하게 인식했는데도 그것을 명료하게 표현할 수 있는 어휘를 발견할 수 없던 상황에서 그들의 모국어 가운데 한 용어의 의미를 바꾸어 사용할 수밖에 없었던 것은 그들이 바로 영국의 토지대장을

---

20) 여기서 지소접미사란 village의 -age와 ville의 -e를 가리킴.

작성했기 때문이다. 이와 같이 영국의 장원 역사는 장원이 생길 때부터 의식적·관제적(官製的)이며 거의 인위적이라고 할 만한 것이 개재되어 있었다.

한편 서기들이 매너라는 말을 차용하게 된 이유를 파악하는 것은 그리 어려운 일이 아니다. 그들이 어떤 영주의 지배를 받고 그에게 공납과 부역이 수취되는 어떤 영역을 마음속에 그렸을 때는, 바로 그 중심에 이 영주나 그의 대리관리인들이 사는 거처인 주택, 즉 영주가 명령을 내리고 재판을 하는 큰 홀과 공납물을 쌓아 두는 곳간이 딸린 주택을 상상했을 것이다. 앵글족 자체가 이와 동일한 견해를 지니고 있었다. 그들은 무리를 지휘하는 자의 충실한 동료들이 나무의자에 앉아 함께 술을 마시는 곳으로서 수장의 집을 지칭했던 대단히 오래된 게르만어 단어인 '홀'(hall)을 쓰곤 했던 것이다. 이따금 동일한 뜻을 나타내기 위해서 두 가지 종류의 표현이 사용되었다. 『둠즈데이북』의 어떤 쪽에는 "인겔릭은 이 사람들을 그의 홀에 예속케 했다"라고 쓰여 있고, 그다음 쪽에는 "인겔릭은 이 사람들을 그의 매너에 배속시켰다"라고 쓰여 있다.[21] 그러나 보통 그렇듯이, 매너라는 이 외래어는 그것의 원래 의미를 잃고 비교적 쉽게 전문적인 의미를 띤 특별한 용어가 되었다. 영주의 명령이 나오고 생산물이 들어오며 모든 것을 지배하는 것처럼 보이는 저택이라는 이름 아래로 주위의 토지들과, 용익권 및 명령권으로 된 복합적인 권리가 집중되었던 것이다.

3. 신분

그러나 이와 같이 영국의 장원제가 처음부터 질서정연한 모습을

---

21) *Domesday Book*, 제II권, f⁰ 29 v⁰, 30 v⁰.

띠게 된 데에는 외부로부터 강제력이 작용했다 하더라도, 정복자들이 견고하고 착실한 토대 위에 장원제를 조직할 수 있었던 것은 이미 장원제의 성립에 필요한 한 가지 조건이 앵글로색슨족의 토착사회에 갖춰져 있었기 때문이다. 무엇이 준비되어 있었던가? 그리고 그 변화는 어떻게 이루어졌던가?

우선 11세기 초의 앵글로색슨족 사회의 부자들이나 세력가들 또는 교회기관은 우리가 프랑크시대에 빌라의 중심지에서 본 바 있는 대규모의 직접경영지보다는 일반적으로 그 면적이 더 작아 보이지만 그래도 비교적 큰 규모의 토지로 된 직접적인 경영토지 같은 것을 소유하고 있었음이 확인된다. 산악지역이나 황야지대에서는 이런 부류의 유력자들이 또한 목축용 별장들을 소유하고 있었다. 갈리아에서의 대농장 경영방식과는 달리 이들 영국의 대농장은 대부분 노예노동력을 사용하여 경작되었다. 왜냐하면 대농장의 규모가 갈리아보다 작았기 때문이다. 특히 9세기의 갈리아에서 상당히 드물었고 11세기의 프랑스에서는 거의 사라지게 되는 노예가 11세기의 영국에서는 아직도 제법 많았기 때문이다. 스칸디나비아인들과 치른 전쟁으로 양측에서 다수의 포로가 발생했던 것이다. 특히 켈트족 거주 지방에서 벌인 노략질로 노예시장에 노예가 공급되었으며, 이와 같이 획득된 인간가축은 심지어 오랫동안 그 지방의 주요 수출품 가운데 하나이기도 했다. 따라서 이런 이유 때문에 영국의 이런 대규모 직영지는, 우리가 부역노동의 형태로 영주직영지를 경영하는 것이 장원제 고유의 특징 가운데 하나라고 알고 있는 장원의 영주직영지와는 다른 것이었다. 그렇지만 이들 노예노동력은 비교적 풍부하기는 했지만 충분하지는 못했음이 분명하다. 그래서 영주의 홀 근처에 거주하면서 영주에 대한 예속 상태에서 보유토지를 경작해 먹고사는 사람들 역시 의무적으로 자주 일손을 제공해야 했다.

확실히 이 강력한 권력자들에게서 보호뿐 아니라 물질적인 성격의 지원까지도 받기를 기대한 사람들은 그들에게 종속되었다. 이 권력자는 본래 빵의 제공자라는 뜻을 가진 'hlaford' 곧 '영주'(lord)라고 불렸다.[22] 이런 예속민은 어떤 사람들이었던가?

윌리엄 정복왕의 서기들은 그들이 '매너'라고 이름 붙인 것에 예속되어 있는 다양한 사람들을 분류해야 하는 중요한 문제에 직면했을 때, 매우 당혹스러웠을 것이다. 그들은 극도로 복잡한 신분제와 내면해야 했다. 이런 미궁에서 그들은 때로 어떻게 해야 할지 갈피를 잡지 못했으며 일정한 번역규칙에 합의하지 못한 채 이런 영국의 현실 세계에 괴상한 옷을 입히는 프랑스적 라틴어 용어 사용으로 심지어 가끔 그 혼란을 가중시키기까지 했다고 해도 과언이 아니다. 그 서기들은 이런 그들의 임무를 더 잘 수행할 수 있었을까? 물론 그럴 수도 있었을 것이다. 그렇지만 번역작업에서는 복잡성이 현실이었고 나름 의미 있는 현실이었다. 우리가 이미 프랑크시대의 갈리아에 관해 살펴봤듯이, 사람들을 법적으로 규정짓기가 이와 같이 어렵다는 것은 사회가 한창 생성 중이어서 전통적인 분류법으로는 더 이상 현실의 상황을 성공적으로 표현할 수 없음을 보여주는 것이다. 여기에서는 상세히 논할 것 없이 ― 특히 신분과 관련된 용어에 대해서는 상론할 필요 없이 ― , 이들 여러 가지 예속관계의 성격을 대강 드러내 보여주는 것만으로도 충분할 것이다.

우선 이들 예속민 가운데 프랑크시대의 갈리아에서와 마찬가지로 공납과 부역을 수행하는 조건으로 작은 땅뙈기를 분양받은 노예가 있었고, 해방되었으나 예전의 주인에게 얽매여 역시 온갖 종류의 부

---

22) 'lord'의 고대 영어 형태는 'hláford'이고, hláford는 빵을 뜻하는 'hláf'와 후견인을 뜻하는 'ward'의 합성어다. 따라서 이 말의 처음 뜻은 '급식된 빵을 먹고사는 하인들의 가장'이었다.

담을 졌던 해방노예들이 있었다. 그리고 또한 어디에서 도래했는지 알 수 없지만 영주의 밭뙈기나 그가 관할하는 황무지에 정착해 일부의 시간은 자신이 보유한 땅조각에서, 일부의 시간은 의무적으로 영주의 직영지에서 노동하면서 일꾼 생활을 영위하는 가난한 사람들이 있었다. 그런 사람들이 '오막살이농'(cotarius)이었던 것이다.

그러나 사회적으로 이들보다 우월한 지위에 있는 사람도 일부 예속인 집단을 구성했으며 그 숫자가 훨씬 더 많았다. 상세히 논하지는 않겠지만, 서기들은 『둠즈데이북』을 작성하던 때와 마찬가지로 에드워드 시절에 대체로 장원 내의 인간집단에 포함된 우월한 지위를 지닌 이들 농민을 '보르디에'(bordier), '빌렝'(vilains), '소우크맨'(sokeman) — 나는 라틴어로 된 이들 이름을 프랑스어와 영어로 옮겨 쓴다[23] — 이라는 세 가지 큰 부류로 구분했다. 여기서 당장 눈에 띄는 한 가지 특징은, 처음의 두 용어는 프랑스어이며 그 두 용어와 조금이라도 비슷한 뜻을 지닌 영어를 찾기는 전혀 불가능하다는 점이다. 분명히 문제는 앵글로색슨어의 훨씬 더 모호한 용어 대신에 뒤늦게 도입된 이런 분류법이다. 사실 이런 분류법이 아주 적절한 것은 아니었다. 앞의 두 부류 사이의 차이는 순전히 경제적 차원의 것이다. 즉 보르디에는 일반적으로 빌렝 즉 빌런보다 작은 크기의 토지를

---

23) 보르디에는 『둠즈데이북』 속에서 라틴어 표기로는 'bordarius'였고, 근대의 영어로는 'bordar'였다. 그리고 빌렝의 중세 라틴어 표기는 'villanus'이며 14세기 이후 영어식 표기는 'villein'이었다. 또 소우크맨의 11세기 후반 라틴어 표기는 'sochermanus'였다. 블로크는 이 저서에서 프랑스로부터 전래되고 처음에는 프랑스의 빌렝과 그 뜻이 별로 다르지 않던 영국사회의 villein을 계속해서 프랑스어식 vilain으로 쓰고 있으나, 영국사회에서 villein의 의미는 차차 변해 프랑스의 빌렝과 다른 독자적인 의미를 지니게 되므로 앞으로 영국사회와 관련해서는 'vilain'이라고 표기된 것을 '빌런'이라고 영어식 발음으로 표기하겠다.

보유하고 있었다. 실제로 프랑스의 서부 지방에서 'borde'라는 말은 본래의 의미로는 오두막집을, 넓은 의미로는 망스보다 크기가 작은 보유지를 가리켰다. 실상 이런 구별로는 그 크기를 정하기 어려웠다. 왜냐하면 작은 보유지라 해도 여기에는 온갖 크기의 토지가 있었기 때문이다. 그래서 이런 구분은 지속되지 못했다. 영국에서 보르디에 라는 말은 더 이상 쓰지 않게 되었다. 그에 따라 빌런이란 말이 갖가지 계급을 포함하게 되었다. 그 말이 내포하는 개념은 그것을 사용하는 사람들의 눈에는 분명했다. 빌런이란 빌라에 소속되어 있는 사람이었던 것이다. 다시 말하면, 빌런은 장원과 아주 긴밀한 관계에 있는 구성원이었다. 이것이 『둠즈데이북』시절과 오랜 후의 영어에서 쓰인 빌런의 뜻이었다.

소우크맨의 구별도 역시 쉽게 파악된다. 그 말 자체는 윌리엄 정복왕의 영국 정복 이전에 생긴 것이 아니며 윌리엄 정복왕의 서기들이 토착민의 도움을 받아 고안했을 것이다. 그러나 이 말을 구성하는 두 단어는 오래되었으며 쉽게 이해할 수 있다. 독일어의 '주후르'(Suchur)와 유사한 게르만어 계통의 단어인 '소우크'(soke)는 재판권을 뜻했다. 어떤 사람에 대해서 소우크를 가진다는 것은 그에 대해서 재판권을 행사한다는 의미였다. 그러니까 소우크맨은 전적으로 또는 주로 영주의 재판권이 자신에게 미치기 때문에 영주에게 예속되어 있는 사람이었다. 따라서 소우크맨은 빌런보다 영주에 대한 예속성이 약했다.

마지막으로 이들 외에 자유인이 있었다.[24]

---

24) 둠즈데이북』에 기록된 총 인구 가운데 오막살이농과 보르디에는 32퍼센트(전체 토지 가운데 5퍼센트 보유), 빌런은 41퍼센트(45퍼센트의 토지 보유), 소크맨과 자유인은 14퍼센트(20퍼센트의 토지 보유)를 차지했으며, 토지를 보유하지 않은 노예가 인구의 9퍼센트를 차지했다고 추산되고 있다.

그런데 이런 구별을 자세히 살펴봤을 때, 우리의 눈길을 끄는 것은 당장 다음과 같은 몇몇 사실이 이런 구별에 따른 특징을 매우 잘 보여주고 있다는 점이다.

첫째, 소우크맨과 빌런의 인구구성 비율은 지방에 따라 편차가 매우 심했다. 그런데 분명히 이런 분포상의 차이는 순전히 우연에 기인한 것이 아니다. 대체로 영국 속의 덴마크라고 불릴 수 있는 지방에서는[25] 소우크맨이 훨씬 더 많았으나 빌런은 훨씬 더 적었다. 거기에서는 사회의 혼란으로 군인으로서 활동하는 자유로운 농민들로 된 새로운 계층이 형성되었다.

둘째, 소우크맨과 빌런의 차이를 파악하기는 어렵다. 빌런만이 부역노동의 의무를 지고 소우크맨은 그런 의무가 없었다고 생각할 수 있으나, 이것은 사실이 아니다. 모든 소우크맨이 그랬던 것은 아니지만 일부는 부역노동을 수행해야 했다. 따라서 차이는 단순히 정도의 문제일 뿐이다. 그 결과, 차이를 측정하기가 어렵다.

셋째, 소우크맨과 자유인의 차이를 구별하기는 더욱더 어렵다. 우리는 뒤에서 그 차이를 다시 보게 될 것이다.

당시의 앵글로색슨사회는 실상 매우 유동적이었다. 지배 계급에 완전히 속하지 않는 사람은 누구나 한 사람의 영주를 모시는 것이 당연한 것처럼 보였다. 거기에는 두 가지 이유가 있었다. 즉 새로운 지방에 정착하는 데에서 생겨난 혼란상황과 오래된 가족관계의 쇠퇴 때문이었다. 그런 상황은 당연하다고 할 것까지는 없으나 공권력 측면에서는 바람직한 것으로 보였다. 강력한 질서에 대한 염원과 자신을 보호해 줄 한 사람의 책임자를 발견하고자 하는 마음이 생겼기 때문이다. 이를, 카롤링왕조 시대에 "각자는 자신의 예속민이 더욱더

---

25) 앞에서 보았듯이, 잉글랜드 북동부의 데인로 지역을 가리킨다.

황제의 명령에 잘 복종하도록 강권을 발동해야 한다"라고 한 것과[26] 비교해 보라. 카롤루스 대제가 반포한 한 칙령 가운데 이 구절은 의미심장하고 아마도 어떤 환상과 같은 것으로 차 있지만, 국왕과 영주들이 "영주 없는"(lord less) 사람에게 보여주는 불신이 확실하게 반영되어 있다. 갈리아에서는 어떤 영주의 보호 아래 투신하는 것이 서기들이 쓰는 라틴어로는 '탁신하다'(se commender)라고 불렸다. 많은 사람이 이와 같이 탁신했다. 탁신자들이 비천한 사람일 때는 영주에게 수행해야 하는 봉사 역시 비천하고 상스럽다고 여겨졌다. 그러나 그렇다고 해서 탁신자가 영주를 군사적으로 돕는 것을 막지는 못했다.[27] 가끔 영주는 탁신자에게 토지를 분양해 주거나, 그렇지 않으면 탁신자 자신이 "그의 토지를 가지고 영주에게 탁신해 왔다"

그렇지만 이 모든 예속관계는 아직도 철저하게 체계화되지 못했다. 예를 들면 다음과 같았다.

첫째, 부역이나 공납을 제공받는 영주와 재판권을 행사하는 영주가 기본적으로 서로 다를 수 있었다. 재판권도 두 종류가 뒤섞여 있었다. 평상시 자유인은 면 재판소에서 재판을 받았다. 어떤 때는 면 재판소가 공적인 기능을 담당하면서 존속하기도 했고, 어떤 때는 국왕이 일부 세력가에게 법정을 열 권리를 양도하기도 했다. 그렇지만 예속민은 그의 영주가 행사하는 재판권의 지배를 받아야 한다고 생각되었다. 그로부터 예속민은 영주 외의 사람에게 재판을 받지 않을

---

26) "…ut unusquisqui suos iuniores distringat, ut melius ac melius obediant et consentiant mandatis et praeceptis imperialibus", *MGH.*, *Capitularia Regum Francorum*, 제I권, 제17장 "Capitulare Missorum Aquisgranense Primum" (810), p. 153.

27) 군사적인 봉사는 봉건사회에서 명예로운 것으로 간주되었기 때문에 귀족 신분의 특권이었다. 그런데도 비천한 투탁자가 경우에 따라 군사적인 보조활동을 했다는 뜻이다.

권리가 유래했다. 이와 같은 재판 체계는 극도의 재판권 중첩 현상을 초래했다. 가끔 빌런은 그가 부역노동을 제공해야 하는 영주에게 재판권 지배를 받지 않기도 했다. 그런 경우에 면 재판소가 빌런에 대해 재판권을 행사할 권리를 주장했다. 이것은 빌런이 전적으로 자유인임을 입증하는 것이다. 어떤 사람이 어떤 영주에게 투탁한 경우에도 그에 대한 소우크 곧 재판권은 다른 영주에게 속하기도 했다.

둘째, 영주를 두고 있는 경우에도 많은 사람이 영주와의 관계를 끊을 수 있었다. 그들은 "그들의 토지를 가지고 그들이 선택하는 어떤 다른 영주에게로 떠나 버리는 것"이 가능했던 것이다. 또는 그들은 갑자기 다른 영주에게 가 버릴 수도 있었다. 그러나 다른 사람들은 영주를 떠날 수 없었다.

셋째, 이와 같이 맺어진 영주와 투탁농민과의 관계는 공간적으로 매우 멀리까지 확대될 수 있었다. 이런 공간적 확대는 당연히 장원의 영주직영지 경영을 몹시 어렵게 만들었다.[28]

넷째, 영주는 영주직영지의 생산물에만 의존해 먹고살았던 것은 아니다. 그의 예속민은 자주 옛날 방식으로, 즉 영주에게 직접 여러 끼의 식사를 제공하는 방식으로 그를 대접할 의무가 있었다.

4. 장원제의 강제적 실시

노르만인의 정복을 통해서 등장한 새로운 영주들은 앵글로색슨사회의 이런 기존 상황 속에서 어떤 조치를 취했을까? 그들은 영주에게 의무를 수행하는 사람들을 영주직영지 주위에 집결시키려고 애

---

28) 농민이 영주직영지에서 멀리 떨어져 있는 경우에는 영주직영지에 대한 농민의 일상적 부역노동 수행이 곤란하기 때문이다.

썼으며, 이런 그들의 노력은 대체로 성공을 거두었다. 그들은 이미 부역의무를 지고 있던 사람들에게는 부역의 부담량을 늘렸다. 그들은 흔히 노예를 토지보유자로 만들기 위해 해방시키기도 했다. 그렇게 하는 것이 그들에게 익숙한 방식이었기 때문이다. 그러나 그들은 한편 종종 소우크맨을 빌런으로 전락시키기도 했다. 그들은 그때까지 영주와 어떤 관계도 맺지 않았던 완전한 자유인들─『둠즈데이북』에서는 "구(舊)자유지 소유자들"이라고 쓰여 있다─에게 공납과 부역을 강요했으며, 자유인들이 노르만인 출신의 영주들에게 투탁하지 않을 수 없게 했다. 모든 사람은 한 사람의 영주를 모셔야 한다고 명령한 사람이 바로 윌리엄 정복왕 자신이었다는 말도 가끔 들린다. 그가 강요한 되사기 법은 틀림없이 자유로운 농민들의 이런 예속화에 기여했을 것이다. 특히 문제는 금 9온스를 지불하고 자신의 토지를 윌리엄 정복왕에게서 되산 후에 완고한 영주의 보호 아래로 들어간 사람이었다. 영주들은 공납의 액수를 증대시켰으며, 어떤 영주의 지배 아래 있던 사람이 다른 영주에게로 떠나 버리던 그 전의 관행을 더 이상 허용하지 않았다. 이런 변화는 일시에 일어나지는 않았다.『둠즈데이북』이 작성된 이후에도 이런 변화가 진행된 흔적을 많이 발견할 수 있다. 또 도처에서 고루 철저하게 진행되었던 것도 아니다. 이를테면, 북동부 지방에는 소우크맨이 많이 잔존했고 농민의 부역부담이 비교적 크지 않았으며 예속관계도 그리 강력하지 못했다. 사람의 신분 분류도 유동적이었다. 그런데도 장원이 탄생했다. 노르만의 정복은 영국에서 장원의 발전을 촉진하고 본궤도에 오르게 했던 것이다.

제2부
11−13세기의 장원제:
장원농민의 법적 신분과
장원 경제구조의 변동

제1장 법률의 변천과 장원농민의 신분변동: 프랑스를 중심으로

우리는 이 책의 서론에서 다음과 같은 사실을 확인했다. 프랑스는 중소 규모의 농민적 토지소유가 대토지소유와 널리 병존하는 나라인 데 비해 영국은 철저하게 대토지소유가 우세한 나라라는 점이다. 우리는 이런 대조적인 현상의 원인을 해명하기로 약속했다. 이제 우리는 이 문제를 재론하고자 한다. 오늘날의 이런 상황은 때로는 서로 영향을 미치기도 했고 때로는 상치되어 나타나기도 했던 일련의 다양한 원인에 그 기원을 두고 있다. 그 원인에는 본질적으로 경제적 현상이 관련되어 있으며, 우리는 그런 현상을 밝혀야 한다. 그러나 그 근저에서 우리가 발견하는 것은 프랑스사회와 영국사회가 지닌 법적 구조의 대조적인 특성이다. 바꿔 말하면, 우리가 살펴보게 되겠지만, 양국의 경제적 조건이 아주 큰 차이가 나지 않는데도 양국에서 동일한 결과가 빚어지지 않은 것은 경제적 조건이 매우 상이한 사회적 토대 위에서 작용했기 때문이다. 따라서 지금 우리가 관심을 갖고 살펴봐야 하는 것은 농촌사회에 존재한 계급들의 법적인 변화이다. 우리는 어쩌면 매우 오래된 것으로 보일지도 모르는 사실을 다시 한 번 더 거론해야 할 것이다. 매우 오래 되었을지라도 이런 사실에 대한 이해는 현재의 문제를 해명하기 위해서는 불가결하다. 이미 내가 말한 바와 같이, 역사에서 중요한 것이라고 해서 반드시 최근의 것과 일치하는 것은 아니라는 확증을 제시할 수 있다면 내가 헛수고를 하는 것은 아닐 것이다.

1. 9-12세기 프랑스의 법률변천

다시 한번 프랑스부터 시작하자. 프랑스에서는 계급의 법적인 변화가 훨씬 더 단순했다.

프랑스의 중세를 보면, 첫눈에 사회구조의 역사가 매우 특이하다는 것을 발견할 수 있다. 대략 9세기 중엽부터 12세기 중엽까지 우리가 극히 잘 모르고 있고 언제까지나 잘 알지 못할 시대가 전개된다. 그것은 매우 간단한 이유, 곧 우리가 이 시대에 관한 사료를 극히 조금밖에 갖고 있지 않기 때문이다. 남서부 지방과 같이 특히 후진적인 몇몇 지방에 관해서는 거의 어떤 사료도 없다. 심지어 부르고뉴와 같은 형편이 가장 나은 지방에서조차 사료는 다음 시대, 곧 필리프 존엄왕이나 성 루이 또는 필리프 미남왕의[1] 시대에 접어드는 시점부터 갑자기 많이 나타나는 수백 개의 연대기와 수천 개의 특허장과 비교했을 때도 대단히 적었다. 사료 부족의 원인은 명확하다. 이 시기에 사료가 매우 적었던 것은 사료가 파기되었기 때문이 아니다. 물론 많은 사료의 분실이 있었다. 그러나 분실이 사료 부족의 까닭을 충분히 설명해 주는 것은 아니다. 우리에게 사료가 별로 남아 있지 않게된 진정한 이유는 사료가 많이 존재하지 않았기 때문이다. 바꾸어 말

---

1) 각각 필리프 2세(재위 1180-1223), 루이 9세(재위 1226-1270), 필리프 4세(재위 1285-1314)를 일컬음.

하면, 그 시대의 사람들이 대단히 적은 기록을 남겼기 때문이다. 사료는 상호 연관되어 있는 두 가지 이유 때문에 매우 적게 쓰였다. 첫째는 쓰고 읽을 줄 아는 사람이 적었기 때문이고, 둘째는 법률생활에서 문서는 대개의 경우에 불필요했기 때문이다. 이 시대에는 구술적·형식주의적인 법률이 지배했다. 양자 간의 합의를 표시하기 위해서나, 기증 및 매각을 통한 토지소유권의 양도를 위해서나, 농노를 해방하기 위해서나, 타인의 보호 아래 들기 위해서는, 아무것도 글로 쓰지 않고도 관습을 통해서 대략 정해진 몇몇 의례적인 행위를 하고 몇 마디 말을 하는 것으로 충분했다. 그런데도 이런저런 행위가 행해졌다는 증거를 제시하기를 요구했을까? 그럴 경우에 사람들은 그런 의례적인 행위를 목격하거나 의례적인 말을 들은 증인들을 찾아서 증언하게 했다. 이것이 당연히 더 오랫동안 사는 어린이가 상당히 자주 증인으로 채택된 이유였다. 그리고 사람들은 이런 사실을 조그마한 선물을 주거나 따귀를 때림으로써 어린이의 기억 속에 남기곤 했다. 재판을 진행할 때도 마찬가지였다. 혹시 문서로 쓴다고 할지라도, 그것은 무엇보다 증인들의 이름을 보존해 남기기 위한 것이었다. 그렇지만 이런 문서조차 드물다.

그런데 이런 사료부족 상황이 역사가에게 유난히 더 당혹스럽게 느껴지는 것은 안개가 낀 것처럼 불분명한 9세기 중엽부터 12세기 중엽 사이에 극히 심대한 사회적 변화가 일어났기 때문이다. 이런 변화는 우리가 예컨대, 어두운 밤과 같은 이 시대의 양쪽 끝자락에 서서 카롤루스 대제 시절의 사회와 성 루이 시절의 사회를 비교해 보면 쉽게 깨달을 수 있다. 그러면 얼마나 큰 변화가 그 동안 일어났는지가 분명해진다. 신기한 점은 이런 커다란 사회적 변화의 잉태는 대체로 문헌사료가 부족해서 그 시대의 추이가 그토록 잘 알려지지 않게 한 동일한 원인에 그 기초를 두고 있다는 것이다. 내가 말하고자 하는 바를 설명하기 위해서 프랑스어와 관련된 예를 들어 보겠다. 몇 세기 동안 더 이상 문법책을 거의 쓰지 않고 옛것을 읽지도 않으며 어디에서도 프랑스어를 가르치지 않았다고 생각해 보자. 또는 전승 (傳承) 외에는 가르쳐 줄 교사가 없는 상태에서 프랑스어를 더 이상 글로 거의 쓰지 않고 입으로 말하는 데 그쳤다고 생각해 보자. 그런 데도 프랑스어를 가르치는 교사가 없는 이 몇 세기 동안에 프랑스어에 심대한 변화가 일어났다는 사실은 의심의 여지가 없다. 뿐만 아니라 언어의 역사에서도 유사한 사례를 들 수 있을 것이다. 이를테면, 앵글로색슨시대와 13세기 말 사이의 영어도 그런 큰 변화를 겪었다.

그런데 이런 변화는 9세기 말과 12세기 중엽 사이에 프랑스에서 법률 일반, 특히 신분에 관한 법률과 관련해서도 일어났다. 이제는 아무도 법률을 가르치지 않았다. 오래된 예전의 법전, 곧 로마법이나 게르만법의 원전을 거의 아무도 읽지 않았으며, 글을 읽을 줄 몰랐던 세속의 재판관들은 다른 누구보다도 법전을 읽지 않았다. 프랑스의 국왕은 더 이상 법률을 제정하지 않았다. 유일한 규범이 인간들 사이의 법률관계를 규정했으니, 그것은 곧 관습이었다. 그렇지만 관습은 바로 고정불변성을 가장 중요한 원리로 하지 않느냐고 주장할지 모르겠다. 관습에 따른다는 것은 본래 우리들 이전에 행해진 것을 영구히 되풀이하는 것이기 때문이다. 이론상으로는 그렇다. 그러나 현실에서는 그렇지 않다. 법률이 오로지 관습적이기만 하고 동시에 순전히 구전적이기만 한 경우에는―9세기에서 12세기까지의 기간이 그랬다―법률만큼 빨리 변하는 것은 없다. 그것은 다음과 같은 두 가지 이유 때문이다.

첫째, 관습에 의지한다는 것은 결국 인간의 기억에 의지한다는 것이다. 사람들은 보통 이런 것은, 사람의 기억으로 볼 때 언제나 그러했기 때문에 행해져야 한다―예컨대 이런 공납은 행해져야 한다는 식으로─고 말하곤 했다. 그런데 인간의 기억은 망각과 특히 왜곡의 놀라운 매개체다. 가끔 이야기되듯이 집단기억과 관련해서는 더욱더 그렇다. 다시 말하면, 개별 인간 머리의 착오로 인한 왜곡에다 개인에서 개인으로 또는 세대에서 세대로 전달되는 과정에서 생기는 불확실성으로 인한 왜곡이 추가되는 것이다.

둘째, 관습법의 원리는 결국 합법적인 것을 전에 본 것이나 전에 했던 것과 혼동한다는 데 있다. 관습법에서는 선례가 절대적인 영향을 미친다. 인간의 기억으로 여러 번 실행했던 것은 계속 실행해야 하는 것이지만, 이전에 했던 것이 기억나지 않는 경우에는 더 이상 적법하다고 주장할 수 없었다. 그렇지만 관습법의 이와 같은 체제는 분명히 관습법의 오용─이것은 사실 본질을 따져 보면 새로운 관행에 지나지 않는다─을 언제나 합법화하는 경향이 있었다. 이런 체제는 사회적 압력과 폭력을 조장할 뿐 아니라 나태까지도 조장했다. 요컨대, 구전적·관습적인 법의 지배로 사회구조가 그것을 표현하는 많은 구시대적 용어에서 탈피하게 되고 사회세력 간의 균형관계와 사고구조가 상당히 정확하게 표현되게 되었다고 할 수 있다.

구전적인 관습법이 사회세력을 단순화시켰다고 말할 수 있을까? 어떤 관점에서 보면 이렇게 말하는 것은 정확하지 않을 것이다. 왜냐하면 지금 우리가 고찰하는 시대는 지역적인 또는 심지어 지방적인 차이가 그 어느 때보다도 컸기 때문이다. 프랑스 전체에 공통된 관습은 없었다. 집단마다, 특히 장원마다 독자적인 관습을 가지고 있었다. 국가권력의 부재와 교통 및 통신의 어려움으로 사회적 할거 상태가 조장되었기 때문에 이런 관습은 서로 많이 달랐다. 그렇지만 이와 같은 관습상의 차이는 무엇보다 관습법의 세부적 적용과 또한 법률가의 부재로 인해 고정되지 않았던 용어에서 벌어졌다. 우리는 특히 이 점에 유의하자. 프랑스 전체에 본질적으로 공통된 사회적 조건에 의해 규정되는 관습 구조상의 주요 특징은 거의 어디에서나 같았음이 발견된다. 그 주요 특징은 상당히 단순한 사고에 조응한 것이다. 여기에서 우리가 오로지 집중적으로 다루고자 하는 것은 대체적인 면에서의 관습이다.

2. 장원농민의 신분변동과 농노 신분의 형성

9세기에 영주의 저택, 곧 영주의 '궁정'(cour) 주변에는 수많은 예속민이 살았다. 이들 예속민의 사회적 지위와 영주와의 관계를 규정하기 위해서 몹시 복잡한 분류법이 사용되었다. '노예'(servus), 여러 가지 범주의 해방노예, 콜로누스, 피보호민, 자유인 등이 있었다. 그런데 동일한 신분에 대해서, 심지어 동일한 사람에 대해서 상이한 용어가 사용되는 경우가 있었다. 그리고 또 농민보유지 곧 망스의 분류가 이뤄졌으나, 망스 보유자의 신분에 따라 분류되었던 농민보유지의 종류가 그 보유자의 신분과 항상 일치하는 경우는 매우 드물었다. 12세기 말에 이르러서야 훨씬 더 간단한 분류가 그 전의 복잡한 분류를 대체했다.

이제 공납과 부역을 수행하는 조건으로 영주의 토지를 보유한 사람들은 일반적으로 영주의 빌렝이라고 일컬어졌다. 우리는 노르만인의 정복을 통해서 그 말이 전래된 영국에 관해 살펴본 결과, 그 말은 단순히 장원—예전의 '빌라'—의 주민을 의미한다는 것을 알게 되었다. 물론 여러 동의어가 있었다. 그러나 그 동의어 모두 그저 거주라고 하는 비슷한 관념을 연상시킨다. 즉 '오트'(hôte)—어떤 사람의 오트가 된다는 것은 그 사람의 집에 거주하는 것이다—, '마낭'(manant), '쿠샹 에 르방'(couchant et levant) 등이[2] 그런 것들이다. 모든 농민보유지는 '빌렝 신분' 상태로 보유되었다. 물론 농민보유지들 사이에는 공납과 부역 면에서 사람들이 이따금 명확히 규정하려고 애쓴 여러 가지 차이가 존재했다. 그러나 각종 농민보유지 사이에는 그 전처럼 법적인 분류상의 차이는 더 이상 존재하지 않게 되었다. 이제는 노예망스니 자유인망스니 하는 말을 쓰지 않게 된 것이다. 과거에는 분할이 불가능했던 오래된 농민보유지, 곧 망스는 몇몇 산촌(散村) 형태의 마을에서만 다양한 이름으로 존속했다. 그러나 그런 곳에서도 예전의 농민보유지 종류의 구분은 사라졌다. 다른 곳에서는 영주들이 농민보유지의 분할불가 원칙을 지키는 것을 완전히 포기했다. 이제 영주들이 공납을 매길 때는 농지나 주택 또는 사람을 대상으로 했다.

그렇지만 이런 빌렝을 그가 공납과 부역을 수행하기만 하면 그것으로 그의 의무가 끝나는 단순한 소작인으로 생각하지 않도록 조심하자. 장원의 예속민 전체는 영주라는 이 장원 우두머리가 행사하는 명령권의 지배를 받는 하층민 집단을 구성했기 때문이다. 장원의 예속민은 영주에 대한 '복종'의 의무가 있었고, 무엇보다도 영주가 필요로 하는 경우 그를 도와주어야 했으며, 그를 위해 전투를 치르고 영주와 그의 수행원에게 숙박을 제공하며 필요한 경우에 그들의 가난한 지갑을 털어서 돈을 갹출해야 했다. 우리가 곧 명확하게 밝히고자 하는 조건 속에서 그들은 영주의 재판권 지배를 받았다. 그 대신 영주는 예속민에게 보호를 제공해야 했다. 영주가 예속민을 가혹하게 착취했으면서도 외부로부터 그들을 보호했던 것은, 자신의 부가 예속민의 공납과 부역의 이행에 좌우되고 자신의 위세가 예속민의 수에 따라 결정되었던 만큼 그렇게 하는 것이 자신에게 이익이 되었

---

2) 이들 프랑스어식 동의어의 어원은 라틴어이다. 그래서 원래 중세의 문헌에는 'hospes'나 'manens'와 같은 라틴말로 기록되었다. 그렇지만 12세기쯤부터는 이런 프랑스어식 표현이 나타나는 것으로 보인다.

기 때문이다.

그러나 이들 빌렝은 모두 같은 부류에 속했던 것은 아니다. 그들은 두 가지 계층의 사람으로 구분되었다. 어떤 사람은 자유인이었던 데 비해——노르망디와 포레(Forez)와[3] 같은 일부 지방에서 거의 모든 사람이 그랬다——, 다른 사람은 '부자유인'으로 구분되었다. 일반적으로 이들 후자는 '세르프'(serf) 즉 농노라고 불렸는데, 물론 이 용어는 예전에 고대의 노예(servus)를 지칭하던 바로 그 말이다.[4] 농노를 이처럼 구별짓는 점은 무엇인가? 역사문헌에서 이것만큼 애매한 점이 많은 문젯거리는 없다. 특히 바로 이 말 자체 때문에 그렇다.[5] 로마사회의 노예와 혼동을 초래한 '세르프'라는 말은 법률가들을 통해서 중세 말 이후에도 잔존했다. 그렇지만 농노의 신분적 특징은 대략 다음과 같이 상당히 간단하다.

우선, 농노는 경제적·법적으로 명백히 노예가 아니었다. 농노의 노동력은 영주가 마음대로 사용할 수 없었으며, 영주와의 관계 또한 관습에 의해서 규정되었다. 일반적으로 농노 역시 빌렝이나 오트처럼 토지의 보유에 따라 부과되는 공납과 부역을 영주에 대해 이행할 의무를 졌다. 그러나 다음에서 보게 되는 바와 같이, 농노는 빌렝과는 다른 그 무엇이었다.

둘째로, 분명히 12세기에 농노는 대부분 카롤링왕조 시대 노예의 후손이 아니었다. 그에 대해서는 매우 명백한 증거를 제시할 수 있

---

3) 프랑스의 중앙 산악지대에 있는 한 지방으로, 리옹과 클레르몽페랑 사이에 있다.
4) 'serf'의 어원은 노예를 뜻하는 고전라틴어의 'servus'이지만, servus의 발음이 변화해 10세기 또는 11세기 무렵에는 serf라는 형태의 말이 나타난다.
5) 고전라틴어의 'servus'가 중세에 형태 변화를 겪는 한편 그 뜻도 노예에서 농노로 바뀌면서, 중세의 문헌기록 속에서 servus나 serf가 노예를 가리키는지 농노를 가리키는지 정확하게 구별하기가 어려워진 것을 말한다.

다. 12세기에는 카롤링왕조 시대의 노예 수보다도 훨씬 더 많은 수의 농노가 존재했던 데에 반해, 카롤링왕조 시대의 콜로누스나 해방노예 또는 자유인의 수와는 비교할 수 없을 정도로 적은 수의 자유로운 빌렝이 존재했던 것이다. 이런 사실은 신분별 인구 수의 비교가 용이한 몇몇 장원의 예를 통해 쉽게 확인할 수 있다. 이를테면, 빌르뇌브 생조르주에서는 카롤루스 대제의 치세기간에 132명의 가장들 가운데 토지를 보유한 노예는 14명에 불과했다.[6] 그런데 13세기 초부터 농노해방 조치가 있었던 1250년까지는 이 마을의 거의 모든 주민이 농노들로 구성되었다.[7] 이런 마을별 통계는 몇몇 경우에만 산출 가능하다. 그러나 일부 마을에서 산출된 이런 통계가 보편성을 띠고 있음은 12세기와 13세기에 프랑스 전체에서 농노가 전체 인구의 다수를 차지했다는 주지의 사실을 통해 확인된다. 영지명세장들 속에 나타나는 콜로누스, 자유인, 해방노예 등에게 모두 후손이 없다고 상정하고 오직 노예에 대해서만 증식 능력을 인정한다는 것은 사리에 어긋나기 때문에, 12-13세기의 농노 가운데 압도적인 다수는 그들의 조상이 예전에 자유인으로 알려졌던 사람들이라고 생각할 수밖에 없다.

그런데 이로부터 장원의 주민이 집단적으로 농노화되었다는 결론을 끌어내야 하는가? 물론, 사람들이 자진해서 그들의 자유를 포기하고 어떤 영주에게 예속되는 경우가 있었다는 것을 우리는 알고 있다. 그런 자발적인 예속과정에 관해서는 종종 기록으로 남아 전해지는 전례서(典禮書) 같은 것까지 존재한다. 여타의 경우에는 자신이 태어날 때부터 자유인이라고 주장하는 주민들을 영주들이 부자유

---

6) *Polyptyque d'Irminon*, 제I권, pp. 861-862.
7) 같은 사료, 제II권, pp. 383-387.

인으로 취급하는 것을 우리는 이따금 볼 수 있다. 오늘날 우리가 알지 못하고 있지만 그와 유사한 많은 사건이 일어났음이 분명하다. 그러나 무엇보다 자유와 부자유에 대한 개념 그 자체가 변했다. 말하자면, 부자유인과 자유인을 구분하는 경계선이 바뀌었던 것이다. 그래서 과거에 자유인으로 여겨졌던 많은 사람이 신분변경 없이 자유인으로 인정받지 못하게 되었다.

한편 이미 9세기에 쇠퇴하던 노예제는 그 다음 몇 세기 동안에는 완전히 자취를 감췄다. 내가 노예라고 말할 때의 노예는, 법적으로는—노예는 권리의 주체라기보다는 객체였으므로—주인의 절대적 권리에 의해 특징지어지고 경제적으로는 주인이 마음대로 사용할 수 있는 노동력을 구성한다는 사실로 특징지어지는 신분을 의미한다. 9세기의 영주직영지나 영주의 저택에는 여전히 약간의 노예가 남아 있었다. 그러나 자선행위로 간주된 노예해방이 진척되면서, 또는 단순히 일부 영주 가문의 소멸로 인해 노예 수가 감소하면서, 노예의 수는 회복되지 않았다. 여기에는 종교적인 신념이 작용했다. 로마가톨릭은 조금 전에 말했듯이 노예의 해방을 자선행위로 보기는 했지만, 노예제 그 자체를 절대로 금지하지 않았으며 기독교도의 노예화조차 금지하지 않았다. 그 대신 로마가톨릭이 단호히 거부한 것은 기독교도, 즉 적어도 이교도적이지도 않고 로마교황의 권위를 부정하지 않는 기독교도를 전쟁의 포로로 억류할 수 있다는 사고였다.[8] 결국 로마가톨릭은 노예에 관한 고대도시의 오래된 규범을 확대한 것에 지나지 않는다. 노예는 고대도시에서나 중세 기독교세계에서나 늘 이방인이었던 것이다. 그런데 중세에는 로마가톨릭 세계

---

8) 기독교도 가운데 로마가톨릭교도의 경우는 전쟁포로라고 하더라도 노예화하는 것이 금지되었다는 것이다.

전체가 단 하나의 도시와 같았다. 따라서 이제는 오직 이교도 지역이나 동방정교회 지역에서의 전쟁이나 약탈 활동에 의해서만, 특히 슬라브 — 이로부터 'esclave'라고 하는 노예에 대한 새로운 이름이 생겨났다[9] — 지역에 대한 원정에 의해서만 인신매매 시장에 노예가 공급될 수 있었다. 프랑스와 같이 서유럽 가톨릭 세계의 변경(邊境)에서 멀리 떨어져 있는 지역은 이렇게 획득된 노예의 원거리 교역으로 적은 수의 노예만 공급되었다. 엘베 강의 동부에서 사로잡힌 노예들이 북아프리카 출신의 무어인(Moors)이 지배하는 스페인에까지 팔려 갔음은 사실이다. 스페인은 프랑스보다 더 부유했기 때문에 더 비싼 노예값을 지불할 수 있었다. 그래서 프랑스 국내의 노예제는 소멸하게 되었다. 토지를 보유한 노예의 경우에는 주인이 직접 부양하는 것이 아니어서 사실상 장원 내의 여타 예속인과 처지가 매우 비슷했기 때문에, 그들의 신분은 고대의 노예 신분과는 점점 더 큰 차이가 났다. 라틴어로 노예를 가리키던 세르부스라는 오래된 이름이 예전에 표현하던 현실은 이제 존재하지 않게 되었다. 이것이 세르부스라는 말이, 사람들이 그 변화를 실로 분명하게 의식하지 못한 채, 점차 자연스럽게 새로운 현실에 적용될 수 있었던 이유다.

한편 부자유와 반대되는 자유라는 오래된 관념은 다른 한 가지 요소를 결여하게 되었다. 예전에는 노예가 단지 주인의 소유물일 뿐 아니라, 프랑크왕국의 백성 가운데 자유로운 구성원에게 부과되던 사법적·군사적 의무의 수행 자격이 없었기 때문에 그 백성 집단의 국외자(局外者)이기도 했다. 이런 의무의 수행 자격이 자유인이 '프랑크인', 즉 프랑크 백성 — 출신종족에 관계없이 프랑크 국왕의 모

---

9) 노예를 뜻하는 프랑스어의 esclave나 영어의 'slave'는, 중세에 주로 독일인에 의한 동유럽 정복과정에서 노예화되었던 슬라브족을 뜻하는 'Slav'에서 유래한다.

든 신민을 포함하는 말 —— 의 구성원과 동의어로 취급되었던 이유였다. 그런데 카롤링제국의 멸망 후 국가권력의 쇠퇴로 말미암아 노예와 자유인 사이의 이런 구별의 의미는 전적으로 사라지게 되었던 것이다.

그렇지만 세력가의 영향 아래 있는 종속인 전체로 눈을 돌려보자. 그들은 매우 잡다한 대중으로 구성되었으며 종속의 계기는 가지각색이었다. 그런데 자세히 살펴보면, 서로 간에 큰 차이가 존재한다. 그들 가운데 일부는 스스로 영주와 체결한 명문화된 계약이나 묵계의 결과로 그들의 일생 동안만 영주에게 종속되어 있었다. 사회계층 서열에서 높은 위치를 차지하고 있던 군사적 봉신들의[10] 경우가 그랬다. 그들은 농촌사회에 편입되어 있지 않았으므로 여기에서 길게 말할 것까지는 없으나, 그 존재를 분명히 기억해 둘 필요는 있다. 봉신제적 관계가 성립하기 위해서는 신종선서(臣從宣誓)와 충성서약을 해야 했다. 이런 의식절차는 신종선서를 통해 맺어지는 두 당사자 가운데 어느 한 사람, 즉 봉신이든 영주든 어느 한 사람이 바뀔 때마다 되풀이되었다. 다른 계층서열에 속하는 단순한 소작인 역시 영주와 계약을 통해 종속되었다. 이 경우에는 일반적으로 의식절차를 전혀 밟지 않았다. 종속관계는 그 농민이 토지를 보유하고 있는 동안만 지속되었다. 농민이 더는 토지를 보유하지 않는 경우에는 아무런 의무가 부과되지 않았다.

그와는 반대로 여타의 예속인은 그들의 영주에게 세습적·인신적으로 매여 있었다. 그들은 어디에 가든 영주에게 계속 복종하고 그들의 신분에 특유한 의무를 이행해야 했다. 그들은 그런 처지를 전혀 스스로 선택하지 않았는데도 소위 어머니의 뱃속에서부터 영주에

---

10) 기사로 된 봉신을 말한다.

게 예속되어 있었다. 이런 사람들은 물론 첫째, 토지를 보유한 노예의 해방되지 않은 후손이었다. 그러나 둘째, 이들은 또한 해방노예이거나, 예전의 주인이 그 보호자가 되어 대대로 보호자의 지위가 계속 이어지는 옛날의 해방노예 출신인 경우가 많았다. 셋째, 이들은 그들 자신뿐 아니라 그들의 후손까지도 예속의 굴레를 벗어날 수 없는 다수의 미천한 피보호민이었다. 마지막으로, 이들은 후손이 아주 쉽사리 그들의 부모와 같은 운명을 겪게 되는 관습이 있었던 '성자들의 예속인'[11] 출신이었다.

인신이 세습적으로 예속되어 있는 이들 예속민은 모두 부자유인인 세르부스 곧 농노라고 간주하는 관습이 생겼다. 왜냐하면 자유라고 하는 것은 영주를 가지지 않는 것이 아니라―당시에는 누구에게나 다 영주가 있었다―영주를 선택할 수 있는 권리를 지니는 것이었기 때문이다. 특징적인 것은 농노와 동의어가 되어 버린 한 단어 즉 '인신예속인'(homme de corps)이라는[12] 말이다. 많은 사람이 영주의 예속인이었다. 그러나 인신, 다시 말하면 태어나면서부터 신체와 분리될 수 없는 예속관계 때문에 예속인이 된 경우에 사람들의 신분은 자유가 없었다.[13]

물론 이런 농노적인 예속은 일련의 여러 가지 특유한 의무로 표현되었다. 그 의무를 이행하는 양상은 지방의 관습에 따라 달랐으나 의무의 본질은 거의 어디에서나 유사할 수밖에 없었다. 농노적 예속인

---

11) '성자들의 예속인'이란 중세의 사료에서 '호모 상크티'(homo sancti)라고 하는 것으로, 교회기관에 투탁해 밀랍을 바치는 등 공납의 의무를 진 예속민을 말한다.
12) 원래 중세 라틴어로는 'homo de corpore'라고 했다.
13) 출생과 더불어 인신적으로 영주에게 예속되어 있는 사람은 신분적으로 부자유한 농노가 되었음을 뜻한다.

의 특별한 의무는 대체로 다음과 같다. 우선, 영주는 농노의 유산을 일부든 일부 지방에서 몇몇 경우에 그랬듯이 전부든 상속받았다.[14] 또 영주는 때때로 남성농노나 여성농노의 혼인에 대해 부담금을 징수했으며, 그들이 농노 집단 ─ 여기서 농노 집단이라고 하는 것은 농노 계급 일반을 뜻하는 것이 아니라 동일한 영주에게 예속된 남성농노나 여성농노 집단을 뜻한다 ─ 이외의 사람들과 혼인하는 것을 금지할 수 있었다.[15] 마지막으로, 농노는 인두세, 즉 각자에게 매년 부과되는 적은 액수의 금전이나 현물을 영주에게 꼬박꼬박 지불해야 했다. 역사적 관점에서 볼 때, 인두세 부담은 특별히 중요한 의미를 지닌다. 왜냐하면 인두세는 기원상 노예제와 아무런 관련이 없기 때문이다. 노예는 독자적으로 재산을 소유하지 못했다. 그가 지니고 있는 모든 것은 그의 주인인 영주의 소유였다. 그런데도 노예가 어떻게 해서 그의 주인에 대해 정기적이고도 일정한 액수로 된 세금을 납부할 의무를 졌겠는가. 사실 우리는 인두세가 카롤링왕조 시대에는 어떤 사람이 타인에게 제공하는 보호를 표시하는 증표였음을 아주 잘 알고 있다. 당시에는 인두세를 지불한다고 해서 납부자의 자유가 전혀 손상되지 않았다. 단지 점진적으로 인두세를 지불하는 것이 부자유 신분의 가장 두드러진 상징으로 간주되기에 이르렀을 뿐이다. 왜냐하면 자유에 대한 관념 그 자체가 변했기 때문이다. 물론 농노는 그가 어디를 가든 그의 영주를 물질적으로 돕지 않으면 안 되었고 적

---

14) 농노는 재산상속 능력이 결여되어 있다고 간주되었기 때문에, 자식에게 재산을 상속할 때는 흔히 농노의 재산 가운데 황소와 같은 값어치가 가장 큰 동산이나 일정액의 금전을 상속세로 영주에게 바쳐야 했다.

15) 농노는 원칙적으로 다른 영주에게 예속되어 있는 농노와의 혼인이나 다른 신분과의 혼인이 금지되어 있었다. 따라서 농노가 이런 금지된 혼인을 하려면 일종의 결혼세를 영주에게 특별히 지불하고 허락을 받아야 했다.

어도 어느 정도는 영주가 지닌 재판권의 지배를 받고 있었다.

여하튼 부자유인이라고 하는 사실 자체가 농노가 그 사회에서 열등한 지위에 있었음을 암시한다. 일반적으로 그는 재판에서 자유인에게 불리한 증언을 할 수 없었다. 그리고 기독교회는 영주가 동의하지 않는 한, 영주에 대한 농노의 예속이 너무도 강력했기 때문에 성직에 농노를 받아들일 수 없다고 판단했다.

그러나 어쩌면 우리는 지금 이 장의 서두에서 제기한 문제에서 멀리 벗어나 있다고 말할 수 있다. 농노의 신분은 그 자체로 흥미로운 것일지도 모른다. 그렇지만 농노의 신분이 실제로 토지를 소유하는 상황과 어떤 관계를 형성하고 있었을까? 이 문제가 우리가 지금 토지에 관해서 살펴보고자 하는 경우에 알고자 하는 것이다.

프랑스의 농노제는 순전히 인신적인 성격의 신분제였기 때문에, 그 본질적 특성은 농노의 토지보유가 여타 봉건농민의 토지보유와 아무런 차이도 없다는 점이다. 농노는 '토지에 매여 있다'고 가끔 생각되어 왔다. 이런 생각은 13세기까지는 수많은 문헌기록에 부합하지 않는 잘못된 것이다. 물론 영주는 그의 예속민을 그의 토지에 붙들어 두는 것이 유리했다. 그래서 우리는 영주가 예속민을 억지로 그의 토지에 붙잡아 두려고 애쓰고 있음을 가끔 본다. 그러나 13세기 이전에는 일반적으로 이런 조치가 특별히 농노에 대해서만 취해진 것이 아니고 모든 예속민에게 실시되었다. 그런데 두 가지 이유 때문에 그런 조치는 효과가 없어지고 말았다. 첫째는 봉건국가의 권력 약화 때문이다. 이 점은 국가권력이 약화되고 있던 로마제국 후기의 콜로누스 제도가 겪은 운명과 비교해 보면 알 수 있다. 당시 이에 대한 유일한 대책은 서로 가까운 영주끼리 협정을 맺고 공동으로 대처하는 것이었다. 둘째는 임자 없는 땅이 대단히 많았던 탓이다. 토지보유자를 효과적으로 붙들어 두기 위한 하나의 방법은 그에게서 보유토지를 몰수하는 것이었으나, 이런 방법은 상대적으로 토지가 사람보다 상대적으로 더 많은 시절에는 효과가 없었다. 이런 이유 때문에 고전적인 농노제는 인신에만 관련되어 있었다. 농노의 특성은 농노가 영주를 떠날 수 없다는 것이 아니라, 농노가 어디에 가 있건 그 신분 특유의 의무와 관련해서는 영주에 대한 예속관계를 끊을 수 없다는 것이었다.

물적 농노제는 국가권력이 보다 강력해지고 빈 땅이 드물어지는 13세기에 이르러서야 도입되기 시작했다. 이제 농노는 토지를 떠나지 못하게 되거나, 떠나는 경우에는 그의 전 재산의 몰수를 면치 못했다. 그리고 비천하다고 규정지어진 보유지는 농노만이 보유할 수 있었다. 그렇지만 이런 현상은 지금 여기서 우리의 관심사인 문제에 비춰보았을 때는 중요하지 않은 훗날의 일이다.

그렇지만 농노의 토지보유를 포함한 빌렝 신분의 토지보유는 관습으로 보호되었다. 이런 관습 때문에 이들 농민은 항구적이고 세습적이며 양도 능력을 지닌 토지보유자인 것처럼 보이게 되었다. 누가 이런 관습을 적용했던가? 장원재판소였다. 장원재판소는 토지보유권의 박탈이 영주에게 이익이 된다고 보지 않았다. 우리가 곧 고찰하게 되는 바와 같이, 장원재판소가 토지의 보유권 박탈이 유리하다고 보았을 때는 이미 다른 재판소가[16] 영향을 미치고 있었다.

---

16) 국왕재판소를 가리킴.

제2장 재판권과 장원농민

영국으로 되돌아가 보자. 거듭 강조하지만 영국은 프랑스에 비해 장원제의 발전이 뒤늦었다. 앞에서 우리가 예속관계에 대한 법적인 분류가 극도로 복잡했다는 사실을 통해서 보았듯이, 11세기의 영국은 같은 시기의 프랑스와 비슷했다기보다 오히려 9세기의 갈리아와 더 닮아 있었다. 그런 상황의 결과 가운데 하나는 사람들이 11세기에는 어느 신분까지가 자유인인지 명확하게 알지 못했다는 것이다. 아직도 비교적 많이 남아 있던 노예는 분명 자유인이 아니었다. 그러나 노예가 아니면서도 영주에 대해 매우 가혹한 의무를 수행해야 했고 『둠즈데이북』에서 '빌런'이라고 불렸던 예속인 신분에 대해서는 어떻게 생각해야 하는가? 윌리엄 정복왕의 서기들이 이 신분을 어떻게 처리해야 할지 확신이 서지 않았음은 분명하다. 빌런 가운데는 서기들이 자유인으로 간주한 사람들이 있었다. 그러나 다른 곳에서는 서기들이 자유인의 신분과 빌런의 신분을 상호 반대되는 것으로 보기도 했다.

그렇지만 분명 프랑스의 장원제와 매우 유사한 장원제가 영국에 도입됨으로써 프랑스와 비슷한 사회 계층 분류가 영국사회에도 생겄다. 실제로 이런 새로운 방식의 계층분류가 노르만인의 정복 다음의 세기 무렵에 나타났다. 앞의 장에서 우리가 서술한 바 있는 프랑스의 신분제와 관련된 변화에 전적으로 비견될 만한 현상이 영국사회에 나타났던 것이다. 엄밀한 의미에서의 노예제는 사라졌다. 노예신분에 관한 관념이 바뀌었기 때문이다. 어떤 노예가 살해되었을 때, 그 전의 앵글로색슨법에서는 오직 피살노예의 주인만이 살인배상금의 수혜자로 인정되었다. 이런 배상금 지불은 노예가 법적으로 인격성을 지닌 것도 아니고 고유한 재산을 가진 것도 아닌 상태에서는 극히 당연했다. 그러나 토착인의 법에 대해서 이주해 온 재판관들의 이해를 도울 목적으로 만들어진 편람 형태의 한 관습법 기록집을 살펴보면, 노르만인의 정복 후 두 번째 세대부터는 부자유인 곧 세르부스의 살인배상금이 그의 영주와 그의 가족 사이에 분배되고 있다. 이와 같은 살인배상금 분배는 어디에서나 영주에게 종속되어 있는 사람들에게서 발견되는 특성이었다. 따라서 프랑스의 농노에게 부과된 의무와 상당히 비슷한 의무를 지고 프랑스의 농노처럼 토지에 대대로 묶여 있었기 때문에 부자유인으로 취급된 세습적 예속민 계층이 형성되고 있었음이 분명하다. 이런 예속민층을 지칭하는 이름들은 그 특징을 잘 보여준다. 영어로 그들은 '본드맨'(bondman), 즉 '속박된 사람'으로[1] 불렸다. 또 그들은 당시 법률상의 공식어였던 라틴어와 프랑스어로는 '나티부스'(nativus)나 '니에프'(nief), 즉 출생에 의

---

1) 농노란 의미다. 본드맨은, 노르만인이 영국을 정복하기 이전의 사회에서는 자신 소유의 토지를 자작하는 자유인 신분이던 '체오를'(ceorl) 계급이 노르만인의 정복으로 토지와 자유를 잃고 인격적인 면에서 영주의 세습적인 예속민으로 전락해 프랑스사회의 농노(serf)와 같은 신분이 된 사람을 일컫는다. 본드맨은 프랑스의 농노와 마찬가지로 인격적 결격을 표시하는 인두세, 결혼세, 상속세 등의 부담을 졌다.

해서 영주에게 매여 있는 사람들로 불렀다. 물론 이런 사람들 속에 장원의 모든 예속민, 특히 빌런이라고 불린 사람들 모두가 포함되지는 않았다.

그러나 이런 발전은 그 발전이 완성될 시간적 여유를 갖기도 전에 갑자기 중단되었다. 그렇지만 영국의 농촌사에 가장 중대한 영향을 미치게 되는 전혀 새로운 부류의 예속민이 곧 생겨났다.[2] 그런 예속민 신분의 성격과 그 형성 원인을 파악하기 위해서 우리가 관심을 보여야 할 것은 재판권의 역사에 관한 측면이다. 여기에서 다시 우리는 우리가 통상적으로 사용하는 비교의 방법을 사용해서 먼저 프랑스부터 살펴보자.

1. 프랑스의 재판권 변화추이와 장원농민

중세 프랑스의 재판권 역사는 세부적인 내용이 매우 복잡하지만, 대체적인 내용은 제법 간단하게 설명할 수 있다.

프랑크시대의 공식적인 법률에 의하면, 재판관할권이라는 관점에서든 여타의 관점에서든 사람은 프랑크자유인 —— 주지하다시피 자유인과 프랑크인은 동의어가 되어 있었다 —— 과 노예라는 두 가지 부류로 아주 뚜렷하게 구별되었다. 프랑크 국왕의 백성인 자유인은 원칙적으로 오직 공법상의 재판소의 관할을 받았다. 민족대이동의 결과 생긴 모든 게르만왕국에서 일반화된 게르만법의 원리에 의하면, 공법상의 재판소는 자유인 출신의 재판관들로 구성되었으며 '상텐'(centaine) 또는 '비그리'(viguerie)라고 불린 각 주(州. comté)의 하위

---

2) 헨리 2세의 법적 조치 이후 국왕재판소의 관할대상에서 제외된 모든 부자유인을 포괄하는 농노라는 의미의 빌런 신분이 13세기에 형성된 것을 말한다. 후술할 이 장의 제2절 「영국의 재판권 변화추이와 장원농민」 부분 참조.

행정구역마다[3] 설치되었다. 자유인은 오직 자유인 동료들에 의한 재판만을 받을 권리가 있었으며, 원칙적으로 자신이 속한 면의 인민회의나 이런 인민회의의 발의에 의한 재판만을 받는 것이 허용되었다.

자유인의 재판과 관련된 실제상황은 다음과 같이 전개되었다. 카롤링왕조의 법제가 실시된 이후부터는 종신직으로 임명된 소수의 자유인이 법정을 구성했다. 적어도 중대한 소송사건의 경우에는 반드시 소집되어야 하는 인민회의가 개최된 가운데 이들 종신직 재판관이 재판했다. 그들은 재판권을 독점했다. 국왕의 대리인 —주백(州伯, comte) 또는 주백의 대리 —은 법정을 소집하고 변론 과정에서 질서를 확보하며 판결을 집행하기 위해서만 거기에 참석했다. 따라서 어느 정도는 분명히 인민에 의한 재판이 되는 셈이었지만, 재판에 대한 일반 인민의 영향력은 단지 그들 출신의 몇몇 사람을 통해서만 행사되었다. 보다 분명하게 밝히기 위해서 덧붙여 하는 말이지만, 나는 배심원단이 전혀 역할을 하지 못하고 인민 출신의 재판관들이 사실에 대한 판단뿐 아니라 법률에 관한 판단까지도 했다는 점을 지적해 둔다.

관례에 따라 노예는 법률상의 주체가 되지 못했다. 만약 노예가 그의 주인을 거역하는 죄를 저질렀다면, 주인이 마음대로 거역 행위에 대한 처벌 결정을 내렸다. 노예가 제3자에 대해서 죄를 저질렀다면, 주인이 범죄에 대한 모든 책임을 졌다. 다만 그 노예를 공공의 처벌에 내맡기는 경우에는 그것으로써 주인의 책임이 끝났다. 더구나 노예가 공공재판소에 의해 사형 선고를 받는 경우, 그 노예주는 자신의 재산을 잃게 되었으므로, 이런 신병 인도도 주인으로서는 책임을 지

---

3) centaine 또는 viguerie는 중세의 라틴어로 각각 'centena'와 'vigaria' 또는 'vicaria'이다. '코미티아'(comitia)라고 불린 주 또는 군(郡)의 하위 행정구역을 이룬다.

는 한 방식이었다.[4]

그렇지만 이와 같은 재판 제도는 카롤링왕조 초기 이후에는 제 기능을 발휘하지 못했다. 그런 재판 제도는 도처에서 강자에 대한 약자의 종속관계가 발전하는 사회에서는 작동할 수 없었기 때문이다.

카롤링 국가 자체는 종속관계 속에서 공공질서가 보장된다고 보았기 때문에 종속관계의 발전을 장려했다. 세력가는 그가 거느리고 있는 피보호민에 대한 책임을 졌다. 그렇지만 사실을 말하자면, 세력가가 피보호민을 직접 재판할 권리가 원칙적으로 인정되었던 것은 아니다. 세력가는 어디까지나 피보호민을 공공재판소에 출두시킬 의무가 있었으며, 바로 이런 출두에 대한 책임을 졌던 것이다. 그러나실제로는 많은 경우에 세력가는 피보호민들 사이의 분쟁을 은밀히조정하고 그들이 그에게 저지를 수 있는 죄과에 대해서 그 자신이 처벌할 수 있을 정도였다. 한편 이런 예속민에게 피해를 받은 제3자는많은 경우에 그 지배자에게서 배상을 받아내기가 더 용이함을 발견하게 되었다. 어차피 범인이 공공재판소에 출두하지 않으면 안 되는경우에, 범인을 재판소에 출두시키기 위해서─종종 어렵기는 했지만─노력하지 않으면 안 되는 사람은 바로 그 지배자 자신이었기때문이다. 그렇지만 농촌 장원의 비천한 예속농민과 관련해서는, 카롤링 국가 자체가 일반적으로 '공권면제(公權免除) 특권'(immunité)이라는 이름으로 알려진 국가의 사법권 가운데 일부만이라도 영주들에게 양도해야 했다.

공권면제권의 주요 내용은 매우 간략하게 정리할 수 있다. 한 사람의 영주가 소유한 상당한 크기의 땅이 있다고 하자. 그에게 공권면제

---

4) 요컨대, 프랑크제국에서 자유인의 재판은 공공재판소가 관할했으나, 노예에대한 처벌권은 노예주가 사적으로 행사했다는 것이다.

권을 부여한다는 것은 그 후 국왕의 어떤 관리도 그의 직무를 수행하기 위해서, 예컨대 군대를 소집하거나 세금을 징수하기 위해서 또는 재판정을 열거나 범인을 체포하기 위해서 그 영지에 들어갈 권리를 갖지 못하게 된다는 것을 의미한다. 오늘날 우리의 인식에서는 이런 제도는 무엇인가 이상한 느낌이 든다. 그러나 다음과 같은 그 시대의 특수한 상황을 머릿속에 그려봐야 한다. 적어도 그 시절의 교통 및 통신 사정에 비춰볼 때 왕국은 지나치게 광대했다. 중앙권력은 지방에서 너무나 멀리 떨어져 있어 효과적인 통제가 부재했고, 관리에 의한 온갖 종류의 학정과 가렴주구가 자행되었으며, 관리가 행정을 잘 한다고 하더라도 그들의 지방 체류는 체류에 따르는 물자 징발로 인해서 값비싼 경비가 들었다. 국왕은 이런 문제점을 알고 관리들을 불신했다. 이런 상황이 국왕이 예속민에 대한 영주의 책임을 바탕으로 강력한 질서를 구축하려고 기꺼이 노력했던 이유였다. 어쩌면 공권면제권 제도에는 오늘날 정부와 몇몇 거대 기업주가 맞서 있는 상황과 닮은 점이 있다고 할 수 있다. 정부가 기업주에게 "정부는 노동자들이 질병, 노령, 재해에 직면한 경우에 보호해 주고자 한다"라고 말하면, 기업주들은 다음과 같이 응답한다. "그에 대해서는 동감하지만, 우리가 원하지 않는 것은 정부의 감독관, 곧 관리다. 우리는 우리 스스로가 우리의 할 일을 다할 것이다. 그렇게 하면 정부에게도 노력과 비용이 덜 들게 될 것이다." 이와 같은 상황에서 오늘날과 다른 점이 있다면, 카롤링 국가는 대기업주들의 관점을 받아들였다는 것이다.

한편, 공권면제권을 부여받았다고 해서 그 특권이 적용되는 영지가 원칙적으로 국가행정상의 책무를 면제받은 것은 전혀 아니었다. 이 경우에는 국왕의 행정업무 대리인이 단지 영주였을 뿐이다. 따라서 카롤링왕조 시대에는 매우 중대한 소송 곧 공공질서와 관련된 소송사건에 대해서는 여타의 사람과 마찬가지로 공권면제권을 향유하는 영주조차도 그에 관한 재판권을 행사하지 못한다는 것은 일반적으로 받아들여졌다. 영주는 중대한 사건을 전담하는 재판소에 그의 영지 주민의 출두를 책임져야 했다. 그렇지만 국왕은 어쨌든 공권면제권을 향유하는 영주에게 재판권의 일부를 양도해 주는 것이 더 낫다고 판단했다. 그것은 곧 적어도 영주의 예속민 사이에 발생하는 '덜 중요한' 소송사건에 대한 재판이었다. 다른 측면에서 보면 국왕은 이런 특권을 부여하면서 실로 기존의 상황을 인정하고 제도적으로 정리하려고 했을 뿐임을 지적해 둔다. 사실 오래전부터, 심지어 로마제국 말 이후부터 '세력가'(puissant)들은[5] 그들의 영지에서 그들의 보호 아래 있던 모든 예속민에 대해 준(準)사법권을 행사했다. 이와 같은 기존의 사법권은 정부의 승인 아래서 그리고 국왕의 지침을 바탕으로 만들어진 규정에 따라서 행사되는 편이 더 낫다고 생각되었다. 공공재판소가 '중대한' 사건을 관할하고 있었으므로, 이런 현실을 인정함으로써 국왕의 공권 행사에 얼마간의 한계가 설정될 수 있었다.

그런데 중세에 재판권의 역사와 관련해 중요한 사실은 9세기 이후 공적인 재판이 실질적으로 완전히 사라졌다는 점이다. 여기서 단지 우리의 관심을 끄는 중요한 사실은 카롤링왕조 시대의 재판 제도의 흔적이 많이 남아 있지 않다는 것이 아니라, 다음과 같은 점들이라고 할 수 있다. 첫째, 상급재판권이라고 불린 중대한 형사사건에 대한 재판권은 9세기 이후 다수의 영주가 관할했다. 둘째, 하급 재판권이라고 불린 낮은 수준의 소송사건에 대한 재판권은 모든 영주가 행사

---

5) 여기에서 '세력가'란 중세 라틴어 사료에서 '포텐스'(potens)라고 불린 것으로, 중세 초기의 문헌기록에 빈번히 나타난다.

했다. 셋째, 자유인과 부자유인에 대한 재판상의 그 어떤 엄격한 차별도 이제는 존재하지 않았다. 사실 영주는 그가 상급재판권을 가졌든 그렇지 않았든 언제나 자신의 농노에게 형사재판권을 행사했지만, 이제는 신분상 자유인인 예속인도 농노와 동일한 재판소의 관할 아래 놓이게 되었다. 그래서 우리가 제기할 수 있는 단 하나의 문제는 농노와 자유인 신분의 예속민이 영주에게 직접 재판을 받았는지, 또는 그의 대리인에게 재판을 받았는지, 아니면 그들 자신과 같은 신분으로 구성된 재판관들에게 재판을 받았는지, 그리고 영주나 그의 대리인이 단순히 심리과정의 주재자나 판결의 집행인으로서의 역할만 담당했는지를 아는 것이다. 다른 말로 하면 이 점과 관련해서, 주지하다시피 그들의 동료에게 재판을 받던 그 전의 자유인이 누린 재판상의 지위가 장원예속민 전체에 적용되었는지, 아니면 주인에게만 재판을 받던, 보다 정확히 말해서 처벌을 받던 예전의 노예가 처한 재판상의 지위가 장원예속민 전체에 적용되었는지가 문제일 수 있다. 사실 관습법은 오랫동안 어떻게 처리해야 할지를 모르고 갈팡질팡하다가, 이 문제를 곳에 따라 달라진다는 관점에서 결말을 지었다. 시간이 지난 후 신분에 관한 법이 확립되었을 때, 다시 신분의 차이에 따라 재판방식이 구분되었다. 어쨌든 이론상으로는 그랬다. 왜냐하면 구체적인 현실에서는 흔히 서로 달랐기 때문이다. 그러나 그렇기는 했지만, 신분의 구분기준이 예전보다도 훨씬 더 높게 설정되어 소수의 사람만이 자신과 같은 신분의 사람들에게 재판을 받을 권리를 가지게 되었다. 이들이 기사 계급인 귀족이었다. 토지보유농민에 대한 재판권은 그들의 영주만 갖는 것으로 이해되었다.

그렇지만 이론적으로는 국왕이 그의 백성에 대한 최고의 재판관으로 남아 있었으며, 누구나 최종적으로 가장 우월한 자는 국왕임을 잘 알고 있었다. 오랫동안 국왕의 역할은 왕국의 최고위층까지 포함하는 그의 직접적 봉신들 사이의 소송사건과 또한 당연한 일이지만 왕령지에 거주하는 사람들 사이의 소송사건에 대해서만 판결을 내리는 데에 한정되었다. 그 후에 점차 국왕의 재판권은 왕국 전체 사회로 확대되어 나갔다. 그러나 국왕재판소에 의한 사법권 장악이 어떻게 이루어졌는지를 분명하게 이해해야 한다. 확대과정에 대한 이해는 우리가 지금 고찰하고 있는 문제에 비춰봤을 때 중요한 관심사이기 때문이다. 국왕의 이런 사법권 장악은 비교적 뒤늦게 이뤄졌으며, 대체로 13세기 이전에는 시작되지 않았다고 할 수 있다. 또 국왕의 사법권 장악은 완만히 진행되었으며, 무엇보다 전체적인 기획도 문서화된 입법 조치도 없이, 말하자면 여기저기서 조금씩 이뤄졌다. '국왕재판소가 담당하는 소송사건'을 규정하기 위한 어떤 법령의 제정도 전혀 없었다. 점진적으로 적용되고 확대된 몇몇 원칙에서 출발함으로써, 결국 관례만이 국왕재판소의 소송사건을 규정했다.

비교적 중요한 두 가지 원칙은 다음과 같다. 나는 이 두 가지 원칙이 머지않아 시행되었음을 알기 때문에 여기에 인용한다. 첫째는 공공질서에 관련된 것은 모두 국왕이 재판하거나 적어도 국왕이 공공질서에 관한 모든 소송사건을 관장할 수 있다는 것이다. 둘째는 국왕은 정의로운 재판의 수호자이므로 영주재판의 항고사건을 수리(受理)할 수 있고 수리해야 한다는 것이다. 여기에서 당시에 항고라고 부른 것을 잘 이해해야 한다. 당시의 항고는 오늘날처럼 이미 재판을 받은 소송사건을 보다 큰 법률적 권능을 갖추고 있다고 생각되는 다른 재판관 앞에서 재심하는 것이 아니었다. 동일한 재판 관계자 사이에서 재심하는 것은 가능하지 않다고 생각되었기 때문이다. 다만 불만이 있는 소송인은 "나의 재판관인 영주는 고의로 나를 불공평하게 다루었다"라고 하거나 아니면 "재판관은 나의 말을 청취하기를 거절했다. 그래서 나는 그를 비난하고 고소한다"라고 말할 수 있었다. 누구 앞에 고소하는가? 물론 그의 영주의 영주 앞으로, 다른 말로 하면 국왕 앞에 고소했다. 이것은 사실 오늘날 우리가 재판관기피 소송이라고 부르는 것이다. 그렇지만 오늘날은 재판관기피 소송이 극히 드물다. 영주재판을 거부하고 국왕에게 항고하는 것은 몹시 위험스런 소송인데도 상급재판소에 소송을 다시 제기하는 결과를 낳았다. 이런 원칙이 적용되어 효력을 발휘할 수 있었던 것은 국왕의 관리들이 영주재판권을 잠식했기 때문이다.

이제 우리에게 대단히 중요한 문제를 제기해 보자. 영주에 대한 의무이행의 문제든 영주에게 분양받은 토지의 보유 문제로든 영주와 이해관계 다툼을 벌이는 어떤 토지보유 농민 ─ 빌렝이든 농노이든 상관없이 ─ 이 있다고 하자. 국왕은 이런 영주와 농민 사이의 문제에 개입할 수 있었을까? 한동안 그 문제에 대한 개입은 불가능하며 당시의 사회질서에 반(反)한다고 생각되었던 듯하다. 그런데 이상하게도 그 점과 관련해서 우리가 살펴보게 될 영국의 발전을 지배한 이론과 갖가지 측면에서 유사한 이론이 프랑스에서도 나타났다. 성 루이 왕과 친밀한 관계를 유지했고 그가 통치할 때 고위 관직을 역임했던 인물인 피에르 드 퐁테느는 『친구에 대한 조언』(*Conseil à un ami*)이라고 그 스스로가 제목을 붙인 법률에 관한 일종의 개론서에서 "우리의 관습에 따르면, 자네와 자네의 빌렝 사이에는 하나님 외의 다른 재판관은 존재하지 않는다"라고 쓰고 있다.[6] 성 루이 왕의 시절에 국왕이 그의 재판권을 규정하는 법률을 공포할 생각을 했다면, 재판권 발전의 전체 진행방향을 바꿔 놓았을지도 모르는 앞의 말과 같은 글귀를 삽입했을 가능성이 크다. 그렇지만 그런 종류의 법률은 실재하지 않았다. 농노와 비농노를 전혀 구별하지 않은 채 국왕의 재판

6) A. J. Marnier, éd., Paris, 1846, 제XIX장, p. 225.

권이 빌렝과 그의 영주 사이에 슬며시 끼어들기 시작했다. 완전히 그렇게 된 것은 아니었다. 빌렝이 공납을 이행하지 않았을 경우에 이런 위반을 재판하는 사람은 여전히 영주였기 때문이다. 그러나 영주가 이 정도로 그치지 않고 전에 없던 의무의 이행을 요구하거나 무엇보다 관습에 의해 빌렝의 세습적인 점유가 인정되어 있는 토지를 빼앗으려고 하는 경우가 있었다. 어쨌든 이런 것이 빌렝이 영주를 고소했던 이유인데, 그럴 권리가 없는 사람이 무엇보다 토지의 점유를 방해하고 토지에서 어떤 것을 빼앗으려 하는 것은 결국 폭력행위이며 공공질서를 어지럽히는 것이었다. 이와 같은 행위는 직접적으로든 적어도 항고의 형태로든 근본적으로 이런 질서의 수호자인 국왕의 소관사항이었다.

나는 국왕재판권의 이런 발전과정에서 점점이 나타나는 갖가지 판결을 서술하지는 않겠다. 상세한 자료수집이 되지 않았기 때문이라고 말할 수도 있을 것이다. 내가 이 점을 의당 염려하고 있다는 것은 사실이다. 그러나 진실된 이유를 밝힌다면, 그 문제는 제대로 연구되지 않아서 그 발전의 정확한 과정을 내가 묘사하기가 상당히 어렵다는 것이다. 아무튼 결과만이 우리에게 중요하며, 그 결과는 다음과 같이 명백하다. 농민이 보유지에 대한 상속권을 가지는 것은, 그 농민이 농노이든 단순한 빌렝이든 간에 장원 전체의 관습에 부합하는 것이 되었다는 사실이다. 그렇지만 우리가 뒤에 보게 되는 바와 같이 중세 말경에 영주가 많은 경우에 이런 관습을 따르지 않는 게 유리해졌을 때, 이런 관습이 영주에게 충성하는 장원재판소에서만 적용되었다고 한다면 그런 관습은 소용없는 것이 되었을 위험이 있었다. 그러나 그렇지 않았다. 그때 빌렝은 그의 토지를 보호하기 위해 국왕재판소를 이용할 수 있었다. 국왕은 빌렝의 토지를 보호했던 것이다.

2. 영국의 재판권 변화추이와 장원농민

이제 영국의 경우를 살펴보자. 노르만왕조의 국왕들은 영국에 도 착했을 때 무엇을 발견했을까? 우리가 여러 번 지적한 바 있는 프랑 스와의 발전의 시간차로 말미암아, 그들은 영국에서 그 대체적인 윤 곽이 카롤링왕조 시대 갈리아의 재판 제도와 상당히 유사한 제도를 발견했다. 즉 자유인의 재판소는 자유인을 재판하고 ── 영국에는 서 로 중첩되고 그 재판관할권이 상당히 잘못 구분된 주와 면 수준의 두 가지 재판소가 있었다 ──, 노예는 그들의 주인에게 재판을 받았다. 그리고 또 영주가 그의 투탁자에게 실제로 행사한 재판권인 사적인 재판권의 매우 큰 발전이 있었으며, 몇몇 중대한 소송사건을 제외한 재판권이 국왕들에 의해 교회기관과 세속의 세력가에게 부여되어 있었다. 다수의 면(面)이 이와 같이 영지화되어 있었으나, 프랑크 국 가의 공권면제권과 같은 이름은 없었다.

프랑스의 재판 제도에 비견될 만한 변화과정을 영국에서 목격할 수는 없다. 왜냐하면 한 가지 요인이 매우 달랐기 때문이다. 노르만 왕조에 이어 앙주왕조가[7] 장악했던 왕권은 말기의 카롤링왕조와 초 기의 카페왕조의 수중에 있던 왕권보다 훨씬 더 강했던 것이다. 왕 권이 강력할 수 있었던 것은 근본적으로 노르만인의 정복 때문이었 다. 더욱이 영국의 국왕들이 된 노르망디 지방의 공작들은 그들이 태 어났던 공국에서 막강한 재판권을 행사하는 데 익숙해 있었다. 그래 서 그들은 새로운 왕국에서 노르망디에서와 같은 권력을 행사하고 자 했다. 윌리엄 정복왕과 그의 직계 왕들이 구축한 국왕의 강력한 사법권은, 윌리엄 정복왕의 외손[8]으로서 영국의 국왕인 동시에 앙

---

7) 플랜태저넷(Plantagenet)왕조를 가리킨다.
8) 정확하게는, 윌리엄 정복왕의 손녀의 아들이다.

주 백작이고 노르망디의 공작이며 혼인을 통해서 아키텐의 공작이 기도 했던 플랜태저넷왕조의 헨리 2세에[9] 의해 주로 완성되었다. 헨리 2세는 당시 유럽에서 가장 강력한 군주 가운데 한 사람이자 중세사에서 가장 큰 관심을 끄는 인물들 가운데 한 사람이다. 그는 열정적이었고, 쉴 줄 몰랐으며, 행동거지에 신경 쓰지 않았다. 한편으로는 난폭했고, 색을 밝혔으며, 그 일생을 끊임없는 가정적 비극 속에서 보냈다. 또 그는 호전적이었으나 학식 있는 왕이었으며, 상서청 (尙書廳, chancellery)에서[10] 법률이나 관습의 조항을 결정하는 문제가 생겼을 때는 자문을 받을 정도로 유식한 법률가이기도 했다.

이와 같이 노르만인이 영국을 정복하고 지배하면서 재편된 사법제도 가운데, 나는 물론 여기에서는 우리의 문제와 관계되는 것만을 언급하고자 한다.

첫째, 자유인의 재판소, 특히 주의 재판소는 유지되었다.

둘째, 그러나 자유인 재판소의 권위는, 중앙재판소 형태를 띠었든 순회판사 형태를 띠었든 간에 재판방식이 기본적으로 배심 제도로 되어 있던 국왕재판소에 비하면 약화되었다.

셋째, 사실상 국왕재판소가 관할하는 소송사건의 확대, 특히 반역

---

9) 플랜태저넷왕조의 창시자로, 생존기간은 1133–89년이고 재위기간은 1154–89년간이다.

10) 'chancellery'이란 'chancellor의 관청'이라는 뜻이다. 'chancellor'는, 로마제국에서 단순히 법정의 관리라는 뜻을 지녔던 'cancellarius'라는 말이 에드워드 참회왕 때 프랑스에서 영국으로 전래되어 노르만왕조 아래서 국왕 공문서의 작성과 관리, 왕명의 출납, 옥새의 보관, 사법적 기능의 수행 등을 담당하는 중요한 관리가 된 사람을 뜻하는 말이다. 곧 상서청장이라고 할 수 있다. chancellor는 이에 그치지 않고 귀족원인 상원의 의장이 되는 등 왕국의 최고위 관리가 되었다. 그러나 그는 무엇보다 대법관이 되어 모든 치안판사를 임명하는 사법부의 최고 수장이 되었다. 그래서 chancellery는 대법관청 또는 형평법 대재판소라는 뜻도 지니게 되었다.

죄 사건에 대한 관할권 확대로 모든 중대한 형사사건은 국왕이 관장하게 되었다.

넷째, 국왕은 여러 가지 방법을 이용해서 자유보유지와 관련된 대부분의 소송을 자신이 장악했다. 장악방법에는 공소제기(公訴提起, saisine), 국왕의 명령 없는 상속재산 법정점유 소송의 개시 금지, 토지보유자에게 장원재판소에서 관례적으로 행해지던 재판방법인 결투(決鬪)를 불허하고 국왕재판소에서만 시행되던 배심원단에 의한 심리를 청구할 수 있게 하는 것 등이 있었다.

우리는 이와 같은 영국의 사법 제도 속에서 앵글로색슨사회 고유의 몇몇 특성 외에도 프랑스에서 우리가 익히 보던 원리가 작용하고 있음을 보게 된다. 그러나 프랑스와는 다음과 같은 차이가 있었다.

첫째, 법령과 관련해서는, 이 시대에 영국에서는 성문법 체계가 지배적이었던 데 비해 프랑스에서는 관습법이 지배적이었다.

둘째, 영국사회의 이와 같은 법제적 측면에서의 이례적인 조숙한 발전은 그 대가를 치렀다. 국왕은 영주들 사이의 관계와 영주의 지배 아래 있는 대다수 농민들 사이의 관계에 간여할 수도 없었고 아마도 간여하고 싶어 하지도 않았을 것이다. 그러면서도 국왕은 영주가 그의 영지에 사는 사람이 저지를 수 있는 범죄를 재판하도록 내버려둘 생각이 없었으며, 또한 영주가 그의 영지 주민에 대해서 무제한적인 형사재판권을 행사하도록 방치해 둘 생각도 없었다. 그러나 공납의 부과와 부담에 관한 소송사건이나 토지의 보유와 관련된 소송사건 같은 것은 모두 영주의 관할로 남게 되었다.

장원농민에 대한 재판관할권을 이와 같이 구분하는 원칙은 이해하기 쉽지만, 세부적으로 어떻게 구분되었는지를 말하기는 어렵다. 그러나 다만 본드맨에게는 이런 원칙이 그대로 적용되지 않았다. 이것은 농민보유지 보유자층 가운데 엄청난 부분이 국왕재판소의 관할에서 제외되었음을 의미한다. 빌런 가운데도 영주에게 가장 단단히 속박되어 있던 농민보유지 보유자가 영주에 대한 강한 예속성으로 말미암아 국왕재판소의 관할 대상에서 제외된다는 법 해석이 확립되었다. 이런 법 해석은 다음과 같이 영국 농촌사회의 전체 역사에 극히 중대한 영향을 미칠 수밖에 없었다.

우선 이런 법 해석으로 자유인과 예속인 신분에 대한 개념이 전면적으로 수정되게 되었다. 공공재판소의 관할 대상이 아니라는 것과 부자유인이라는 것은 일치하지 않았던가. 그래서 그런 기준에 따라서 공공재판소의 관할을 받지 않는 옛 노예의 후손과 '나티프'(natif)[11] 및 예전의 빌런이 부자유인이라는 동일 부류에 속하는 것으로 혼동하는 일이 벌어졌다. 여전히 그들 사이에는 차별적 특성이 잔존했으나, 그런 차이는 이제 부차적이었다. 헨리 2세의 칙령에 따르면, 프랑스사회의 농노가 수행한 의무와 비슷했던 나티프 특유의 의무 가운데 많은 것이 비교적 강력한 왕권으로 인해 토지에 보다 단단히 묶여 있던 빌런에게도 적용되게 되었다. 「대헌장」(Grande Charte)에서[12] "어떤 자유인도 그 지방의 법에 따라 그의 동료들에 의한 적법한 재판절차를 거치지 않고는 체포되거나 투옥되지 않으며 또한 그의 재산을 몰수당하지 않는다……"는 조문은[13] 빌런에게는 적용되지 않았다.

그러나 누가 빌런이고 누가 빌런이 아닌지 구체적으로 구별하기가

---

11) '출생농노'라는 뜻으로, 본드맨을 가리킨다. 제2부 제2장 서문 참조.

12) 존(John, 1166-1216) 왕이 1215년 6월에 귀족의 압력으로 귀족의 권리를 중심으로 해서 국민의 권리와 자유를 인정한 '대헌장'(Magna Carta)을 말한다. 전문(前文)과 63개조로 구성되어 있다.

13) 제39조. C. Bemont, *Chartes des libertés anglaises*(Coll. de textes pour servir à l'étude et à l'enseignement de l'Histoire, 제12권, 1892), p. 33쪽 참조.

대단히 어려웠다. 이런 구별의 기준은 판례를 통해 확립되어 나갔다. 가장 자주 사용된 기준 가운데 하나는 부역노동이었다. 그렇지만 이 경우에 부역노동이라는 기준이 적용되는 대상은 토지보다도 오히려 사람이었다.

다음으로 토지를 사람과 구별해야 했다. 1217년 이후 "어떤 자유 인도 그의 자유보유지를 몰수당해서는 안 된다……"라고 한 「대헌 장」 제3조의 수정 조문은 그런 구별이 불가피함을 보여준다.[14] 토지 에 대한 새로운 개념의 도입이 불가피했던 것이다. 경작부역은 미리 일정하게 규정되어 있지 않다는 불확실성을 특징으로 한다. 즉 "(빌 런은) 내일 아침에 해야 할 일을 그 전날 저녁에 알지 못한다"는 것이 다. 등본보유지(copyhold)라는 농민보유지의 개념……[15]

---

14) 같은 책, p. 55.
15) 이 대목은 제대로 서술되지 못하고 미완성 상태로 남아 있다. 마르크 블로 크, 한정숙 옮김, 『봉건사회』(*La société féodale*, 개정번역판: 한길사, 2001), 제I권, 603-606쪽 등을 참조할 때, 블로크가 여기서 말하고자 한 것은 다음과 같은 것이 아니었나 생각된다. 장원농민에 대한 재판관할권의 경계선이 국왕과 영 주 사이에 설정되면서, 부자유인이란 국왕재판소에 의한 보호를 받지 못하고 오직 영주재판권의 지배만을 받는 사람이라고 규정되었다. 그러나 한편 토지 재산의 유동성 때문에 사람의 신분과 토지의 신분이 일치하지 않는 경우가 점점 잦아짐에 따라 부자유인 신분의 보유지와 자유인 신분의 보유지를 구 별할 필요성이 생겼다. 그리하여 부자유인의 보유지란 국왕재판소에 의해 그 보유권을 보호받지 못하는 농민보유지라고 하는 규정이 나타나게 되었다. 이 런 부자유인 신분의 농민보유지는 중노동과 불확정성을 특징으로 하는 경작 부역과 기타 인두세 등 불명예스러운 부담을 이행해야 할 의무가 따르는 토 지이다. 그런 농민보유지가 바로, 장원재판소의 토지대장에 등기되어 그 등 본에 의해 보유됨으로써 장원의 관습과 영주의 자의에 지배되는 농민보유지 인 등본보유지라는 개념이다.

제3장 장원 경제구조의 변동

　우리는 앞에서 여러 장을 다루면서 우리의 관심사가 되는 문제가 무엇인지를 기억하고 있다. 그것은 프랑스사회와 영국사회가 대조적인 모습을 보인다는 사실이다. 즉 영국에서는 대토지소유가 극히 우세했던 데 비해, 프랑스에서는 대토지소유가 중소규모의 토지소유와 병존했다. 이런 대조적인 현상을 어떻게 설명할 것인가? 또한 우리는 바로 앞에서 말한 내용의 결론을 기억하고 있다. 프랑스에서는 농민이 그가 경작하는 토지에 대해서 가지는 권리가 중세 말부터 몹시 강했다. 왜냐하면 토지의 세습적 성격을 인정하는 프랑스의 관습이 국왕재판소의 지지를 받고 있었기 때문이다. 그에 반해 영국에서는 농민의 다수가 중세에 장원재판소 외에는 달리 호소할 데가 없었다. 그리하여 농민은 토지에 대해 프랑스만큼 강력한 권리를 획득하지 못했거나 유지하지 못했다.

　그러나 이런 법적인 변화과정을 밝혀냈다 하더라도, 우리는 우리가 자세히 살펴보고자 했던 프랑스와 영국의 토지소유상의 대조적인 현상을 아직도 충분히 설명하지 못했다. 보다 정확히 말하면, 우리는 영국의 농민이 쉽사리 토지를 몰수당할 수 있었다고 분명히 설명했으나, 오늘날 영국을 뒤덮고 있는 대토지소유를 조직한 유력 인사들이 왜 많은 농민에게서 토지를 빼앗는 것이 유리했는지에 대해서는 전혀 설명하지 않았던 것이다. 그리고 우리는 왜 프랑스에서 중소규모의 농민적 토지소유가 강인한 생명력을 지닌 채 존속하면서도 한편으로는 귀족적 또는 부르주아적 대소유지 역시 형성되었는지에 대해서도 설명하지 않았다. 그 원인에 대한 우리의 탐구를 완성하기 위해 살펴봐야 할 것은 분명히 이제 다른 차원에서의 현상이다. 즉 이번에는 법적이라기보다도 오히려 경제적인 차원의 현상이다. 우리는 또 다시 프랑스부터 시작할 것이다. 왜냐하면 여기에서 다시 한번 경제적 변화가 훨씬 더 순수하게 진행되었기 때문이다.

1. 부역과 공납의 변화

이미 앞에서 나는 카롤루스 대제와 루이 경건왕의 시대에서 루이 6세와 필립 근엄왕 및 성 루이왕 시대에 이르는 시기의[1] 장원제 역사는 깊은 안개에 싸여 있다고 말한 바 있다. 우리가 가지고 있는, 특히 장원의 내부 제도에 관해 정확하게 알려 주는 상당히 많은 문서, 즉 영지명세장들이나 장원 주민에게 수여된 관습에 관한 특허장들을 다시 좀 더 자세히 살펴볼 때, 우리는 12-13세기에 장원주민에게 부과된 부담이 9세기와는 매우 큰 차이가 있음을 확인할 수 있다.

농민의 부담이 전체적으로 경감되었다고 말해서는 안 된다. 그와는 반대로 새로운 부담이 많이 생겨났다고 말하는 것이 옳다. 이를테면 영주의 시설물 강제사용료(banalités),[2] 즉 농민이 말할 것도 없이

---

1) 루이 경건왕은 카롤루스 대제 다음의 왕으로, 재위기간은 814-840년이다. 성 루이왕의 재위기간은 1108-37년이다.
2) 중세의 라틴어 사료에서는 'bannalia'라고 했다.

사용료를 지불하고 영주의 물레방아로 자신의 곡식을 빻을 의무, 흔히 영주의 빵가마를 사용해 자신의 빵을 구울 의무, 자신의 포도를 영주의 포도압착기로 짤 의무, 프랑스 남부 지방에서 농민이 곡식의 낟알을 떨 때, 곧 곡식의 이삭에서 낟알을 분리할 때 — 남부 지방에서는 도리깨가 사용되지 않았다 — 영주가 제공하는 말들이 곡식을 짓밟게 해서 타작할 의무 등에 따른 부담이 새로 부과된 것이다. 그이름이 가리키는 바와 같이 이 시설물 강제사용료는 영주의 고권(高權, ban),[3] 즉 명령권의 산물이다. 이 고권은, 오랫동안 국가권력이 무력한 가운데 영주의 권력과 특히 그가 사점(私占)해 행사하던 매우 광범위한 재판권의 행사를 강화시켰다. 그리고 또 영주들은 그들의 예속민에게 바로 '부조'(aide)[4] 또는 '타이유'(taille)라는[5] 이름으로 불린 부조금을 관습적으로 상당히 자주 징수했다. 이것은 처음에는 보통 선물이라는 명예로운 이름으로 위장된 특별한 형태의 단순한 부조 — 가끔 '드망드'(demande)나[6] '케스트'(queste)로[7] 불렸다 — 였으나, 점점 더 자주 아예 강제적으로 징수되는 추세를 보였다. 이와 같은 강제적 부조금 외에도 여타의 여러 가지 공납이 추가로 상당히 자주 징수되었지만, 그런 부담을 여기에 일일이 열거한다면 많은 지면을 차지할 것이다.

---

3) 원래 국왕만이 행사하던 최고 권력으로서, 어떤 행위에 대해서 명령·금지·강제·처벌할 수 있는 포고권, 재판권, 치안유지권, 입법권, 군대동원권, 축성권(築城權), 시설물 사용강제권 등 광범위한 권력으로 구성된다.
4) 원래 중세 라틴어로는 'adjutorium'이라고 불렸으나, 13세기 중엽부터는 'aide'라고도 쓰이기도 했다.
5) 중세 라틴어로는 'talliata', 'taliata', 'tailleta' 등으로 불렸으나, 12세기 무렵부터는 'taille'라고도 불리게 되었다.
6) 중세 라틴어로는 'demanda'라고 한 것으로, 원래는 '요구'라는 뜻이다.
7) 중세의 라틴어로는 'quaestus'로, '구해 취득한다'는 뜻이다.

마지막으로 거의 모든 영주는 십일조 수입을 착복했다. 십일조는 원칙적으로는 기독교 신도들이 교회에 납부해야 하는 현물세였다. 기독교는 십일조에 대한 착상을 모세의 율법에서 도출했으며, 처음에는 십일조가 단순한 도덕적 의무였다. 그 뒤 카롤링왕조 초기의 왕들은, 아마도 피핀 단신(短身)왕[8] 때부터 십일조를 모든 신도에게 부과되는 법률상의 의무로 만들었다. 그러면서 십일조의 초기 사용목적은 급속히 잊혀졌다. 수확물에 부과되는 십일조는 물론 본당사목 구별로만 징수되었다. 그러나 원칙적으로는 적어도 그 일부가 주교와 주교구 내의 성직자들에게 상납되어야 했다. 그런데 본당교회는 분명 그 마을을 단독 지배하는 영주의 비용이나 복수로 지배하는 영주 가운데 한 사람의 비용 부담으로 건립되었기 때문에, 그 건립 영주의 소유가 되었다. 카롤링제국이 와해된 뒤의 사회적 할거상태를 이용해 영주들은 늘 십일조 전부를 독점한 것은 아니었지만 대부분의 십일조를 독차지했다. 이런 십일조의 많은 부분은 특히 11세기부터 교회기관들에 반환되었던 것이 사실이다. 그러나 기독교회는 반환되는 십일조가 그 전에 세속인이 횡령했던 것임을 인식하지 못했다. 11세기에 기독교계가 교회기관에 대한 세속인의 간섭에 대해서 격렬한 저항 — 이것이 우리가 그레고리우스의 개혁이라는 이름으로 알고 있는 운동이다 — 을 감행했을 때, 이런 열정적 분위기에 감동받고 지옥의 공포에 민감했던 다수의 영주는 십일조가, 전통적으로 구원을 갈구하는 사람들이 하느님에게 봉사하는 사람들에게 관례적으로 행해 온 기부행위에 가장 적합한 형태임을 알게 된 것이다. 그렇지만 영주들이 자신들이 점유했던 십일조를 반환하려는 뜻을 표명했던 대상은 본당의 교회들이 아니었다. 이런 교회들은 명성이

---

8) 재위 751~768년.

높지 않았기 때문이다. 그들은 규모가 큰 종교단체, 특히 수도원에 많이 기부하고 싶어 했다. 그 곳에는 후원자에게 바치는 기도가 하느님에 대해 큰 효험이 있다고 생각되는 경건한 고행승들이 살고 있었던 것이다. 또 거기에는 당대의 사람들이 그렇게도 큰 은총을 기대해 마지않던 성유골들이 보관되어 있었다. 그렇지만 사실 십일조의 기부는 그처럼 지상에서 성인들의 대리인에 지나지 않는 수도사들에게 행해졌다기보다 수도사들의 수호자인 성인들에게 바쳐진 것이었다. 사람들은 성인에게서 하느님에게 다가갈 수 있는 훌륭한 중개자를 발견했기 때문이다. 따라서 큰 교회기관은 본래부터 소유하고 있던 영지 외에도 이런 십일조 반환과 여러 가지 십일조 취득을 통해 막대한 액수의 십일조 수입을 손에 넣었다. 그렇지만 십일조는 교회기관의 소유가 되었든 세속인의 소유가 되었든 간에 영주의 막대한 전체 재산 가운데 여전히 중요한 일부를 이루고 있었다.

이 모든 부담은 실로 매우 무거웠다. 그러나 9세기에 비해서 13세기에 유달리 축소된 듯한 종류의 의무가 있었다. 그것은 부역이었다. 그 중에서도 특히 경작부역이었다. 여기에 몇몇 통계수치를 인용해 보자. 샹파뉴 지방에 위치한 벤(Beine) 장원에 관해서는, 랭스 소재 생르미 수도원의 수도사들이 소유하고 있던 때인 9세기 중엽에 작성된 영지명세장이 전해지고 있다. 이에 의하면 농민보유지를 보유한 각 농민은 영주직영지 가운데 밭 하나의 크기가 대략 90아르 정도 되는 두 개의 밭을 경작할 의무가 있었다. 이렇게 할당된 토지경작 외에도 자유인망스를 보유한 농민의 경우에는 영주직영지의 나머지 부분에서 6일간의 갈이질 작업과, 15일간의 포도수확 작업, 그리고 기간이 명시되지 않은 여러 가지 부역을 수행할 의무가 있었다. 노예망스를 보유한 농민의 경우에는 "그들에게 명령되는 모든 작업을"[9] 수행해야 했다.[10] 그 후에 수도사들은 이 장원에 속하는 마을과 토지의 일부를 세속인들에게 양도했다. 이것이 프레카리아라고 불린 것이었다. 그런데 1272년의 한 문서에 의하면 세속인들에게 양도된 토지에서 부역은 일정하게 고정되었다. 이제는 도급제로 일정한 영주직영지 면적을 경작하던 부역은 부과되지 않았으며, 부역은 연간 4일 내지 5일로 축소되었다. 대폭 축소된 이 부역은 봄이나 가을에 2일간의 갈이질 작업, 1일간의 거름운반 작업, 초지에서 1일간의 풀베기 작업으로 이루어졌다. 이 마지막 풀베기 작업은 경우에 따라서는 1일간의 건초 말리기와 1일간의 포도수확 작업으로 대체되기도 했다.

파리 인근의 티에 장원에서는 카롤루스 대제 시대에 영주직영지 내의 일부 곡물경작지와 포도밭은 농민보유지 보유자의 부역으로 경영되었다.[11] 그러나 그 장원은 1250년에는 여전히 생제르맹데프레 수도원이 소유하고 있었지만, 이제는 카롤루스 대제 시대와 닮은 흔적은 찾아볼 수 없었다.[12] 카롤루스 대제 시대에는 자유인망스의 경우에 제반 부역이 일반적으로 일정하게 정해져 있었으며 — 이에 비해 노예망스의 경우에는 영주의 자의에 맡겨져 있었다 — , 연간 총 부역부과 일수는 156일이었다. 그러나 1250년에는 농민보유지 보유자 가운데 가장 큰 부역부담을 진 농민의 경우에도 부역기간이 10일에 지나지 않았다. 사실은 1개의 망스에 그 보유자의 수가 종종 1명 이상이었으므로 망스당 보통 2명의 세대주가 있었다고 가정하면, 도급제 경작부역을 계산에서 제외하더라도 카롤루스 대제 시대에 비해서 부역일수는 78일 대 10일의 비율로 줄었던 셈이다.

---

9) "Omne servitium sibi injunctum"(*Polyptyque de l'abbaye Saint-Rémy-de-Reims*, p. 60).
10) 같은 사료, pp. 59-62.
11) *Polyptyque de Irminon*, 제II권, pp. 151-164.
12) *Polyptyque de Irminon*, 제II권, 부록. pp. 387-391.

평균적으로 그렇다는 것이다. 어떤 곳에서는 부역이 완전히 사라졌는가 하면, 어떤 곳에서는 반대로 좀 더 많이 잔존했다. 그러나 이런 경우는 드물었다. 실제로 변한 것은 부역 일수만이 아니었다. 부역의 성격도 변했다. 이제 농민은 영주직영지를 경영하는 데 거의 필요하지 않았다. 다만, 농민은 앞에서 내가 농민의 부역의무로서 간략히 다뤘던 수송부역과 농번기 — 곡식의 수확과 포도수확 및 쟁기질이 있는 때 — 에 보충노동력으로서 경작부역에만 동원되었다. 이제는 장원의 농민이 영주직영지에서 정기적으로 일하지 않았다. 그리하여 그들의 생활에 놀라운 변화가 일어났다. 즉 농민에게는 전에는 공납보다 부역 부담이 훨씬 더 컸으나, 이제는 프랑스의 장원제가 종말을 맞을 때까지 농민은 부역보다는 공납 부담이 더 컸으며 공납 부담은 오랫동안 그들에게 무거운 짐이 되었다.

2. 영주직영지의 축소

그런데 부역의 축소라는 변화는 어디에서 기인하는 것일까? 그 변화 자체는 분명 다른 한 변화의 결과다. 부역이 감소한 것은 경작해야 할 영주직영지가 대폭 축소되었기 때문이다. 다른 말로 하면, 장원의 두 구성부분 즉 영주의 직접경영지와 농민보유지 가운데 전자가 대폭 축소됨으로써 자연히 후자가 크게 늘어났기 때문이다. 그 점은 간단한 설명으로도 이해할 수 있다. 부역노동력이 거의 없어진 상황에서 이전의 광대한 영주직영지 — 장원 전체 농지의 사 분의 일에서 절반 정도를 차지한다 — 가 어떻게 경작될 수 있었을까? 노예에 의해서 경작되었을까? 이제는 노예가 없었다. 그러면 임금노동자에 의해 경작되었을까? 사실 농업에서 임금노동 제도가 알려지지 않았던 것은 아니다. 그러나 그 수가 충분했을까? 시토수도회의 경우가 사실을 확인할 수 있는 좋은 실례가 된다. 11세기 말에 설립된 시토 수도회는 자체의 계율을 만들어 지대의 징수와 농노의 소유 및 농노와 유사한 다른 어떤 사람의 소유도 스스로 금지했다. 시토수도회의 본산인 시토 수도원이나[13] 레보드세르네, 포르루아얄, 리샬라당아르곤 등지의 모든 시토수도회 소재지에서 그런 독특성이 나타난다. 이것은 상당히 광대한 시토수도회의 토지가 직접 경영될 수밖에 없었음을 말해 주는 것이다. 시토수도회의 전성기에는 토지경작 노동을 하급의 수도사 곧 평수사들(convers)이 수행했으나, 일찍부터 농업 분야의 임금노동자 역시 많이 고용되었다. 그러나 시토수도회의 수도사가 광대한 토지에서 무엇을 했던가? 그들은 주로 목축을 했다. 임금노동자가 곡물경작을 할 만큼 충분하지 못했기 때문이다. 사실 11-12세기의 대대적인 개간활동이 있기 전에는 빈 땅이 대단히 많았음을 언제나 기억해야 한다. 빈 땅이 많다는 것은 대량의 농업프롤레타리아가 형성되기에는 불리한 조건이 된다.

그러나 영주직영지의 이런 축소에 관해서는 추측에 의존하지 않아도 된다. 우리에게는 직접적인 증거가 있기 때문이다. 12세기에 생드니 수도원의 수도원장 쉬제르는 우리에게 그의 경영활동에 관한 매우 귀중한 기록을 남겼다.[14] 그보다 뒤의 시기에는 지대징수대장들이 우리에게 남아 있다. 이들 사료에서 도출할 수 있는 결론은 아주 명백하다. 확실히 영주직영지 전체가 사라진 장원들이 있었다. 그러나 쉬제르같이 유능한 경영자는 이런 상태를 전혀 바람직하게 여기지 않았다. 그래서 영주직영지가 완전히 사라진 곳에서는 장원 경

---

13) 시토수도회의 본산인 시토 수도원은 프랑스 부르고뉴 지방의 삼림지대에 있다.

14) Lecoy de La Marche, éd., *Œuvres complètes de Suger*, Paris, 1867, pp. 155-209 의 "De Administratione sua" 참조.

영주가 영주직영지를 재조직하려고 애썼다. 그러나 이렇게 재조직된 영주직영지는 이제 그 전의 거대한 영주직영지와 닮은 점이 전혀 없었다. 재조직된 영주직영지는 일반적으로 보통의 농민보유지보다 더 컸으나, 그렇다고 해도 월등하게 크지는 않은 고만고만한 크기로 되어 있었다. 예컨대, 무아리에 있는 생모르 수도원의 영지에는 수도사들의 직영지가 곡물경작지만 약 14헥타르 남아 있었다. 그런데 같은 곳에서 9세기에는 수도사들이 약 130헥타르의 곡물경작지와 8헥타르의 포도밭 및 3헥타르의 초지를 직접 경영했다. 또 13세기에 생모르 수도원의 전체 영지 가운데 가장 넓은 영주직영지의 곡물경작지는 50-75헥타르였던 데 비해,[15] 9세기의 수도원 영지들에서 장원별 영주직영지의 크기는 수백 헥타르에 달했다.

더구나 면밀히 검토해 보면, 면적뿐 아니라 영주직영지의 성격까지 달라졌음을 확인할 수 있다. 쉬제르의 증언을 비롯한 여타의 여러 증언 역시 그런 변화를 잘 보여준다. 수도원의 유능한 경영자가 생각하는 영주직영지란 무엇이었을까? 우선 마을 안에 잘 건축되고 필요한 경우에는 요새화가 되어 있는 저택이 있었다. 여기에는 순방 중인 수도원장과 재산관리 업무를 맡은 수도사들이 묵었다. 이 저택에는 십일조와 생산물지대(champart)로 거둬들이는 곡물을 쌓아두는 창고가 딸려 있었다. 저택 주위에는 아마도 생산물을 무엇보다 우선적으로 소비하는 현지 관리인들을 위한 약간의 농경지가 있었으며, 특히 얼마 안 되는 특정 용도의 농토인 포도밭, 초지, 양어지(養魚池)가 있었다. 관리인이 소비할 포도주나 물고기는 구입하기보다 직접 생산하는 편이 더 나았던 것이다. 결국 이런 방법은 훌륭한 부르주아라면 농촌에 반타작(半打作) 소작지를 마련해 두는 것과 같은 것

---

15) Arch. Nat. L L 46. *Les caractères originaux*, 제I권, p. 102에서 재인용.

이다. 이상이 영주직영지의 전체 모습이다. 하여튼 비교적 오래전의
모습이 아직 남아 있었다. 그런데 13세기부터 중세 말까지는 영주직
영지가 규모 면에서는 비교적 큰 변화가 없었다. 그러나 점점 대영주
는 물론이고 일반 영주도 토지를 직접 경영하지 않게 되었다. 그들은
직영지를 기간을 정해 임대했다. 이것이 한시적 소작제(concession
à terme)였다. 이런 경영방식은 농민보유지 제도를 이용한 영주직
영지 경영과는 매우 달랐다. 무엇보다도 영주의 직접경영이 소작료
(rente)[16] 징수 방식으로 바뀐 것이다.

　이런 변화는 어떻게 진행되었을까? 그에 관해 우리는 잘 알지 못한
다. 그 대부분의 변화가 중세 가운데서도 우리에게 거의 알려지지 않
은 시기에 일어났기 때문이다. 그렇지만 우리는 다음과 같은 몇몇 사
실을 엿볼 수 있다. 농민에게 할당되어 그들이 책임지고 경작하던 영
주직영지의 농경지 부분이 농민보유지에 통합되었다. 영주직영지의
나머지 부분은 이따금 야심에 찬 봉신들에게 소규모의 봉토로 분할
되어 양도되었다. 이를 분급받은 봉신은 다시 이 토지를 곧바로 농민
들에게 농민보유지로 분양했다. 그래도 대부분의 영주직영지는 농
민들에게 분양되었다. 가끔 특이한 관례를 따르는 새로운 농민보유
지가 생성되기도 했다. 이를테면, 동쉐리쉬르뫼즈에서 과거에는 영
주직영지에 속하는 토지에 정착했으나, 영주의 재속대리인(在俗代理
人, avoué)이[17] 행사하는 재판권의 관할을 받지 않는 '나의 영주직영

---

16) 'rente'는 원래 지대라는 뜻이지만, 블로크는 이 책에서 노동지대를 제외한
　　생산물이나 화폐 형태로 된 지대라는 의미로 사용하고 있으며 특히 화폐지대
　　라는 의미로 사용하고 있다. 그래서 여기서는 rente를 이런 두 가지 의미를 포
　　괄하는 '소작료'로 번역한다.
17) 재속대리인이란 중세 교회기관의 영지에서 사법 및 군사 면의 권리대리인을
　　가리킨다. 중세의 라틴어로는 '아드보카투스'(advocatus)라고 했다. 그는 법
　　적·군사적 영역에서 특정 주교좌교회나 수도원을 대표하고 그 권리를 보호

지의 사람들'이 그런 사례다. 어떤 곳에서는 땅조각이 합쳐져 예전의 농민보유지가 새롭게 형성되기도 했다. 우리가 이용할 수 있는 문헌자료가 약간 남아 있는 프랑스 남부의 겔론 수도원[18] 영지에서는[19] 1070년부터 1153년까지 이런 식으로 형성된 일련의 농민보유지가 임대되고 있음을 우리는 상당히 추적할 수 있다. 또 13세기 중엽 파리 지역에서도 그런 예가 몇몇 나타난다.

한편 개간활동에 대한 연구는 우리에게 중요한 사실을 알려 준다. 영주가 대규모의 영주직영지를 조성하지 않으면서 광대한 땅을 개간하도록 장려했던 것이다.

이제 문제는 어떤 원인으로 영주직영지가 축소되었거나 사라졌는가 하는 점이다. 내가 조금 전에 상기시켰듯이, 영주직영지의 축소라는 결과 외에는 우리가 아는 것이 거의 없다는 사실 때문에 대답하기가 몹시 어렵다. 우리는 그런 변화의 진행과 시작 시점을 잘 알지 못한다. 그런데 어떤 한 현상이 생겼다면, 이를 어떻게 설명할 것인가?

하는 것이 주요 임무였으나, 성직자는 유혈사건을 담당할 수 없다는 이론에 입각해 사실상 영지 내에서 상급재판권을 독점하고 전쟁지휘관 노릇을 했다. 직무수행에 대한 보수로 교회영주에게서 봉토를 받았으며, 농민들에게서 여러 가지 부역과 현물공납을 수취했다. 이런 재속대리인 제도는 카롤루스 대제가 교회영지에 영주재판권을 인정해 주는 대신 이를 정규적이고 통제된 체제 내에 편입시키기 위해 영지 내에 일종의 왕권대행자를 두도록 칙령을 통해서 강제해 성립되었다. 이와 같은 막강한 권력과 위치 때문에 처음에는 재속대리인에 백작이나 공작과 같은 세속의 유력 영주가 임명되었다. 그러나 카롤루스 대제 이후 왕권이 쇠퇴하고 주교나 수도원장의 재속대리인 임명이 자유로워짐에 따라, 그는 가신 정도의 지위로 전락했다. 이에 따라 11세기 말 무렵에는 일반 성주가 이 직책에 임명되었다. 12세기에는 그레고리우스의 교회개혁으로 권한이 더욱 축소되어 재속대리인 제도는 쇠퇴하게 되었다.

18) 프랑스 남부 랑그도크 지방에 있는 수도원으로 오늘날의 생기엠르데제르 수도원이다.

19) P. Tisset, *L'abbaye de Gellone au diocèse de Lodève*, 1933 참조.

우리는 그 현상에 선행하거나 그와 동시에 발생한 여타의 현상과 관련지어 봐야 한다. 간단한 예를 들어보자. 옛날에는 옷감을 청색으로 물들이는 데 대청이 사용되었고, 그 후에는 해외무역이 크게 발전하고 아메리카 대륙이 식민지화된 결과 인디고가 사용되었으며, 마지막으로 화학염료가 사용되었다. 우리가 처음의 대청과 마지막의 화학염료를 알고 있다면, 대청은 석탄의 부산물에서 화학염료가 추출되기 전에 사라졌다고 믿어도 좋을 것이다. ……이런 것이 비교사적인 방법이 시간상의 간극을 메울 수 있는 가능성을 보여주는 예다. 그래서 우리는 비교사적인 방법을 통해 영주직영지 축소의 원인도 규명해야 한다. 우리는 이 문제를 영국을 살펴보면서 해결할 것이다. 몇 가지 단서를 포착해 보자. 그렇지만 다음과 같은 몇 가지 문제점이 프랑스에서 영주직영지 축소의 원인이었다. 첫째, 관리상의 문제점, 즉 영지관리인과 회계상의 문제점.[20] 둘째, 장원의 유지·관리에 충당하고 남는 생산물의 이용과 운송의 문제점. 클뤼니 수도원의 예에서 보듯이, 영주직영지는 부양해야 할 사람이 적은 곳에 위치한 경

---

20) 마르크 블로크, 이기영 옮김, 『프랑스농촌사의 기본성격』(*Les caractères originaux de l'histoire rurale française*)(나남, 2007) (이하 『프랑스농촌사의 기본성격』으로 줄여 씀), 228-230쪽과 같은 저자, 『봉건사회』, 제2권, 146-155쪽 및 같은 저자, "Une problème d'histoire comparée: la ministérialité en France et en Allemangne", *Mélanges historiques*, vol. 1(Paris, 1983), pp. 503-528에 의하면 관리 및 회계상의 문제점은 다음과 같이 요약할 수 있다. 장원수입의 낭비와 손실을 방지하고 생산물을 적절하게 배분·관리하기 위해서는 정확한 회계와 유능한 관리자가 필요했으나, 당시의 관리자층은 회계에 관한 지식이 부족하면서도 영주에게서 부여받은 권한을 남용하고 영주직영지와 거기에서 나오는 수입을 가로채 영주에게서 본래 지급받은 봉토와 더불어 막대한 부와 막강한 권력을 축적함으로써, 사실상 영지관리인의 역할을 잃고 기사 출신 귀족층과 별 구별이 되지 않을 정도로 세습적인 봉신 계층으로 상승했으며 심지어 영주와 공공연하게 대립하는 경우도 있었다.

우가 있었다. 셋째, 영지 내의 주민 수를 증가시키고 싶은 영주의 욕구.[21]

---

21) 영주직영지 축소의 셋째 원인은, 영주는 당시의 상황에서 부와 권력의 원천이 되는 영지 주민의 수를 늘리고 싶었으나, 주민 수를 증가시키려면 영주직영지에서 토지를 떼어내 농민들에게 분양해 주고 영주직영지에 대한 부역노동도 축소하거나 면제해 줘야 하는 곤란에 빠졌다는 뜻으로 이해할 수 있다.

이 장은 미완성이다. 블로크는 프랑스에서 영주직영지 축소의 원인이 되는 이런 '몇 가지 단서'와 영주직영지의 직접경영으로부터 소작료징수 제도로의 이행에 관해 상세한 논의를 전개하려고 했음에 틀림없다. 하기야 블로크는 본서의 제3부 제2장 제1절에서 '길잡이 가설'로 여겨지는 이런 논의 전개를 암시하고 있다. 그리고 나서 그는 그가 이 장의 첫머리에서 밝힌 것처럼 영국의 경우를 논한 후, 제3부 제1장의 머리글에서 예고하는 이런 '대조적인 모습'을 도출하고자 했을 것이다.

제3부
14세기 이후 경제상황의 변화와 장원제의 귀결

제1장 중세 말과 근대 초 경제상황의 변화와 장원제

중세 말 무렵에 프랑스와 영국의 농촌에서 우리가 보게 되는 놀라운 대조적 광경의 주요 특성을 잊지 않도록 하자.

1. 14-15세기의 위기와 장원조직

프랑스에서는 영주의 거대한 직영지가 대폭 축소되어 그 규모가 아주 보잘것 없게 되었다. 경제학적으로 말하면, 영주는 거의 소작료 수취생활자로서만 존재하게 되었다. 반면에 영주직영지가 축소되면서 소농이나 중농의 수는 매우 많아지고 몹시 견고한 집단을 이루게 되었다.

영국에서도 역시 장원 내의 영주직영지가 대폭 축소되었으나, 전체적으로는 아직도 프랑스에서보다 현저히 더 컸다. 농민경영지의 수는 프랑스보다 별로 적지 않았지만, 이에 대한 보호는 프랑스에 비해 훨씬 약했다.

그렇다고 해서 이런 대조적인 현상을 농민이 프랑스에서는 행복했지만 영국에서는 비참했다는 식으로 해석해서는 안 된다. 우리는 우선 두 나라 모두, 예전에 유럽 도처에서 그랬듯이 농민반란이 풍토병처럼 만연했음을 주목할 필요가 있다. 농민반란은 당시의 사회적 분위기가 폭력적이었다는 증거이기는 하지만, 장원제가 실시되는 곳이라면 어디서나 나타나는 농민대중의 근원적인 불만을 입증하는 것이기도 하다. 가끔 지방의 농민반란은 전국적인 대규모 봉기로 확대되었으며, 이 점에 관해서는 두 나라가 거의 비슷했다. 특히 유럽 전체적으로 전쟁, 사회적 소요, 정서 불안 등 온갖 측면에서 혼란을 겪었던 중세 말의 마지막 몇 세기 동안에 대대적인 봉기가 발생했다. 당시의 문헌기록에서 '귀족에 대한 비귀족의 전쟁'이라는 대단히 특징적인 말로 규정되었던 1358년 프랑스 자크리의 난과 그 후 1380년경 랑그도크 지방에서 일어난 튀생의 반란은[1] 1381년 영국의 대규모 반란에[2] 상응하는 것이었다. 그렇지만 농민반란은 전 유럽적인 현상이었다. 농민반란은 카탈루냐, 스웨덴, 그리고 덴마크에서도 일어났으며, 독일에서는 1524년에 폭발하게 될 거대한 전란, 즉 독일농민전쟁이 여러 가지 대수롭지 않은 분규로 배태되고 있었다. 그러나 여기에서 사회적 적대감의 이런 유혈적인 폭발 현상이 양국에 거의 똑같이 나타났다는 사실은 논하지 않도록 하자. 논하더라도 이들 유혈 반란은 우리가 다루고 있는 문제를 해명하는 데에는 별 도움이 되지 않는다.

그래서 이제 우리는 프랑스 농민의 생활형편이 도버해협 건너편에

---

1) 백년전쟁 중인 1382년에 프랑스 남부의 랑그도크 지방에서 군인의 노략질, 일부 영주의 영국군과의 타협, 염세를 비롯한 많은 세금의 부당한 징수 등에 대한 항의로 빈민층을 주축으로 일어났다가 그 이듬해에 진압된 농민반란을 말한다. 여기에는 도시의 부르주아층도 가담했다. 자크리의 난이 백년전쟁 중에 프랑스의 북쪽 지방에서 일어났던 데에 비해, 튀생의 반란은 남부 지방에서 일어났다.

2) 와트 타일러의 난을 가리킨다.

있는 영국의 농민에 비해 나은 것 같은 인상은 매우 신빙성 있는 증거들이 제시하는 모습과는 전혀 다르다는 것을 확인하고자 한다. 루이 11세 시절에 프랑스로 추방된 영국의 정치인이자 법률가인 존 포테스큐 경(Sir John Fortescue, 1394-1479)은[3] 이 두 나라를 곧잘 비교하곤 했다. 말이 났으니 말인데, 보다 뒤에 ── 특히 18세기에 ── 고전적인 연구주제가 되는, 영국의 '입헌군주제'(dominium politicum et regale)와 프랑스의 '절대주의'(dominium regale)의 대비라는 문제를 그가 다루고 있다는 것은 신통한 일이다. 포테스큐는 오랫동안 농민들의 생활형편에 깊은 관심을 보였다. 그런데 그에게는 프랑스의 농민이 상대적으로 몹시 비참한 것처럼 보였다. 거의 모직물 옷을 입지 못하고 베로 만든 옷도 제대로 입지 못했으며 ── 이런 관찰은 정확하며 최근까지도 맞는 말이다 ──, 여성의 경우에는 언제나 맨발이었으며, 제대로 먹지도 못하고 영국에서보다 고기의 섭취량이 훨씬 적었던 것이다. 따라서 프랑스 농민은 심한 영양실조 상태에서 신체적으로 빈약하고 일그러진 모습을 하고 있었다. 이와 같은 이분법적 흑백 논리 속에는 틀림없이 섬사람의 교만이 상당히 크게 작용했을 것이다.

그렇지만 그의 주장이 모두 틀린 것은 아니다. 포테스큐는 현명하게도 이런 궁핍의 주요 원인을 다음과 같이 도출했다. 첫째, 그는 전쟁에 참가한 군인들에 의한 막대한 피해를 들고 있다. 영국의 내란,

---

3) 영국의 법률가로, 1442-61년간 고등법원(King's Bench)의 재판장을 역임했다. 그는 랭카스터가 출신의 헨리 6세(1421-71)의 지지자였다. 그러나 헨리 6세가 요크 왕가의 에드워드 4세(1442-83)에 의해서 폐위되자, 그도 권력을 박탈당하고 왕족과 함께 프랑스로 망명했다. 그 얼마 후 랭카스터가의 실패로 끝난 왕위복고 기도에도 가담했다. 그는 1470년경에는 『영국 법의 찬양』(De laudibus legum Angliae)을, 1471년 무렵에는 『절대군주정과 입헌군주정의 차이』(Difference between an Absolute and Limited Monarchy)를 저술했다.

즉 장미전쟁이 아무리 견디기 힘들었을지라도 프랑스를 무대로 한 백년전쟁만큼이나 심한 황폐화를 초래했던 것은 아니다.[4] 백년전쟁의 후유증은 루이 11세 시대에도 아직 가시지 않았으며, 게다가 봉건 귀족에 대한 농민반란들로 더 오래 지속되었다.

둘째, 영주에 대한 농민의 공납 부담의 과중이다. 부역이 이제 거의 부과되지 않은 것은 참으로 다행이었으나, 그 대신에 공납의 부담이 늘어난 것은 말할 것도 없이 농민에게 유리하지 않았다. 셋째, 무엇보다도 농민은 영주에 대한 이런 공납 부담에다가 국왕에 대한 조세 부담—타이유세, 염세, 판매세—까지 지고 있었다. 농민으로서는 국왕에 대한 조세 부담이 견디기 어려울 지경이었다. 부담이 그렇게 과중된 것은 한편으로는 프랑스 국왕이 점점 악화되는 적자예산의 수지균형을 농민의 조세부담으로 맞추지 않을 수 없게 만든 귀족의 면세 혜택—영국에서는 귀족의 이런 특권이 존재하지 않았다—때문이고, 다른 한편으로는 특히 바로 국가에 대한 농민의 조세부담이 영주에 대한 부담에 가중되어 부과되었기 때문이다. "어떤 영주에게서 분양받아 보유하고 있는 토지에 대해 관례적으로 매년 1에큐(écu)를[5] 지불하던 사람들 가운데 일부는 늘 지불해 오던 이 1에큐 외에

---

4) 백년전쟁 직후 1455년부터 1485년까지 붉은 장미를 가문의 표지로 한 랭카스터가(家)와 흰 장미를 표지로 한 요크가를 양대 축으로 해서 50여개의 대귀족 가문이 가담해 왕위쟁탈전을 벌인 장미전쟁은 본질적으로 귀족전쟁이었다. 따라서 귀족층은 다수가 살해되고 재산이 몰수되며 권력이 약화되는 등 막대한 피해를 입었으나, 일반 민중은 큰 해를 입지 않았으며 경제적인 타격도 없었다. 이에 비해서 노르망디 출신의 노르만인의 영국 정복으로 프랑스 내에 영토가 있던 영국 왕실이 프랑스 왕위를 계승하려고 프랑스를 침입해 발발한 백년전쟁은 프랑스를 무대로 1338년부터 1453년까지 100년 이상 지속됨으로써, 프랑스에 막대한 피해를 입혔다. 특히 영국군의 가혹한 지배와 약탈로 프랑스 민중의 고통과 피해는 막심했다.
5) 옛 프랑스의 화폐 단위.

도 이제는 국왕에게 5에큐를 지불했다"[6] 여기에 제시된 수치의 정확성에 대한 책임은 포테스큐에게 있으나, 기본적으로 그는 정확했다. 농민의 이런 이중 부담은 틀림없이 구체제(Ancien Régime)가 종말을 맞는 날까지 프랑스의 농촌생활에서 큰 참극이었으며, 프랑스 왕정을 파멸로 이끈 하나의 원인이 되었을 것이다.

또 다른 점에서 고찰해도 프랑스 농민의 형편이 더 열악할 수밖에 없었다. 다수의 소농경영이 존재했다는 것이 반드시 그 농민들이 행복했다는 것을 의미하지는 않기 때문이다. 실제로는 그 반대다. 뒤에서 보게 되는 바와 같이, 토지의 세분화는 영국보다 프랑스에서 더심했다. 그 결과, 십중팔구 프랑스보다 영국에서 토지를 전혀 또는 거의 보유하지 못한 농민이 더 많을 수밖에 없었다. 그러나 역시 영국의 농촌사회에서 통상적인 크기의 토지를 보유한 농민들 — 포테스큐가 무엇보다 염두에 둔 사람들은 바로 이들이다 — 의 경우에는 프랑스의 농민보다 형편이 더 나았던 것이다.

나는 조금 전에 백년전쟁의 막대한 피해에 관해 언급했다. 그 피해는 특히 그 전쟁의 후반에 참혹했으며 종종 사실상의 인구절멸로 이어졌다. 학살을 모면하고 살아남은 농민은 도망가거나, 그들이 오두막집을 급조해 살곤 했던 숲속과 큰 강의 굽이진 곳으로 피신하거나, 아니면 요새화된 인근 도시로 이어지는 도로로 몰려들었다. 그런 와중에 피난처도 없고 영양실조 상태에 있던, 이 고난에 찬 무리에게 질병이 거듭 엄습했다. 난리가 일단 진정되고 난 후에 종종 농민은 그들이 태어난 마을로 돌아와서 불타 버린 그들의 집 — "화재가 없는 전쟁은 없다"라는 속담은 오래된 말이다 — 을 근근히 다시 짓고 그들의 땅을 다시 경작했다. 그러나 농민이 더 이상 마을로 돌아오지

---

6) Ch. Plummer, éd., *The Governance of England*, Oxford, 1885, p. 114.

못하는 경우도 자주 있었다. 15세기 중엽 무렵에는 많은 마을에서 일부 주민이 그저 황무지 속에서 야생식물을 채취하거나 사냥을 하면서 미개인으로 살아가기도 했다. 다른 마을들에서는 주민이 완전히 절멸된 결과, 당시의 문헌기록에서 말하듯 "사방 어디에서고 수탉이 우는 소리도 암탉이 우는 소리도 이제는 들리지 않는다"라고 할 정도였다. 가까스로 다시 평화가 찾아오자, 본격적으로 집을 다시 짓지 않을 수 없었다. 전에 살던 주민이 사라지고 없는 곳이나 주민의 수가 그리 많지 않은 곳은 마을 주민이 외부인으로 보충되었다. 이들 외부인은 당시 길 위에 그렇게도 많았던 유랑민으로서 어느 날 비교적 호의적인 어떤 시골구석에 들렀다가 눌러앉은 사람일 수도 있었고, 전쟁의 참화를 다소 덜 겪은 일부 지방의 사람들이 유치하고자 했던 이주농민일 수도 있다. 종종 전란 중에 농경지에서 자란 가시덤불을 제거하고 밭의 구획선을 다시 그어야 하는 경우도 있었다. 당시의 상황을 특징적으로 보여주는 것은 일부 마을에서 지명을 완전히 새로 바꾸었다는 사실이다. 이런 복구작업은 가끔 농민들의 자발적인 노력으로 이루어지기도 했으나, 대개의 경우—특히 이주민의 모집이 있을 경우—에는 자신의 수입을 만회하기를 바라는 영주의 주도로 이루어졌다.

그런데 우리가 보기에 농촌사회의 이런 재건 속에서 아주 특징적인 점은 이런 재건과정이 토지의 배치구조 면에서는 중대한 변화를 초래하지 않았다는 사실이다. 그렇게 많이 존재했던 빈 땅을 영주가 그들의 직영지를 확대하는 데 이용했다고 생각할 수도 있을 것이다. 그러나 그런 점은 찾아볼 수 없다. 영주의 관심사는 소작료 납부자(censitaire)를 구하는 것이었다. 그런데 그 전과 단 하나 다른 점이 있었다. 영주는 그런 사람을 유치하기 위해 토지보유자에게 과거보다 유리한 조건을 제법 자주 제시해야 했다는 것이다. 물론 영주가 이런 태도를 취하게 된 직접적인 이유는 제법 명백하다. 큰 규모의 영주직영지를 둔다는 것은 노예가 존재하지 않는 사회에서는 농업프롤레타리아 형태로 된 노동력이 필요함을 의미한다. 그렇지만 인구가 아주 적었던 데 비해 황무지 상태의 땅이 다시 아주 많아진 나라에서 어떻게 이런 프롤레타리아가 형성되었겠는가. 그렇더라도 만일 모든 영주가 일치단결해 유랑민이나 새로운 전입자들에 대한 토지분양을 거부했다면, 이런 프롤레타리아가 형성될 수도 있지 않았을까? 그러나 그렇게 거부하려면 전원합의와 탁월한 안목 및 관리능력이 있어야 했지만, 영주 계급에게는 그런 것이 분명히 결여되어 있었다. 또한 토지분양을 거부하는 경우에는 당연히 토지의 개간과 이용이 더디게 진행되는 만큼, 기존에 모아 둔 재산으로 개간이 완료될 때까지 기다리면서 버틸 여유를 전제로 한다. 그런 까닭에 영주는 될 수 있는 한 빨리 그들의 소작료 수입을 만회하는 쪽을 선택했다. 그렇게 할 정도까지 소작료징수 체제로서의 장원조직은 굳건하게 정착한 것처럼 보였던 것이다. 그렇지만 그런 장원조직은 프랑스와 영국에서 머지않아 영주에게 만족스럽지 못하게 되었다. 그렇게 되지 못했던 것은 이제부터 설명이 필요한 새로운 경제적 상황 때문이었다.

2. 화폐가치의 변동과 영주의 소작료 수입

이런 변화의 주요 원인은 본질적으로 범유럽적이었다는 관점에서 그 원인을 서술해 보자. 틀림없이 근본원인은 화폐와 관련된 현상이었을 것이다. 어쨌든 그것은 바로 쉽게 이해할 수 있는 현상이다.

중세 말엽에 이르러서 영주의 소작료는 대부분 화폐로 징수되었다. 따라서 화폐가치의 변동은 소작료 수취생활자인 영주에게 타격을 주었다. 화폐와 관련된 연이은 두 가지 현상—영향을 미치는 정도는 서로 달랐지만——이 영주의 수입에 중대한 손해를 끼쳤다. 첫째, 중세의 전 기간과 근대에 진행된 금속화폐의 귀금속 함유량의 감소이고, 둘째, 14세기 중엽 이후의 가격상승이다.

첫째 현상을 잘 이해하기 위해서는 과거 유럽의 화폐 제도에 대한 약간의 설명이 필요하다. 필리프 미남왕 시절에 투르네 출신의 연대기 작가인 질 리 뮈이시가 "화폐와 관련된 상황이 매우 불투명하다"라고 말했듯이,[7] 특히 13세기 이후에 특징적인 것은 화폐의 액면가치와 실질가치가, 그리고 지불액수와 지불된 소재의 가치가 서로 간에 거의 일치하지 않는다는 점이다. 프랑스와 영국에서 중세에 가격은 '리브라'(libra)와[8] '솔리두스'(solidus)[9] 및 '데나리우스'(denarius)로[10] 표시했으며, 이들 화폐단위는 그 단위들 사이에 다음과 같은 비율관계로 되어 있었다. 즉 1리브라는20솔리두스이고 1솔리두스는 12데나리우스인 비율관계——따라서 1리브라는 240데나리우스이다——로 되어 있었다. 오늘날까지 5상팀짜리 주화가 '수'(sous)라는 이름으로 표시되고 이와 마찬가지로 20수가 왕정시대의 리브르라는 이름을 직접적으로 계승한 '프랑'(franc)으로 계산되고 있으므로, 프랑스에서 현재 통용되고 있는 화폐의 이름은 중세 화폐 제도의 강한 흔적을 지닌다고 할 수 있다. 그런데도 공식적으로 프랑

---

7) Baron Kervyn de Lettenhove, éd., *Poésies de Gilles li Muisis*, Louvain, 1882, 제II권, p.156.

8) 원래는 영국의 중량 단위인 파운드에 해당하는 로마시대 및 중세의 무게 측정의 단위였으나, 화폐 단위가 되었다. 과거 프랑스의 화폐 단위인 리브르(livre)는 이 라틴어 이름에서 유래한다.

9) 로마시대와 중세의 금화로, 과거 프랑스의 수(sou)라는 화폐 단위의 이름은 여기에서 나온 말이며, 노르만인의 영국 정복으로부터 1971년 이전까지 사용된 영국의 실링(shilling)은 이 솔리두스를 대체한 계산화폐이다.

10) 로마시대와 중세의 은화로, 과거 프랑스의 드니에(denier)라는 화폐단위의 이름은 여기에서 유래한다.

스는 대혁명 때 중세의 이런 화폐 제도와 결별했다. 전통을 존중하는 영국에서는 중세의 화폐 제도가 오늘날까지 보존되고 있다. 주지하다시피 '실링'은 솔리두스의 영어식 이름에 지나지 않고 '페니'는 데나리우스의 영어식 이름—더구나 페니는 d(denarius)라는 약자로 표시되고 있다—일 뿐이며, 아직도 12페니를 1실링, 20실링을 1파운드로 사용한다. 그렇지만 앞으로의 논의에서는 하찮은 가치만을 표시하는 데나리우스 단위는 생략하겠다. 그것까지 고려하면 우리의 설명이 복잡해질 것이기 때문이다.

그런데 중세와 그 후에 어떤 화폐가 유통되었을까? 적어도 13세기 이후에는 많은 금화와 은화가 유통되었다. 이들 화폐는 외관상의 일부 특징, 즉 화폐에 새겨진 그림—예컨대 에큐화(écu),[11] 두캇화(ducat),[12] 무통화(mouton)[13]—이나 화폐주조의 우수성—예컨대 영국의 '노블'화[14]—을 암시하는 관례적인 이름을 붙였으나, 대개의 경우 액면가치의 단위가 솔리두스나 리브라로 표시되어 있지 않았다. 솔리두스나 리브라로 평가되는 이들 주조화폐 사이의 비례관계를 결정하는 것은 원칙적으로 국가 공권력이었다. 특히 각국에 대량으로 유통되었던 외국화폐에 대해서는 단순히 관례적인 비례관계가 실제로 성립될 수 있었다. 그렇지만 이런 비례관계는 변동이 대단히 심했다. 16세기에 프랑스의 조폐국장인 튀르캉은 "우리 나라의 리브르화는 사람들이 원하는 대로 늘렸다 줄였다 하는 가죽채찍과 같

---

11) 방패 꼴의 문장이 새겨진 금화와 은화.
12) 베네치아를 중심으로 중세 이탈리아에서 주조되어 유럽에 널리 유통된 금화와 은화. 예수와 성 마가 및 베네치아 총독의 인물상이 그려져 있다.
13) 양의 그림이 그려진 금화.
14) 장미 무늬가 새겨진 영국의 옛 금화로, 훌륭하게 잘 만들어진 화폐라고 해서 그런 이름이 붙여졌다.

다"라고 말했다.

여기에서 나는 유통화폐와 계산화폐(la monnaie de compte)[15] 간
의 이런 비례관계의 변화 메커니즘, 전문용어로는 화폐개주(貨幣改
鑄, mutations monétaires)의 메커니즘이라고 부르는 것을 분석하려
고 애쓸 필요는 없다. 때에 따라서 두 가지 면에서 이런 변동이 생겨
날 수 있었고 실제로 생겼음을 상기시키는 것만으로도 충분할 것이
다. 즉 어떤 때는, 이를테면 1리브라로 표시된 귀금속의 함유량이 증
가했다. 이것은 화폐가치의 상승(le renforcement de la monnaie)이라
고 부르는 것이다. 사실상 이것은 다음과 같이 말하는 것과 같다. 귀
금속의 함유량이 증가하면, 예컨대 지금까지 2리브라의 값이 나가
던 2그램 무게의 어떤 금화는 1리브라의 값밖에 나가지 않게 된다.
따라서 산술적으로 그때까지 1그램의 금 함유량으로 표시된 1리브
라는 이제는 2그램의 금 함유량을 지니게 된다. 또 어떤 때는 1리브
라로 표시된 귀금속의 함유량이 감소했다. 이것은 화폐가치의 저하
(l'affaiblissement)라고 부르는 것이다. 즉 귀금속의 함유량이 감소하
면, 그때까지 2리브라의 값이 나가던 2그램 무게의 어떤 금화는 4리
브라의 값이 나가게 된다. 따라서 그때까지 1그램의 금 함유량을 가
졌던 1리브라는 이제는 1그램의 절반밖에 되지 않는 금 함유량을 지
니게 되는 것이다. 물론 나는 계산을 간단히 하기 위해서 너무나 과
장된 수치를 사용했다. 우리가 뒤에서 보게 되는 바와 같이 비록 화
폐가치 변동의 누적효과는 전부 합쳐서 보면 엄청난 것이지만, 하나
하나의 효과는 그만큼 크지 않았다.

그런데 우리에게 대단히 중요한 결과는 전체적으로 화폐가치의 상

---

15) 주화로 유통되지 않고 상품가격의 계산 단위가 되는 화폐. 예컨대, 앞에서 말
한 리브라, 솔리두스, 데나리우스 등.

승보다는 저하 추세가 강했으며, 화폐가치의 변동이 지그재그 모양을 하면서도 일반적으로는 하강하는 곡선을 그렸다는 점이다. 나는 여기에서 그 이유를 규명하지는 않을 것이다. 농촌의 역사에 대한 설명을 화폐의 역사에 대한 분석으로 바꿀 수는 없기 때문이다. 그 이유와 관련된 여타의 사실은 이미 우리에게 알려져 있는 것으로 간주해야 한다. 그러나 무엇보다도 먼저 화폐가치의 변동 사실 그 자체는 분명 우리의 관심을 끄는 문제이다. 우리는 몇몇 수치를 통해 화폐가치의 변동에 대해서 대략적이나마 이해할 수 있을 것이다. 프랑스와 영국의 화폐 제도가 적어도 14세기 이후에는 분명히 복본위제였는데도 나는 은으로 표시되는 화폐가치에 국한해 화폐가치의 변동을 살펴보겠다. 왜냐하면 은화는 특히 농촌의 지불수단으로 사용되었기 때문이다. 다음에서 내가 제시하는 수치는 근사치라는 점을 덧붙여 둔다. 당시의 화폐주조 상황을 고려하면 주조화폐의 무게에 관한 소수점 이하의 수치는 거의 믿을 수 없다.

프랑스 투르에서 주조된 1수의 가치

연도	은의 무게로 표시된 가치
1258년	4.20그램
1512년	2.85그램

영국에서 주조된 1실링의 가치

연도	은의 무게로 표시된 가치
1279년	21그램
1504년	12그램

은으로 표시된 화폐의 가치는 영국이 더 높지만, 화폐가치의 하락은 두 나라가 비슷하다는 것을 알 수 있다. 그렇지만 화폐가치의 하락 폭은 영국이 좀 더 크다. 프랑스의 경우에는 약 34퍼센트가[16] 하락한 데 비해 영국의 경우에는 43퍼센트가 하락했기 때문이다.

이런 상황에서 소작료 수취생활자인 영주의 처지는 어떠했을까? 소작료가 본질적으로 일정하게 고정되고 무기한적이며, 모든 지불이 그렇듯이 실물화폐(monnaie réelle)로[17] 산정되지 않고 계산화폐로 산정되었다고 가정해 보자. 그 결과는 당시 어쨌든 겉보기로는 매우 간단명료했다. 즉 농민보유지 보유자에게서 고정적이기는 하지만 순전히 명목상으로만 표시된 1수나 1실링을 수취하는 영주는 실제로는 16세기 초에는, 13세기 중엽 무렵에 그들의 선대 영주가 받던 귀금속 분량 가운데 프랑스에서는 단지 삼 분의 이만을 받고 영국에서는 60퍼센트 이하를 받게 되었다.

화폐가치가 하락하면서 영주는 손실만 입었던가? 반면에 토지보유 농민에게는 어떻게 보면 노력 없이 획득된 자연발생적인 이익만 있었던가? 다시 말하면, '불로소득의 증대'(Unearned increment)가 있었던가? 당시의 경제적 현실을 고려해 볼 때, 반드시 그렇지는 않았다. 왜냐하면 당연히 영주가 농민에게서 지불금으로 받는 주조화폐의 귀금속 함유량이 얼마인지는 상관이 없기 때문이다. 이런 주조화폐의 실질적 가치는 전적으로 구매할 수 있는 상품의 분량, 즉 이른바 구매력이라는 것에 달려 있다. 그런데 상품의 가격 역시 당연히 리브라와 솔리두스와 같은 계산화폐로 정해진다. 영주가 솔리두

---

16) 정확하게는 34퍼센트가 아니라 32퍼센트이다.
17) 소재가치와 명목가치가 분리되지 않고 구체적인 재화의 성격을 띠는 화폐. 통상적인 상품이 화폐로서의 기능을 수행할 때의 화폐를 지칭한다. 상품화폐 또는 물품화폐라고도 한다.

스라는 똑같은 이름으로 이제는 중량이 대폭 감소된 은을 지불받더라도, 이 솔리두스로 그 전과 같은 분량의 빵이나 직물을 구입하거나 동일한 임금노동 시간에 대해 보수를 지불할 수 있다면 영주에게는 상관이 없다. 그러나 영지 전체에서 나오는 영주의 전체 소작료 수입이 여전히 10리브라뿐인데도 솔리두스나 데나리우스로 표시되는 상품의 가격이 오르기라도 한다면, 예컨대 그때까지 10리브라였던 외투 하나의 값이 이제 20리브라로 오른다면 이런 조건에서는 영주의 형편이 매우 어렵게 될 것이다.

따라서 화폐에 함유된 귀금속의 감소가 장원제에 미치는 영향은 기본적으로 다음과 같은 두 가지 문제에 대해 제시해야 하는 대답에 달려 있다.

첫째, 장원의 소작료가 고정되어 있었는가?

둘째, 물가의 변동은 어떠했는가?

첫째 문제는 관습과 이 관습의 영속성 문제로 귀결된다. 주지하다시피, 영주와 그의 예속민 사이의 관계를 규정하는 것은 장원 고유의 관습이기 때문이다. 관습이라는 용어는 사회의 실상을 정확하게 표현한다. 관습의 중요성에 대해서는 오늘날 우리도 강조하고 있다. 중세에는 '관습들'(les coutumes)이라는[18] 말과 농민보유지 보유 농민은 '관습적인'(coutumier)[19] 사람이라는 말이 사용되었다. 중세에 관습이 불변이었는지는 아직 알지 못하지만, 관습의 불변 여부는 그것

---

18) '관습들'이란 중세의 라틴어로는 'consuetudines'라고 하는 것으로, 관습법이라는 뜻뿐 아니라 관습에 근거해서 농민이 영주에게 이행해야 하는 공납이나 의무라는 뜻도 있다. 여기에서는 블로크가 후자의 의미로 사용하고 있다고 하겠다.

19) 중세의 라틴어로는 'consuetudinarius'로, '관습적인 사람'이란 공납을 부담하는 농노를 뜻한다.

이 적용되는 현실의 조건에 달려 있었다. 주지하다시피 프랑스에서 관습은 거의 불변이었다. 따라서 세습적 농민보유지에 부과되는 공납은 고정되어 있었다. 우리가 뒤에 보게 되겠지만, 이런 공납의 고정이 프랑스사회가 화폐에 함유된 귀금속 분량의 감소 영향을 아주 격심하게 받았던 원인이었다. 영국의 상황은 보다 복잡했지만, 그에 대해서는 뒤에서 다시 살펴볼 것이다.

물가와 관련해서는, 물론 상품의 가격이 영주의 소작료처럼 고정적일 이유는 전혀 없었다. 물가는 경제상황에 의해서만 결정되었다. 그리고 물가는 화폐변동에 따라 규정되는 어떤 경향을 띠었음이 분명하다. 상품의 값으로 일정한 분량의 귀금속을 지불받는 습관이 있던 상인은 화폐의 계산단위에 함유된 귀금속의 가치가 감소하는 경향이 있을 때면, 상품의 교환 대가로 그 전과 거의 같은 중량의 금이나 은을 계속 지불받기 위해서 보다 많은 양의 리브르나 솔리두스를 손에 넣으려고 애쓰곤 했다. 물론 이런 사실은 특히 물가에 영향을 미칠 수 있는 여타 요인, 즉 첫째는 생산물 자체의 희소함이나 풍부함 그리고 둘째는 화폐수량 자체의 많고 적음과는 상관이 없다.

물가가 경제상황에 의해 결정되는 한 가지 예를 들면, 프랑스와 영국에서 흑사병에 뒤따른 인구감소가 임금의 현저한 상승을 초래하여 양국 정부가 최고임금의 설정을 통해서 이를 저지하려고 노력했다는 사실이다. 화폐에 함유된 귀금속의 감소는 일반적으로 바로 이런 화폐로 표시되는 가격의 상승 결과를 초래했던 것으로 보인다. 프랑스에서는 아무튼 일찍이 이런 현상이 토지에서 나오는 소작료의 수취생활자인 영주에게 심각한 손실을 입혔다는 인식이 생겼다. 1300년경 쿠탕스에서 변호사 활동을 하고 있던 공법학자 피에르 뒤부아는 "화폐가치가 저하된 결과, 식료품비와 피복비는 거의 두 배로 증가한 데 비해서 화폐로 된 귀족의 소득은 증가하지 않고 있다"

라고 썼다. 그런데 1세기쯤 뒤에 알랭 샤르티에(Alain Chartier, 1385-1430)는[20] 이런 말을 어떤 기사의 입을 빌려서 다음과 같이 놀랄 만큼 통찰력으로 가득 찬 표현으로 쓰고 있다.

"서민대중은 이런 이득을 너무도 많이 누려서, 전에도 지금도 물을 받아 두는 처마 밑의 저수조처럼 프랑스 왕국의 모든 부가 그들의 돈주머니로 들어간다. ……왜냐하면 화폐의 가치저하로 그들이 우리들에게 지불해야 하는 부담금과 소작료는 감소했던 데 반해, 그들이 생산한 식량과 수공품에 그들이 매기는 지독히 비싼 가격은 점점 더 올라서 그들이 매일 부를 거둬들여 쌓아놓을 지경이었기 때문이다."[21]

영국에 관해서는 잉글랜드 남부의 크롤리 마을에 대한 미국의 학자 그라스(N. S. B. Gras, 1884-1956) 씨가 면밀하게 작성한 바 있는 식료품의 가격을 예로 들 수 있다.[22] 이에 의거해서 가격지수 산출 방식에 따라 1208년부터 1226년까지의 평균치를 100으로 표시하면, 1384년부터 1448년까지의 지수는 144가 된다는 계산이 나온다. 따라서 이 곳의 영주는 그의 소작료가 화폐로 징수되고 고정됨에 따라서 커다란 손실을 입었던 것이다.

---

20) 프랑스의 외교관이자 작가. 백년전쟁의 참상에 자극을 받아 애국적인 시를 썼다. 정치적인 웅변조의 대표작으로는 다음의 각주에 보이는『욕설의 4부작』(1422)이 있고, 궁정풍 연애시로는『감사할 줄 모르는 아름다운 귀부인』(*La Belle Dame sans merci*, 1424)이 있다.

21) E. Droz, éd., *Le Quadriloge invectif*, 1923, p. 30.

22) N. S. B. Gras & Mme E. C. Gras, *The Economic and Social History of an English Village*, Crawley(*Hampshire*), Cambridge(Mass.), 1930(Harvard Economic Studies, XXXIV).

그렇지만 중요한 것은 15세기 말과 16세기 초에는 영주에게 불리한 상황이 완화되었을 가능성이 높다는 것이다. 이 시기에는 의심할여지 없이 금속화폐의 부족이 격심했다. 금속화폐의 부족난이 하도심해서, 영국에서는 소작료 지불에 필요한 화폐를 구할 수 없던 일부농민이 스스로 소작료를 현물로 지불하고 싶다고 말할 정도였다. 그결과, 물가가 폭락한 것은 아니더라도 적어도 물가가 안정되었다. 이런 물가의 안정은 물론 고정된 소작료의 수취생활자에게 유리했다.나는 여기에 그에 관한 통계수치를 인용하지 않을 것이다. 통계수치는 매우 자세한 설명을 필요로 하기 때문이다. 그렇지만 물가하락으로 고정된 소작료의 수취생활자가 유리하게 되었다는 사실 자체는거의 이론의 여지가 없으며, 그런 사실은 프랑스에서 영주가 과거의기초 위에 아주 손쉽게 장원의 재조직을 도모할 수 있게끔 하는 데기여했음이 틀림없다.

16세기의 가격 대변동은 바로 영주의 이런 상대적인 일시적 소작료 수입의 안정을 뒤흔들게 될 것이었다.

3. 가격혁명과 영주의 소작료 수입

가격혁명 현상은 이해하기 어려울 것이 아무것도 없다. 가격혁명은 당대의 문필가가들이 여러 번 공공연히 비난한 바 있으며 오늘날의 역사가들도 자주 거론하고 있는 것이다. 가격혁명에 관한 당시의증거가 너무나 많아서 수많은 증거 가운데 우리가 여기에서 무엇을선택해야 할지 모를 정도다. 1584년에 프랑스 사람 노엘 뒤 파이는프랑수아 1세[23] 시절에 관해서 "전에는 100수 하던 물건값이 요즈음

---

23) 재위 1515~47년.

에는 10리브르나 된다"라고[24] 말했다.[25] 그리고 1581년에 영국 사람 존 해일즈도 "모든 물건값이 전반적으로 비싸며"[26] "요사이 모든 물건의 값은 몇 년 전보다도 삼 분의 일이나 더 비싸다"라고 함으로써,[27] 물건 값이 뛰어오른 사실을 확인하고 있다. 몇몇 통계수치를 제시하기를 원하는가? 영국의 엑시터(Exeter)에서[28] 1쿼트(quart)의[29] 밀의 평균가격은 1410-19년간에는 6.32실링이던 것이 1510-19년간에는 6.75실링으로 거의 변동이 없었으나, 그로부터 50년 후인 1560-69년간에는 19.71실링, 즉 3배가량 올랐고, 100년 뒤인 1610-19년간에는 32.15실링, 즉 5배가량 더 상승했으며, 17세기 중엽, 즉 가격상승의 절정기인 1640-49년간에는 44.95실링까지 올랐다. 1819년까지는 밀 가격이 29.92실링(1740-49년) 이하로 한 번도 떨어지지 않게 되며, 18세기의 마지막 10년 동안에는 93.63실링에까지 이르게 되었다. 리모주(Limoges)에서는[30] 1500년부터 1547년까지는 1헥토리터당 밀의 평균가격은 1.62리브르였으나, 1569년부터 1600년까지는 4.37리브르가 되었으며 ── 따라서 여기에서도 또한 밀 가격이 거의 3배 가까이 오른 셈이다 ── 1641부터 1664년까지는 7.2리브르를 약간 상회하는 수준에 달했다. 다시 말하면, 여기에서도 역시 4배 이상 상승했던 것이다. 가격변동과 관련된 이런 대단히 상

---

24) 10리브르를 수로 계산하면 200수로, 값이 두 배 오른 셈이다.

25) J. Assezat, éd., *Contes et Discours d'Eutrapel*, 제II권, p. 171.

26) "Such a general dearth of all things", Lamond, éd., *A Discours of the Common Weal of this Realm of England*, p. 16.

27) "All theise doe cost me more nowe by the third part well, then they did but seaven yeares agoe", 같은 책, p. 17.

28) 잉글랜드 남서부 데번셔 주의 수도.

29) 1쿼트의 용량은 약 1.14리터이다.

30) 프랑스 중부 리무쟁 지방의 중심도시.

징적인 수치가 가격혁명이 있었다는 사실을 증명한다. 16세기 초에 매년 어떤 일정 액수의 소작료를 수취하고 있던 영주는, 이들 소작료 수입의 액수가 백년 정도 지난 뒤에도 별 변함이 없다면 그 수입으로 는 이제 그 전보다 거의 4배나 더 적은 물품밖에 살 수 없게 된 것이다. 가격상승은 1650-1660년 무렵까지 지속되었다.

화폐가치의 현저한 하락을 초래한 화폐개주는 가격혁명기에도 멈추지 않고 계속되었으며, 극심하기까지 했다. 1512년에 1수는 약 은 2.85그램의 값어치가 있었으나, 1666년 루이 14세 시절의 1수는 은 31센티그램의 값어치밖에 나가지 않았다.[31] 그래서 그 시절에도 물가상승을 원망하는 소리가 있었다. 그렇지만 주지하다시피 —그러나 일부 역사가는 아직도 알아차리지 못하고 있다—, 이미 널리 인정된 견해에 의하면 물가상승에는 화폐개주 외에 다른 한 요인, 즉 화폐 보유고의 증가가 관련되어 있었으며, 후자가 전자보다 물가상승에 미치는 영향이 훨씬 더 컸다. 중부 유럽의 광산에서 산출된 금과 초기의 대규모 발견을 통해 도입된 아프리카산 금가루는 화폐수량의 증가에 기여했다. 그러나 무엇보다도 아메리카산 금과 은이 큰 역할을 했다. 아메리카 대륙 가운데 특히 1545년 포토시 광산(볼리비아)의 개발은 금과 은의 채굴에 박차를 가했다. 1503년부터 1660년까지 스페인의 아메리카산 금 수입은 족히 18만 1,000킬로그램에 달한 것으로 평가되었고, 1521년부터 1660년까지의 은 수입은 1,688만 6,000킬로그램이 되었다고 추산될 정도이다. 그렇지만 이런 수치는 단지 스페인으로 수입된 금과 은에 관한 통계일 뿐이다. 확실히 대부분의 금과 은은 스페인이 수입해 들어왔으나, 밀수도 있었다. 이런

---

31) 영국에서 1실링은 1504년에는 12그램의 가치가 있었으나, 1660년에는 약 7.5 그램의 가치만 있었다.

밀수된 것까지 모두 합하면, 약 1,700만 킬로그램의 은 보유고의 증가와 약 20만 킬로그램의 금 보유고의 증가가 있었다고 추산된다. 이런 귀금속 보유고가 상대적으로 얼마나 엄청나게 많은 분량인지를 이해하기 위해서는 종전의 귀금속 보유고가 대단히 적었음을 상기해야 한다. 1500년경에 어림잡아 은은 약 7백만 킬로그램, 금은 55만 킬로그램을 보유했던 것으로 추산된다. 따라서 한 세기 반 동안에 금은 36퍼센트 증가하고 은 보유고는 두 배를 훨씬 넘는 수준으로 증가했던 셈이다. 이와 같이 사용할 수 있는 지불수단이 많아졌기 때문에, 물가는 올랐던 것이다. 그러나 이것은 물가가 그에 비례해서 상승했다는 것을 의미하지는 않는다.[32]

---

32) 이 장도 미완성이다. 블로크는 여기에서 귀금속 보유고의 증가가 초래한 '여러 가지 결과'를 보여 주려고 했던 것으로 추측된다.

제2장 영국 장원제의 귀결

앞의 장에서 우리는 중세 말과 근대 초에 유럽의 문명사에 새로운 방향을 설정하고 특히 장원제의 존립에 깊은 영향을 끼친 주요 현상을 아주 간략하게 서술했다. 이런 기본적인 변화에 대한 여러 유럽사회의 대응은 동일하지 않았다. 그래서 이제부터 우리가 마땅히 노력을 기울여 살펴보아야 할 것은 바로 우리가 이 책에서 연구의 대상으로 삼은 프랑스와 영국의 대응이다. 우리는 우리가 다른 주제들과 관련해서 프랑스부터 먼저 다루는 데 적용했던 것과 동일한 원칙, 즉 거의 언제나 가장 완벽한 경험을 했던 나라부터 먼저 연구하는 것이 더 바람직하다는 원칙에 의거해 이번에는 영국부터 시작하겠다.

1. 영주직영지의 상당한 잔존

영국과 프랑스가 변화에 상이하게 대응했던 것은, 본질적으로 두 사회가 두 사회 모두에 영향을 미칠 수밖에 없던 16세기의 경제적 대변동에 직면할 무렵에는 이미 서로 극도로 달라져 있었기 때문이다. 우리는 앞에서 두 나라 사이에 이런 대조적인 현상이 생기게 된 주요 요인들을 지적했다. 그러나 우리는 영국의 경우에는 깊이 고찰하지 않았다. 이제 우리는 그 요인들을 한층 더 명확하게 제시하고 가능한 한 더욱 정확하게 설명하기 위해서 좀 더 상세하게 재론하겠다.

앞에서 우리는 영국에서 장원 내 영주직영지의 역사가 프랑스의 역사와 일정한 유사성을 띠면서도 똑같이 전개되지는 않았음을 지적했다. 우선 영주직영지가 축소되는 변화는 프랑스보다 훨씬 뒤늦게 일어났다. 즉, 영국에서는 영주직영지의 축소가 대략 11세기부터 13세기 초 사이에는 나타나지 않고 13세기 말부터 15세기 사이에 나타났다. 장원제 자체가 보다 뒤늦게 형성되었던 만큼, 영주직영지의 축소도 당연히 늦게 진행되었던 것이다. 또한 영국에서는 프랑스와 달리 영주직영지의 축소가 철저하지 못했다. 이 점은 우리에게 무엇보다 중요한 사실이다. 잔존 영주직영지의 분포도와 같은 어떤 것이 작성될 수 있다면 매우 좋을 것이다. 영주직영지의 잔존 정도는 확실히 지역별로 차이가 있었다. 이런 차이는 조금 뒤에 말할 이유 때문에 매우 주목할 만하다. 또한 영주직영지의 축소는 사회적으로도 차이가 있었다. 영주가 자급자족해서 살아가는 중간 크기의 장원에서 영주직영지가 비교적 잘 유지되었던 것 같기 때문이다. 전체적으로 볼 때, 16세기 초에 영국의 영주는 차지농(借地農)을 매개로 하기는 했지만 평균적으로 프랑스의 영주보다 토지의 경영자로 남아 있는 경우가 더 많았음은 의문의 여지가 없다. 왜 그렇게 되었을까?

우리는 앞에서 프랑스의 영주직영지 해체에 관한 고찰에서 도출한 길잡이 가설을 기억하고 있다. 그 가설에서 우리는 영주직영지 축소의 주요 원인이 다음과 같다고 보았다. 한 가지 원인은 인적인 동시에 지적인 차원에서 관리상의 어려움이 있었다는 것이고, 다른 하나는 생산물 유통상에 어려움이 있었다는 것이다.

이런 두 가지 관점에서 영국에서는 상황이 어떻게 전개되었기에 영주직영지가 프랑스보다 많이 잔존하게 되었는지를 규명하는 것이 바람직할 것으로 보인다.

관리상의 문제

프랑스의 영주들이 봉착한 최대의 어려움은 세습적인 영지관리인(ministerialis) 계층의 존재와 관련되어 있었다.[1] 그렇지만 이런 관리인층이 영국에서는 강력하게 형성되지 못했다. 영국에서 영지관리인은 두 가지 부류로 구분될 수 있다. 한 가지 부류는 '리이브'(reeve)라고 불린 관리인이다. 리이브는 영주에 의해 임명되지 않고 러시아의 '스타로스타'(ctapocta)와[2] 유사한 주민의 대표자로서, 영국의 장원은 그에 의해 관리되었다. 그는 일반적으로 농촌 마을의 행정에 관련된 모든 사항뿐 아니라 영주와의 교섭, 공납의 할당, 부역노동 수행자의 징발 등의 업무도 담당했다. 프랑스에도 이와 유사한 장원관리인이 있기는 했으나 드물었고 산발적으로 발견될 뿐이다. 리이브는 농촌주민이 맡기를 꺼렸던 과중한 의무를 졌다. 그래서 리이브 자리를 억지로 떠맡는다는 것은 법률가들에 의해서 빌렝 신분 특유의 낙인이[3] 찍히는 것을 의미했다. 그러나 물론 이 직책의 봉건화(féodalisation)는[4] 없었다. 처음에는 아마 이런 주민대표는, 서

---

1) 앞의 제2부 제3장의 맨 끝 부분 참조.
2) 스타로스타는 원로라는 뜻으로, 과거 러시아 농촌사회에서 마을별로 또는 지주의 영지 단위별로 형성되어 있던 농민공동체의 우두머리를 가리킨다. 러시아의 농민공동체는 국가와 지주에 대한 의무이행과 관련해 연대책임을 지면서 토지를 평등하게 재분배하고 농민사회 내부의 일상적인 업무를 처리하기도 하는 자치를 실시했다. 이러한 공동체의 대표인 이 원로는 농민들 사이에서 선출되었다.
3) 빌런은 부역노동을 하는 등 법적으로 부자유한 농노 신분의 대명사였다.
4) 여기서 봉건화란 직무 수행의 조건으로 봉토를 받고 이렇게 받은 봉토와 더불어 그 직책이 특정 가문의 세습적 특권이 됨을 의미하는 것으로 이해된다.

서히 영주의 예속민으로 전락해 간 자유민 계층에서 선출되었을 것이다. 영지관리인의 다른 한 부류는 영주에 의해 임명된 상급 관리인이다. 상급 관리인으로는 일반적으로 '집사'(執事. bailli)가[5] 있었고, 대영지에는 그 위에 또 '가령'(家令. stewart)이 있었다. 그러나 이 경우에도 역시 봉건화는 없었다. 이들 상급 관리인은 '주지사'(sheriff)와[6] 같은 국왕의 관리와 비슷한 성격을 띠었다. 프랑스와 달랐던 이런 영지관리인 계층이 영국에 존재하게 된 주요 원인은 영주직영지의 축소가 프랑스보다 늦게 진행된 데 있다. 이런 시간적 격차로 말미암아 영국에서는 영지관리인에 대해서 봉급제나 청부제(請負制. fermage)가 실시될 수 있었던 것이다.[7]

이런 시간적 격차는 지적인 측면에서도 역시 영향을 끼쳤다.[8]

---

5) 영어로는 'bailiff'이다.

6) 10세기 이후 영국의 주 단위의 행정 구역에서 국왕의 명령을 실행하고 왕령지를 관리하며 사법·치안·행정 등의 기능을 수행한 지방장관. 대체로 유력한 특정 가문에 독점되어 세습되는 일 없이 국왕에 의해서 임명되었다.

7) 장원제의 발전이 늦었던 영국에서는 영지관리인에 대한 봉급제나 청부제를 실시함으로써, 영주가 대토지를 직접 경영하는 데 있어 관리상의 어려움이 프랑스에 비해 적었다는 뜻이다.

8) 블로크는 여기에서 지적인 측면의 관리가 어떻게 어려운지에 관해서는 더 이상 언급하지 않는다. 그러나 앞의 제2부 제3장의 맨 끝에서 영주직영지 축소의 첫째 원인을 장원 "관리상의 문제 즉 장원관리인들과 회계상의 문제"라고 하고 또『프랑스농촌사의 기본성격』, 229쪽에서 프랑스에서 영주직영지 축소의 원인 가운데 하나로 정확한 회계의 어려움을 들고 있는 것으로 볼 때, 지적인 차원에서 관리상의 어려움이란 회계관리상의 어려움을 의미한다고 할 수 있다. 사실 영국에서는 12세기 후반 이후 상당한 수준의 장원회계 제도가 발달했다. 13세기에는 윈체스터 주교좌 교회의 영지를 필두로 장원관리인에 의한 일정한 양식의 회계보고서 작성이 작은 규모의 영지를 포함해 거의 모든 영지에서 시행되었다. 따라서 "시간적 격차는 지적인 측면에서도 역시 영향을 끼쳤다"는 구절은 일찍이 영주직영지 축소가 진행된 프랑스에서는 발달된 회계보고서가 작성되지 못했던 데 비해, 영주직영지의 축소가 뒤늦게 진행된 영국에서는 영지경영에 발달된 회계보고서가 작성되어 이용되면서 대토지를 관리하

잉여농산물의 이용 문제, 즉 판매상의 문제

이 문제에 관해서도 역시 영국에 특유한 상황인 장원제의 뒤늦은 발전이 영향을 미쳤던 것으로 보인다. 장원제가 뒤늦게 발전한 영국은 13세기부터는 농산물 수출국이 되었다. 특히 그 수출시기는 서로 달랐지만 무엇보다도 두 가지 중요한 상품, 곧 곡물과 양털의 수출국이었다.

기근 시절인 1250-1350년 무렵에 영국은 곡물을 수입했다. 그러나 이례적으로 풍년이 든 시절뿐 아니라 평년작 시절에도 영국은 상당히 많은 분량의 곡물을 특히 동부의 항구들을 통해 스칸디나비아 지역의 나라들로 수출했다. 특징적인 것은 도시의 소귀족과 상인들의 이해관계를 대변하고 있던 자치도시들이 1394년에도 여전히 "영국 국왕의 적대국들을 제외하고 그들이 원하는 모든 나라로 곡물을 배에 싣고 왕국 밖으로 수송하는" 권리를 국왕에게서 획득했다는 점이다.[9] 자치도시가 향유한 이런 권리의 시효는 여러 번 갱신되었다. 그러나 1394년부터 특히 발트해 나라들에서 곡물을 수입하는 양——당연히 영국의 곡물 생산자는 수입을 막으려고 애썼다——이 수출보다 많아지기 시작했다. 그렇지만 이것은 곡물의 영국 국내시장 판매가 수지타산이 맞지 않았다는 것을 의미하지는 않는다. 오히려 그 반대였다. 게다가 영주직영지에서 양털을 생산해 이익을 볼 수도 있었다.

양털은 13세기와 14세기에 영국의 주요 수출품이었고, 국가재정의 기초——1427년에 양털에 대한 관세는 영국의 전체 관세수입의 74퍼센트를 차지했다——였으며, 플랑드르에 대한 정략상의 무기였다. 14세기 말부터 양털의 수출은 점차 감소했다. 그러나 양털의 생

는 어려움이 줄어들어 영주직영지가 상당 부분 존속하게 되었음을 시사한다고 하겠다.

9) *Statutes of the Realm*, 17 R. II, c. 7.

산이 줄었던 것은 아니다. 양털의 수출이 감소했는데도 생산이 줄지 않았던 것은 영국 자체에서 모직물공업이 일어났기 때문이다. 그리하여 수출품 가운데 모직물이 점차 양털을 능가하게 되었지만, 이것으로 해서 양털 생산자의 이익이 조금이라도 침해되었던 것은 아니다. 그리고 곡물의 생산량이 줄어들 때는 언제나 영주직영지 가운데 곡물경작지가 목장으로 바뀌곤 했다. 우리는 영주들이 예외 없이 곡물경작지를 양 사육을 위한 목장으로 바꾸고 있음을 뒤에서 보게 될 것이다.

노동력 문제

오랫동안 영주직영지 경영은 부역노동에 의존했다. 그렇지만 부역노동의 '금납화'(金納化, commutation)가 시작되었다. 처음에는 금납화가 영주의 자발적인 의사로 시작된 경우도 자주 있었다. 흑사병도 이런 변화를 막지는 못했다. 흑사병은 그와는 반대로 오히려 과거의 부역노동 제도의 해체를 조장하고 가속화시켰다. 경제적인 면에서 부역의 금납화는 어떻게 생기게 되었던가?

부역노동이 언제나 전적으로 무보수의 노동이었던 것은 아니다. 특히 영주를 위한 '농번기 특별부역'(boon-work)이[10] 행해지는 때에는 토지보유 농민에게 식사를 제공하는 것이 관례였다. 따라서 영

---

10) 농번기 특별부역이란 영어의 'boon-work'를 번역한 말로, 중세 라틴어로는 'precarium'이다. 이것은 빌런과 같은 장원의 토지보유 농민이 갈이질 철이나 수확기 또는 건초 만들기 철과 같은 농번기에 영주에게 무보수로 제공하는 추가적인 특별 부역노동을 뜻한다. 'boon'은 은혜, 은총, 혜택 등의 뜻을 지니고 있지만, boon-work는 사실상 무상(無償)으로 수행하지 않으면 안 되는 강제노동이 되었다. 다만 장원농민이 이런 추가적인 특별부역을 수행하는 날에는 영주가 이들에게 고기나 치즈가 곁들여진 빵과 맥주(ale)를 제공하는 것이 관습이었다.

주에게는 오직 음식물의 값이 부역노동의 가치를 초과하지 않는지가 중요한 관심사였다. 임금이 임금노동자의 식비보다 낮을 수 있다고 말하는 것이 터무니없게 느껴질 수도 있다. 그러나 노동의 생산성이 낮은 경우를 고려해야 한다. 월터 오프 헨리(Walter of Henley)는[11] "부역농민들은 그들의 일을 게을리한다"라고 말했다.[12] 따라서 한 끼의 식사 값과, 부역농민들의 노동보다 노동의 효율성이 더 높기 때문에 노동시간이 더 짧은 보통의 임금노동자의 일정 노동시간에 대한 보수 사이에는 일정한 관계가 성립한다. 이런 관계 때문에 영주가 부역노동을 포기하는 사태가 발생하기도 했던 것이다. 14세기 말경에 배틀 수도원의 한 수도사는 "빌렝들은 하루에 세 끼씩의 식사를 제공받으면서 이틀 동안 쇠스랑으로 땅 고르기 작업을 해야 한다. 그런데 음식물의 값은 5페니인 데 비해 노동의 값어치는 4페니이다. 따라서 우리 수도원은 매번 1페니를 잃는다"라고 말하고 있다.[13] 내가 서술하는 것이 완벽하지는 않지만, 이런 사례는 하나밖에 없는 것이 아니다.

부역노동은 영주에게 필요하지 않을 때는 부역노동자가 '되샀다'. 다시 말하면, 부역 대신에 면역전(免役錢)이 요구되었던 것이다. 그래서 우리는 한쪽 칸에는, 사회적 환경의 변화로 당연히 요구될 수

---

11) 13세기 영국의 농업 저술가. 신상에 관해 정확한 것은 알 수 없으나, 그의 노년에는 도미니크 수도회의 탁발승이 된 것으로 보고 있다. 13세기의 후반기에 쓴 농촌경제의 모든 부문에 관한 그의 『농업』(*Husbandry*)이란 글은 중세의 위대한 저술로 평가되고 있다.

12) "……servants neglect their work", Lamond, ed., *Walter of Henley's Husbandry* (Roy. Hist. Soc., 1890), p. 11.

13) "Et debet herciare per duos dies ……pretium operies IIII d.; et percipiet de domino utroque dietres repastus pretii III d. Et sic exit dominus perdens 1 d." (이와 같은 기록은 서식스에 있는 버언호옴 장원에 관한 것이다.) Schargill-Bird, ed., *Customals of Battle Abbey*, 1887, pp. 19-20.

밖에 없는 면역전의 가치를 놓자. 이 가치는 경우에 따라서는 절약된 식비로 인해 증가된다. 다른 쪽 칸에는 부역노동을 대체할 임금노동의 일당 가치를 두자. 첫 번째 칸의 총액이 두 번째 칸을 초과하는지 또는 초과하지 않는지에 따라서 영주에게 부역노동을 사용하지 않는 것이 유리한지의 여부가 판가름날 것이다. 그 관계는 물가변동에 영향받기 때문에 필연적으로 시절에 따라 달라지며, 우리는 이를 통해 많은 장원에서 공납과 부역노동이 해마다 달라지는 까닭을 이해할 수 있다. 예컨대, 에식스 지방의 후턴에서는 1354-55년에 빌런들이 수행해야 하는 총 853일의 부역노동 가운데 386½일이 면역전으로 대체되었던 데 비해, 1362-63년에는 98일의 부역노동만이 면역전으로 대체되었으며, 1388-89년에는 다시 261일의 부역노동이 면역전으로 대체되었다.

그러나 15세기부터 부역의 금납화는 가속화되었으며, 그 뒤에는 안정세를 보였다. 케임브리지 주에 있는 윌버튼의 장원은 이런 변화에 대한 전형적인 한 예를 제시한다. 1350년 이후 우리는 부역노동의 일수가 화폐가치로 평가되어 회계장부 속에 정기적으로 기록되고 있음──이런 것이 부역의 '금납화'를 촉진시킨 요인이다──을 보게 된다. 그러나 오랫동안 부역노동은 많은 경우에 현물 형태 그 자체로 이행할 것이 요구되었다. 예컨대 1397년에는 다시 800일의 부역노동이 요구되었다. 그 후 헨리 5세 시절(1413-22)에 하나의 합의가 이루어졌다. 에이커당 1실링의 소작료를 지불하는 조건으로, 며칠간의 쟁기질 부역을 제외하고는 이제 부역노동이 징발되지 않게 되었던 것이다.[14] 이러한 변화의 원인이 무엇인지는 명백하다. 우선 불규칙하

---

14) F. W. Maitland, "The History of Cambridgeshire Manor" (*Eng. Hist. Rev.*, 1894, pp. 417-439).

게 행해지는 부역노동의 부담이 몹시 무겁고 점점 그 수행이 어려워 보였을 것이다. 그리고 또 흑사병과 그에 뒤이은 장기간의 혼란으로 인구가 대폭 줄었다. 이런 영향으로 부역노동의 부담은 한층 더 무거워졌다. 왜냐하면 부역노동은 대개의 경우 농민보유지 단위로 수행되었기 때문이다. 농민보유지를 보유한 모든 사람이 부역노동을 수행하기 위해서 동원된 것은 농번기 때뿐이었다. 높은 사망률로 농민보유지를 공동으로 보유한 둘 내지 세 세대의 농민가족이 이를테면 한 세대로 줄어들었던 데다가 가족 수 자체가 많지 않던 그 시절에 혼자 살아남은 자의 부담이 늘어났던 것이다. 그런데 남은 사람의 부담이 지나치게 무거울 때는 그조차도 떠나 버리고 말았다. 다른 곳에 비어 있는 땅이 있었기 때문에 그는 떠날 수 있었다. 도시의 매력도 그가 떠난 또 하나의 이유가 된다. 그리고 그는 흑사병, 사회적 소요, 오래된 영주 가문의 몰락, 일부 장원조직과 십호작통제(十戶作統制, frankpledge)의[15] 붕괴 등으로 말미암아 장원의 오래된 골조가 약화되었던 만큼 더욱더 쉽게 떠나기도 했다. 특징적인 것은 당시에 영주들이 빌런이 장원을 떠나지 못하게 하기 위해 빌런과 새로운 계약을 맺거나 면역전을 지불받는 조건으로 빌런에게 토지를 양도해야 했음을 솔직히 고백하고 있다는 점이다. 그러나 이런 계약은 전통적인 부역수행을 받아들이는 다른 사람이 나타나는 경우에는 그에게 그 보유토지를 넘겨준다는 단서 조항을 달고 있다. 그렇지만 이런 사

---

15) 영국을 정복해 지배하게 된 노르만왕조의 국왕이 치안질서를 효과적으로 유지하기 위해서 앵글로색슨 사회에 존재했던 상호보증 제도의 선례를 발전시킨 연대보증 제도. 10명의 세대주가 하나의 통(統)으로 편성되어 그 구성원의 재판소 출정이나 범죄자나 범죄 혐의자의 공권 당국에의 인도 등과 같은 문제에 대해서 모두 공동의 책임을 졌다. 관리의 수가 적었던 상황에서 이런 주민감시 제도의 운영권한은 결국 영주에게 넘어갔고, 십호작통제는 영주들의 강압적인 주민지배 수단이 되었다.

람이 나타나지 않는 경우가 자주 있었다.

다만 부역의 소멸이나 극도의 축소에도 영주직영지가 잔존하는 이상, 영주는 그 경작에 필요한 노동력을 어떻게 확보하느냐 하는 문제가 남아 있다. 영주는 무보수의 부역노동을 사용할 수도 있었으나, 틀림없이 언제나 비싼 경비를 치르지 않고는 그런 노동력을 입수하지 못했을 것이다. 다음으로, 영주는 흑사병이 있은 후 특히 '젠트리' (gentry)의[16] 압력으로 1349년과 1351년의 노동자 규제법이[17] 시행됨으로써 헐값의 노동력을 이용할 수 있었을 것이다. 이런 입법이 영국에서 가능했던 것은 프랑스에서는 유례를 찾아볼 수 없는 통치기

---

16) 영국에서 중세 후기에 형성되어 튜더-스튜어트시대에 급성장하고 1640년대의 내전과 1688년의 명예혁명 이후 정치적·경제적·사회적으로 절대적 위치를 차지하게 된 부유한 근대적 지주층. 젠트리는 원래 귀족이 아니면서 가문 (家紋)을 다는 특권을 누린 자들로서, 세습적 작위귀족과 함께 넓은 의미에서 귀족의 반열에 들기는 했으나 보통은 신분적으로 귀족의 아래이고 자영농민 계층인 요먼리(yeomanry)의 상위 계층을 이루었다. 젠트리는 중세 후기에 기사 계급이 전사로서의 기능을 상실함으로써 영지의 지대수입을 원천으로 해서 부유한 생활을 영위하는 지주층으로 변신한 데서 생겨났지만, 그 출신은 기사 계급 외에도 상인 등 비교적 다양했다. 중세 말기부터 20세기 초에 이르기까지 귀족이나 요먼리의 세력이 쇠퇴해 간 데에 비해서, 젠트리는 인클로저(Enclosure)와 자본주의적 농업경영 및 상업활동을 통해서 대규모의 토지와 부를 집적하고 치안판사직과 의회의 의원직을 비롯한 관직을 독점하는 등 중앙과 지방사회에서 패권을 행사하는 지배층 역할을 했다. 그러나 한편『프랑스농촌사의 기본성격』, 290~291쪽에 의하면 젠트리는 그들이 독점하고 있던 의회와 치안판사직을 통해서 장원제의 가장 중요한 옹호자 역할을 하기도 했다.

17) 흑사병으로 인해서 노동력이 격감해 임금이 폭등하자 헐값의 노동력을 확보하려는 지주 계급의 요구에 부응해서, 임금의 법정 상한선을 설정해 임금을 고정시키고 노동시간을 연장하는 등 노동의 여러 조건을 통제하고 노동력의 이동을 억제하려고 1349년 6월 영국 국왕이 포고한 노동자칙령(the Ordinance of Labourers)과, 이 칙령을 바탕으로 보충·정비되어 1351년에 의회에서 통과된 노동자법(the Statute of Labourers)을 말한다.

관[18] 덕분이었다. 그러나 마지막으로, 영주는 십중팔구 프랑스보다도 더 많이 존재했을 상당히 풍부한 농업프롤레타리아를 잔존 영주직영지의 경작노동력으로 사용할 수 있었다. 이 점을 이해하기 위해서는 마을의 주민이 어떻게 구성되어 있었는지를 살펴봐야 한다. 당시 프랑스와 독일 및 영국에는 '부농'(laboureur)과 '빈농'(brassier)이라는[19] 두 부류의 주민이 있었다. 그러나 빈농은 프랑스보다 영국

---

18) 13세기 말엽에 성립하고 14세기에 입법과 법률의 집행 및 사법 면에서 상당한 권한을 행사하는 영국의 주요 통치기구로 자리잡은 의회를 가리키는 것으로 보인다. 프랑스에서는 이런 의회 조직이 없었고 다만 삼부회가 있었으나, 삼부회는 주로 재정 문제에 관한 국왕의 자문기구에 불과했다.

19) 여기에서 부농이라고 번역한 'laboureur'란 어원적으로는 쟁기와 이를 견인할 역축을 가지고 농사짓는 농민이라는 뜻이다. 따라서 원래는 쟁기농이라고 할 수 있다. 이에 비해 빈농이라고 번역한 'brassier'란 때로는 'manoeuvre'라고도 불리는 것으로, 원래 쟁기와 역축을 가지고 있지 못해 삽이나 괭이를 사용해서 팔(bras) 힘 또는 맨손(main)으로 일하는 사람이라는 뜻이다. 따라서 무쟁기농이라고 할 수 있다. 전근대의 농촌사회에서 땅을 갈이질하는 일은 곡식을 재배하기 위해 필수적이고 가장 중요한 일이면서도 매우 힘든 작업이었으므로, 쟁기와 이를 끌 역축을 갖고 있느냐의 여부는 농민의 노동능률과 생활수준에 절대적인 영향을 미친다. 일찍이 카롤링왕조 시대의 장원농민은 쟁기와 역축을 지참하지 못한 경우에는 지참한 농민보다 영주직영지에 대한 부역노동 수행일수가 훨씬 길었다. 무쟁기농은 자신의 보유지를 경작할 때도 쟁기농보다 더 힘들었을 것임은 물론이다. 또한 쟁기와 역축의 소유여부는 노동의 고단함에 영향을 미치는 데 그치지 않고 그 자체가 빈부격차를 의미하는 동시에 농업생산의 차이를 낳아 빈부격차를 확대시킨다. 실제로 쟁기 및 역축과 같은 중요한 생산수단을 가지고 있는 농민은 중세 후기 이후 독립자영농민이나 부농으로 성장한 데 반해, 그런 수단을 갖지 못한 농민은 오두막집과 조그만 면적의 토지 정도밖에 없는 실정이어서 생계유지를 위해 부유한 농민에게 품을 팔지 않으면 안 되는 빈농으로 전락했다. 따라서 중세 후기 이후 프랑스를 비롯한 서유럽 농촌사회에서 쟁기농은 사실상 부농을, 무쟁기농은 경제적으로 쟁기농에게 의존하지 않을 수 없는 빈농 내지 영세농을 지칭하는 말이 되었다. 요컨대, 시기에 따라 laboureur는 각각 쟁기농이나 부농으로, manoeuvre는 무쟁기농이나 빈농으로 번역할 수 있다고 하겠다. 그렇지만 이 책에서 이 말들이 표현하는 시기는 중세 후기 이후이므로, 이 책에서는

에서 더 많았던 것으로 보인다. 무엇 때문일까? 이를 이해하기 위해 작은 농촌사회의 내부구조를 살펴보자. 일정하게 고정된 크기를 지닌 농민보유지는 프랑스보다 영국에서 더 뒤에까지 존속했다. 그런데 이런 농민보유지는 한 세대의 농민가족을 부양할 수 있는 크기의 토지 곧 '하이드'(hide)의[20] 형태로 되어 있지 않고, 프랑스의 동부지역에서 종종 발견되는 망스의 사 분의 일 크기밖에 안 되는 영세한 규모의 토지 즉 '버게이트'(virgate) 형태로 되어 있었다. 아무튼 빌런 신분의 농민이 보유한 토지는 대략 그 정도로 영세한 크기를 유지하고 있었다. 이에 비해 소위 자유보유지의 크기는 그처럼 영세하지 않았다. 영국의 농촌사회에서 빈농이 많았던 것은 물론 농민보유지의 양도금지 때문일 뿐 아니라 또한 상속규칙 때문이기도 했다. 일반적으로 빌런의 보유지는 단 한 명의 상속인에게만 상속하는 것이 허용되었다. 상속에 관한 관습에 의하면 막내나 장남이 상속인이 되었다. 장자상속제는 처음에는 그리 널리 시행되지 않았으나, 장자상속이 관행이 되어 있는 기사 계급의 봉토 제도를 모방해 확대되었다. 그래서 물론 —— 여기에서 우리는 우리가 이미 알고 있고 우리가 앞으로 명확하게 말하게 될 한 가지 특성을 다시 보게 된다 —— 하나의 아들에게만 보유지를 상속한다는 원칙이 쉽게 지켜질 수 있었던 것은 상속권이 대개의 경우 농민보유지를 보유한 농민에게 완전히 인정되지 않았으므로 토지보유자가 사망하면 그 보유자의 상속인을 선택하는 권한을 영주가 행사했던 사실 때문이다. 영주는 단 한 사람을 농민보유지의 상속인으로 선정하는 것이 유리했다. 그렇게 하는 것

각각 부농과 빈농으로 번역한다.

20) 'hide'란 중세 영국의 장원체제에서 한 세대의 농민가족이 생계를 유지하면서 영주에 대한 의무를 이행할 수 있는 크기의 토지를 일컫는 말이다. 프랑스어의 망스와 녹일어의 '후페'(Hufe)에 해당한다.

이 공납의 징수를 용이하게 했기 때문이다. 그 결과로 여타의 아들은 상당히 불안정한 처지에 놓이게 되었다. 그들의 다수가, 흔히 미개간 공유지의 작은 땅뙈기에 거처를 정한 '오막살이농'(cotter)이나 '무단거주자'(squatter) 집단에 편입되었다. 이들이 날품팔이꾼 노동력이었다.

그 후에 이런 농업프롤레타리아로 된 노동력조차도 너무나 비용이 많이 드는 것처럼 보였을 때는 새로운 타개책을 모색했다. 그것은 토지에 곡물을 경작하지 않고 목축을 하는 것이었다. 우리는 이에 관해서 다시 검토할 것이다.

2. 농민적 토지소유의 쇠퇴

중세 말 영국의 장원제 변화와 관련된 다른 또 한 가지 특징은 잘 알려져 있다. 그것은 농민적 토지소유의 경우, 그 대부분이 토지에 대한 농민의 권리가 확고하지 못했다는 점이다. 부자유인은 점차 사라졌다. 엘리자베스 여왕 치하에서 농노에 대한 마지막 해방이 있었다. 그리하여 인신에 대해 부과하던 조세는 더 이상 영주에게 수입이 되지 못했고 부역노동을 부과하던 근거는 이제 의미를 잃고 말았다. 반면에 14세기와 중세 말기 이후 점점 더 자주 등본에 의한 농민보유지 즉 '등본보유지'(copyhold)라고 불리는 빌런 신분의 농민보유지는 다수 잔존했다. 1367-68년의 한 재판소 문서——이 용어가 발견되는 가장 오래된 문서——에는 "J라는 자는 작은 수도원 원장의 토지를 그 수도원장의 뜻에 따라 장원재판소의 토지대장의 등본에 의거해서 보유하고 있음이 판결로 인정되었다"라고 기록되어 있다. 주지하다시피 12세기에는 국왕재판소가 빌런을 보호하지 않았다. 빌런은 오로지 장원재판소의 지배만을 받게 되었으며, 13-14세기 무렵에는 관례적으로 각 장원에서 자유보유지를 보유한 사람을 재판하는 재판소와 부자유보유지 —— 즉 빌런보유지 —— 를 보유한 사람을 재판하는 재판소가 엄격하게 구별되기 시작했다. 전자의 재판소에서는 재판이 같은 신분의 동료에 의해 이루어진다는 원칙을 볼 수 있다. 영주의 대리인은 자유인으로 구성된 법정을 주재만 했을 뿐이다. 후자의 재판소에서는 영주의 대리인이 그 자신 단독으로 판결을 내렸다.

그렇지만 사실은 어느 날 국왕의 재판권이 간여하는 것이 불가피해졌다. 토지보유에 관한 권리상실은 때때로 공공의 평화에 해를 끼쳤기 때문이다. 이처럼 국왕의 재판권이 개입하는 사태가 발생하게 된 것은 바로 15세기의 혼란스러운 사회환경 속에서였다. 원래 사실은 이런 국왕재판권 행사의 주요 목적 가운데 하나는, 정확히 말해서 '보통법'(Common Law)이[21] 미처 대비하지 못하고 '형평법'(equity)에[22] 어긋나는 경우에 대한 해결책을 찾아내는 것이었다. 형평법상의 재판소가 보통법상의 재판소와 병존했다는 점이 영국 법제의 주요 특징 가운데 하나였다. 1378-79년 이후 형평법 대재판소, 곧 대

---

21) 보통법의 의미는 크게 두 가지로 해석된다. 첫째, 지역재판소나 장원재판소에 적용되는 국지적(局地的) 관습과는 달리 영국 전체에 공통된 관습이 적용되는 국법이라는 의미이다. 둘째, 제정법(制定法)과는 달리 관습과 선례 및 전통에 입각한 법이라는 의미이다. 보통법은 관습법과 판례법을 근간으로 하며, 특징적 제도로는 선례주의, 배심제, 법의 지배 등을 들 수 있다. 여기에서 블로크가 쓰고 있는 의미의 보통법은 관습과 전통 및 판례에 기초한 법으로 이해된다.

22) 형평법이라는 말 자체는 형평, 정의, 평등 등을 의미한다. 보통법은 봉건사회의 토지법을 중심으로 관습과 전통 및 판례에 근거하기 때문에 공평성과 정의 면에서 문제가 있을 수 있었다. 형평법은 바로 보통법의 이런 불비점을 보충하고자 한 데서 유래한다. 형평법은 그것을 적용하는 재판소가 사실관계를 확정하는 데 배심원을 두지 않으며, 재판관은 보통법의 한계를 개선하기 위해서 특별한 자유재량권을 행사하며, 보통법을 고려하지 않고 정의의 관념에 따라서 분쟁을 조정할 권한을 행사한다는 법률적 특성을 지닌다.

법관청(大法官廳. chancellery)은 등본보유지 보유자의 고소를 접수할 권리가 자신에게 있다고 간주하기 시작했으며, 15세기에는 그런 소송사건이 증가했다.[23]

··

왜 이런 매우 의식적인 태도가 생겼을까? 거기에는 세 가지 이유가 있었다. 첫째, 영주직영지를 확장할 수 있다는 것이다. 둘째, 소작료를 인상할 수 있다는 것이다. 셋째, 토지의 양도세(droits de mutation)를[24] 수탈할 수 있다는 것이었다.[25]

그로부터 중세 말경에 영국의 장원에는 여러 종류의 농민보유지에 대해 다수의 권리가 병존하는 결과가 생겼다. 법적 그리고 용어상의 수많은 세부적 차이를 무시하면, 농민보유지는 크게 봐서 현실적으로 다음과 같이 분류할 수 있다고 생각한다.

첫째, 고정된 소작료와 역시 고정된 양도세를 납부하는 조건으로 보유하는 세습적 농민보유지. 이런 의미로 관습이 고착된 경우의 대다수 자유보유지와 상당수 등본보유지가 이에 속한다. 이들 농민보유지는 경제적 측면에서는 그렇지 않았지만 법적인 측면에서는 어떤 보유권 박탈에 대해서도 보호를 받았다.

둘째, 위의 농민보유지와는 정 반대로, 오로지 영주의 '마음대로'

---

23) 누락. 여기부터 원고지 1쪽 분량이 없어졌다.
24) 보유지를 상속하거나 토지의 보유권이 남에게 양도될 때 징수되는 부담금을 말한다.
25) 이를 통해 봤을 때, 위에서 누락된 부분은 국왕재판소가 공공의 평화를 유지하기 위해 장원농민의 토지보유에 간여하는 경우가 있기는 했지만, 영주는 토지에 대한 절대적인 권리를 이용해서 농민보유지를 회수하거나 소작기간을 짧게 했다는 요지의 내용이었던 것으로 추측된다.

보유조건이 정해지는 농민보유지. 이런 보유지는 일부 부자유보유지가 변화를 겪은 결과 나타나는 최종적 형태였다.

셋째, 여러 해 동안 양도되는 한시적 농민보유지. 대개의 경우 영주직영지나 공유지에서 떼어 내어 창출된 보통의 소작지가 이에 해당되었으며, 또한 일부 등본보유지도 이런 보유지에 속했다. 당연히 소작기간의 만료 시점에서는 소작료가 변경될 수 있었다.

넷째, 한 사람 또는 심지어 여러 사람의 일생 동안 보유할 수 있으나 세습적이지는 않은 등본보유지. 이 경우에 관습에 의해 지대와 부역이 상당 수준으로 고정되었을까? 그랬을 수 있다. 그렇지만 이 경우에 관습이 잘 지켜졌는지에 대해서는 의문이 든다. 어쨌든 토지양도세는 고정되어 있지 않았다.

다섯째, 세습적인 보유권이 인정되기는 했으나, 이따금 회수되어 영주직영지에 편입될 가능성이 있었고 흔히 임의적인 토지양도세가 부과되었던 등본보유. 2년간의 소득을 상회하는 '부담금'(fine)을 농민에게 부과하는 것은 '부당하다'는 판례규정이 생긴 것은 17세기뿐이었으나, 그런 판례조차 천천히 그리고 많은 예외를 남기면서 나타났을 뿐이다. 실제로는 농민보유지 보유자에게 그의 지불능력을 넘어서는 막대한 부담금을 요구함으로써 농민들로부터 토지보유권을 쉽게 박탈할 수 있었다.

요컨대, 영국에서는 토지를 직접 경영하는 습관을 잃지 않았던 영주 계급이 존재하는 가운데 법적으로 제대로 보호받지 못하는 농민적 토지소유가 존속했다. 또한 영주는 토지에 대한 자신의 권리를 통해 다음과 같은 두 가지 방법 가운데 하나를 선택할 수 있었다. 소작료를 인상하든지 아니면 농민을 토지에서 내쫓고 자신의 직영지를 확장할 수 있었다. 이 두 가지 다 영주의 수입을 증대시키거나 적어도 그들의 수입을 경제상황에 따라 조절할 수 있게 했다. 영주들은 어느 쪽을 선택했을까?

3. 정치적 · 사회적 세력관계의 변화

이런 영주 계급은 어떻게 되었을까? 프랑스에서와 마찬가지로 영국에서도 영주 계급에 변화가 있었다. 장미전쟁으로 귀족은 혹독한 타격을 입었으며 젠트리의 피해도 매우 심했다. 게다가 영주 계급은 물가상승에 즉각 대응하지 못했기 때문에, 이에 따른 어려움까지 겪었다. 칼레의 상실, 즉 '프랑스에 의한 칼레의 탈환'(Recovery of Calais)[26] 후에 추밀원(Le Conseil Privé)은[27] 1558년에 많은 금전을 징수할 수 없었던 이유에 대한 설명으로 "귀족과 젠트리는, 그 대다수가 전보다도 더 많은 소작료를 수취하지 못하는 데도 그들이 필요로 하는 물건값은 뭐든지 세 배나 더 비싸게 지불해야 하므로, 과거와 같이 징수금을 부담할 수 없다"라고 기록하고 있다.

이런 까닭으로 상인부르주아지의 지위가 상승했다. 물론 그 전부터 부르주아지는 존재해 왔으므로 이것이 전혀 새로운 현상은 아니었다. 이를테면, 폴(Pole) 가문은 헐 시의 상인을 그들의 조상으로 하고 있으며, 그 가문의 한 사람이 1296년에 기사가 되었다. 기사가 된 이 사람의 손자는 국왕 리처드 2세의 대법관이 되었고 1385년에는

---

26) 1452년 보르도 전투에서 프랑스 군대의 결정적 승리로 백년전쟁이 종식되었다. 영국은 도버해협 건너편의 칼레와 그 주변지역을 제외하고는 프랑스 내의 영토를 거의 다 잃었다. 이렇게 영국의 영토로 남아 있었던 칼레마저 1558년에 프랑스가 재탈환하면서 잃게 된 것을 말한다.

27) 영어로는 the Privy Council이다. 헨리 7세 시절에 설립된 국왕의 자문회의가 1536년에 19명으로 구성된 집행기구로 전환되면서 Privy Council(추밀원)이라는 명칭으로 개칭되었다. 1540년 이후에는 정책의 입안, 법원에 대한 감독, 회계청의 재정 관리, 지방행정의 조정 등의 권한을 수행했다.

서퍽의 백작이 되었다. 좀 더 뒤에 그 가문은 공작의 작위를 취득했으며, 서퍽의 2대째 공작은 에드워드 4세의 누이동생과 결혼하게 된다. 그로 인해서 이 상인 출신의 후손은 헨리 7세와 헨리 8세 시절에 이르러서는 왕위의 계승권을 주장하게 된다. 그 귀족 가문의 이름을 지닌 마지막 사람은 프랑스의 프랑수아 1세의 측근으로 파비아 전투에서 피살되었다.[28] 러슬(Russell) 가문은 이 가문보다 운이 더 좋았다. 이 가문의 조상은 1442년에 가스코뉴(Gascogne)라는 이름을 부여받았던 도시트 지방 소재 웨이마우스의 포도주 상인이었는데, 가스코뉴는 유명한 포도주의 원산지를 가리키는 말이다.[29] 홀바인(Holbein)이라는 이름으로 묘사된 그의 고손자는 베드퍼드 백작이 되었으며, 헨리 8세와 에드워드 6세 및 메리 여왕의 충신이었다. 1552년에 그에게서 몰수된 재산은[30] 런던의 코벤트 가든의 성벽 옆에 있는, 당시의 시가로 5리브르가 나가는 토지였다.

많은 문헌기록이 보여주듯이 16세기에는 훨씬 더 많은 신흥 부유층이 이미 존재했다. 1550년에 레버라는 한 설교사는 다음과 같이 말했다. "런던의 상인들은 그들의 직업활동으로 번 돈을 단순히 즐기고 타인을 돕는 데만 사용하지 않는다. 반드시 그들은 존경스런 젠트리와 근실한 부농 및 가난한 농업노동자가 감당할 수 없는 금액으로 농토를 사 두기 위해 그들의 돈을 농촌으로 보낸다."[31] 중상주의적

---

28) 원정에 참가한 사람은 리처드 드 라 폴(Richard de la Pole, 1480~1525)이라는 이름을 가진 사람이고, 이탈리아의 파비아에서 피살된 해는 1525년이다.

29) 가스코뉴는 프랑스 남서부에 있는 지방을 말하며, 이 지방의 포도주는 보르도 항구를 통해서 해외에 수출되었다.

30) 베드퍼드 백작은 반대파의 비난으로 궁지에 몰려 이 해에 권력과 재산을 몰수당했다. 그러나 이 가문의 작위와 막대한 토지는 20세기까지도 전해져 오고 있다고 한다.

31) Arber, ed., *Lever's Sermons*, 1870 참조.

관점에서 토머스 크롬웰(Thomas Cromwe, 1485-1540)은[32] 헨리 8세가 재임하던 1535년에 상인들이 그들의 재물을 토지매입에 쓰지 못하게 하고 모든 상인은 "토지에서 연간 40파운드 이상의 수입을 갖지 못하게끔" 하는 칙령을 내릴 생각까지 했다. 사실 상인은 농촌에 처음에는 종종 차지농으로 전입하기도 했으나, 또한 종종 소작료 수취생활자로도 전입했으며, 그들의 아들들은 젠트리의 일원이 되었다. 그리하여 상인층과 젠트리 간의 융합이 아주 크게 이루어졌다.

그런데 지주층 젠트리(landed gentry)는 다음과 같이 두 가지 기관에 종사했다.

첫째, 치안판사다. 젠트리는 치안질서의 관리자였고, 그 후 점차 치안판사(justice of peace)가[33] 되었으며, 1362년에는 노동자법의 시행 책임자가 되었다. 한편 치안재판의 개정(開廷)이 정례화되었다. 치안판사의 자격요건은 모호했다. "최고의 자격을 갖춘 사람은 그 지방의 에스콰이어와 젠틀맨이다"라고[34] 하고 있을 뿐이다. 헨리 6세 시

---

32) 대장장이의 아들로 태어나서 젊은 시절에 용병부대와 상업에 종사한 경력이 있었으나, 그 후 법률가가 되고 의회를 시작으로 헨리 8세 시절의 왕궁에 이르기까지 두루 고위 관직을 역임하면서 국왕의 권력강화를 위해 각종 개혁을 추진한 영국의 정치가. 특히 그는 헨리 8세의 이혼 문제를 해결하기 위해 영국의 교회를 로마에서 독립시켜 영국 국교회를 설립하고 영국 국왕을 영국교회의 수장으로 삼는 법률을 의회에서 통과시키는 책임을 맡았으며, 수도원의 해산과 수도원이 소유한 토지 및 재산의 몰수를 지휘했다. 그는 에식스의 백작 작위까지 받을 정도로 출세했으나, 결국 반역죄 및 이단죄로 참수되었다.

33) 영국에서 1327년에 설치된 하급 판사직으로, 군주의 임명을 받아 지정된 지역에서 치안유지 업무를 수행했다. 치안판사의 주요 임무는 증거가 확실한 사건의 경우에 범인을 재판에 회부하고, 범죄가 경미한 경우에 약식으로 선고하고 처벌하며, 가석방 조치를 취하거나, 각 주에서 1년에 4회 개정되어 경미한 민형사 사건을 재판하는 사계절 재판소에서 재판관 역할을 하는 것이었다.

34) 에스콰이어(esquire)는 스콰이어(squire)에 비해 후기에 나타나는 말이지만,

절에 치안판사는 연간 20리브르의 보수를 받았다. 그들은 국왕이 임명하기는 했으나, 결코 해임되지는 않았다.

둘째, 의회다. 수도원들의 해산(1536-39)으로[35] 계급들 사이의 융합이 촉진되었다. 국왕은 몰수된 대부분의 수도원 토지를 기증하거나 매각했다. 귀족, 젠트리 — 다수의 젠트리가 수도원 재산의 관리자로서의 역할을 해 오거나 수도원의 재산을 임차해 오고 있었다 —, 런던에 있는 상인조합의 상인 등 온갖 계급이 수도원 토지의 매입자로 나섰다.[36]

4. 인클로저와 장원제의 해체

인클로저: 총론

중세 말 이래 영국의 풍경을 변모시킨 농업혁명(Révolution agraire)을[37] 총괄하는 개념이 있다. 그 말은 '인클로저'(enclosure)다. 우리

스콰이어와 동의어다. 스콰이어에 대해서는 이어지는 뒤의 주석 57번을 참조. 젠틀맨(gentleman)은 젠트리의 일원이라는 뜻이다.

35) 헨리 8세와 크롬웰의 압력을 받은 의회의 결의를 통해 1536년부터 해산되기 시작한 수도원의 수는 1539년 11월까지 총 560개에 달했다. 이에 따라 엄청난 규모의 토지와 보석류 및 성직록 수입이 왕실에 귀속되었다. 그러나 몰수된 토지의 일부는 왕실의 재산이 되거나 국왕의 공신에게 하사되기도 했지만, 90퍼센트 이상에 달하는 대부분의 토지는 귀족과 젠트리에게 유상으로 매각되었다. 그 중에서도 1558년까지 진행된 수도원 토지 매각의 최대 수혜자는 중간급 젠트리였다.

36) 이 대목은 미완성이다.

37) 영국의 역사에서 중세부터 시행되어 오던 삼포식 농법과 개방경지제를 폐기시킨 18세기의 인클로저 운동과 농업기술의 진보 및 농업경영의 근대화를 총칭하는 말. 18세기에 영국사회에서는 의회의 주도로 토지의 대대적인 인클로저화 사업이 추진되어 대지주와 차지농업자본가가 형성되고 그에 따라서 농

가 뒤에서 살펴보게 되는 바와 같이, 그것은 실상 복잡한 현실을 내포하는 말이지만 그렇다고 해서 모든 것을 포괄하는 말도 아니다. 또한 그 말은 뜻이 모호한 채 사용되기도 했다. 그러나 그 말은 우리의 눈에 감지될 수 있는 구체적인 사실, 즉 영국 농촌의 곳곳에서 심대한 변화가 일어나고 있다는 명백한 표시가 되는 울타리의 돌연한 출현을[38] 암시하는 장점을 지니고 있다. 그리고 또한 그 말은 오늘날 우리가 파악하기 어렵기는 해도 고문서를 펼쳐 보기만 하면 웅성거림으로 가득 차고 매우 격렬했음을 간파할 수 있는 인간들의 반향(反響)을 전해 주는 장점도 지니고 있다. 왜냐하면 오늘날 정치에서 사용되는 구호들 가운데 가장 논란이 많은 구호처럼, 그리고 하루 8시간 노동 및 주당 40시간 노동에 관한 법률이나 사회보험 또는 파시즘에 관한 찬반논란 등 수많은 예처럼, 당대의 사람들 사이에 인클로저에 대한 찬반의 논란이 뜨거웠기 때문이다.

인클로저 반대론: 미천한 사람들의 청원(1604)

전 세계로부터 영국은 '행복한 영국'이라는 멋진 이름을 선사받았다. 그러나 인클로저로 때문에 이런 행복과 즐거움은 끝났다. 이제는 '탄식하는 영국', '비탄에 잠긴 영국'이라는 말을 듣게 되었다. "산수유나무와 가시나무가 영국을 황폐하게 만들 것이다"(Horne and thorne shall make England forlorne)라는 옛날의 예언도 있다. 그리고

업경영이 근대화되었다. 또 한편으로는 토지의 휴경제를 없애고 사육가축의 수와 두엄의 생산량을 크게 늘린 밀→순무→보리→클로버 순서의 새로운 윤작체계(이른바 노퍽 농법)가 실시되고 축산물의 생산량을 비약적으로 증대시킨 가축의 품종개량이 이뤄짐으로써 농업생산력이 획기적으로 향상되었다.

38) 지주의 사적 소유권을 강화함으로써 영국 농업의 자본주의적 발전에서 결정적 역할을 한 '인클로저'의 원래 뜻은 '토지를 울타리로 둘러막다'는 것이다.

또 신교의 목사 존 무어가 1653년에 만든 팸플릿이 있다. 이 팸플릿의 제목은 "영국의 묵과할 수 없는 죄악은 가난한 사람을 돌보지 않는 것"이라고 되어 있다. 우리는 이 제목만으로도 그 내용이 무엇인지를 충분히 짐작할 수 있다. 이 팸플릿 속에서 우리는 인클로저, 즉 마을의 주민을 절멸시키고 농토를 없애 버린 인클로저가 하나님의 말씀으로 고발되고 유죄가 입증되며 유죄판결을 받고 있음을 보게 된다.[39] 존 무어는 거기서 인클로저를 추진한 사람의 가문은 삼대가 지난 후에는 자손이 끊겼다는 민간에 전파된 미신을 서술하고 있다.

인클로저 찬성론

존 무어와 동시대인이거나 거의 같은 시대의 사람인 농학자 휴턴은 1693년에 일반적으로 인클로저는 "스페인 국왕의 포토시 광산보다 더 큰 수익을 우리들에게 가져다 줄 것이다"는 견해를 표명하고 있다. 그리고 18세기 말에 공리주의 철학의 아버지인 제레미 벤담(Jeremy Bentham, 1748-1832)은[40] 인클로저화된 농촌의 풍경을 "진보와 행복의 가장 확실한 표시 가운데 하나"로 간주했다. 이와 같이 서로 다르게 평가된 인클로저 현상이란 무엇인가?

이를 이해하기 위해서는 경지 제도를 살펴봐야 한다. 거의 모든 영

---

39) John Moore, "The crying Sin of England of not caring for the Poor, wherein Inclosure, viz. such as doth Unpeople Townes and Uncorn Fields, is arraigned, convicted and condemned by the Word of God.". 이 팸플릿은 1653년 5월에 루터워스에서 행해진 두 가지 설교로 구성되어 있다. 그것의 직접적 공격 대상은 카소프 지역(레스터셔 소재)의 인클로저였다.

40) 인간의 이기심에 근거한 '최대 다수의 최대 행복론'으로 유명하며, 근대적 입법의 자유주의적 개혁을 주장하고, 경제학적으로는 철저한 자유방임주의적 태도를 취한 영국의 사회사상가. 이런 철학과 태도를 가진 그는 당연히 인클로저를 긍정적으로 보기 마련이었다. 그의 저서로는 『도덕 및 입법의 원리 서론』(Introduction to the Principles of Morals and Legislation) 등이 있다.

국은 개방경지(open-field), 다시 말하면 설치된 장애물 없이 개방되어 있으면서 기다란 모양을 한 경지로 이루어져 있었다.[41] 개방경지는 우리가 곧 보게 될 보카주, 즉 삼림지대(woodland)와는 대조되는 넓은 들판으로 되어 있었다. 개방경지제는 영국에만 있었던 것이 아니고 국제적인 성격을 띠었으며,[42] 그것의 두드러진 특징은 울타리가 없다는 점이다. 왜 울타리가 없었을까? 그것은 농민보유지들의 경지와 종종 영주직영지의 상당 부분 경지가 구획지별로 가지런하게 배열된 형태를 띠었던 것,[43] 경지의 집단방목장으로의 이용('추수 후의 밭에 대한 가축 공동방목권[common of shack]')[44], 윤작강제(assolement forcé)의[45] 규칙 때문이었다. 처음에는 전체적인 계획이 없이 점진적으로 이런 토지가 확대됨으로써 농민공동체가 형성되었다.

---

41) 폭과 길이의 비율이 1대 20이 될 정도로 좁고 긴 경지 형태는 습기가 많아 중질토(重質土)로 되어 있는 북부 유럽에서 중세에 2필 이상의 황소나 말이 끄는 바퀴 달린 중량(重量)쟁기로 땅을 갈이질하는 데서 주로 생겨난 것이라고 알려져 있다.

42) 개방경지제는 웨일스, 아일랜드, 루아르 강 이북의 프랑스, 독일, 폴란드와 러시아의 대평원에서도 나타나며, 심지어 시리아와 펀자브 지방에서도 발견된다.

43) 일반적으로 농민보유지들과 영주직영지의 경지들은 여러 곳에 흩어져 있는 땅조각들로 구성되었으며, 흩어져 있는 일정한 크기의 장방형 땅뙈기는 구획지별로 서로 뒤섞여 나란히 배치된 모습을 하고 있었다.

44) 경지는 수확 후 그루터기나 잡초를 이용해 농민 공동의 가축 방목장으로 이용되었다.

45) 윤작강제란 삼포제 농법이 적용되고 추수 후의 밭이 공동방목장으로 사용되는 개방경지제에서는 경작자가 경지를 개별적으로 자유롭게 이용하지 못하고 경지의 일정 부분에는 경작자 모두 똑같은 작물을 재배하거나 정해진 때에 곡식을 파종하거나 수확해야 하는 등, 경지의 이용과 관련해서 개별 농민이 따라야만 했던 마을공동체의 강제적인 규칙을 말한다. 독일에서는 '경작강제'(Flurzwang)라고 한다.

울타리를 설치함으로써 경지를 집단으로 이용하는 것은 중단되었다. 그러나 더욱 중대한 사실은 울타리가 설치되려면 거의 반드시 농지를 정리해야 했다는 점이다.

모든 영국에 울타리가 설치되어 있었던 것은 아니다. 삼림지대에서나 토지가 척박한 지방에서도 울타리가 설치되어 있지 않았다. 그러나 당시의 켄트 지방에 관해서는 어떻게 되었는지 알기 어렵다. 모호한 점이 있다.

그런데 인클로저와 관련해 공유지는 어떻게 되었을까? 공유지는 거의 어디에나 존재했다. 공유지는 유럽대륙에서처럼 영국에서도 농촌생활에 불가결한 것이었다. 공유지 무단거주자와 품팔이꾼이 다른 곳에서보다 영국에 더 많았음을 고려한다면, 공유지는 어쩌면 영국에 더 필수적이었을 것이다. 그런데 공유지의 법적 성격은 다른 곳에서와 마찬가지로 영국에서도 대단히 불분명했다. 그 대표적인 예는 동일한 임야가[46] 『둠즈데이북』에서 어떤 때는 '장원의 임야'라고 불리기도 하고 어떤 때는 '마을의 임야'라고 불리기도 했다는 것이다. 그런데 공유지는 소유토지를 확대하고 싶어하는 사람, 곧 부유한 농민이나 영주 같은 사람의 매력적인 침탈 대상이 되었다. 개인적인 점유를 통해 공유지에서 새로운 밭을 일구어 낸 사람은 그가 누구든지 그의 첫째 관심은 당연히 밭 근처를 떠돌아다니는 가축이 그의 밭에 들어가지 못하도록 울타리를 설치하는 것이었다. 그러므로 우리는 '공동경지'(common field)의 인클로저 외에 '공유지의 인클로저'(enclosure of commons)도 존재했음을 알 수 있다.

요컨대, 인클로저는 어떤 고장 전체에 실시될 때 다음과 같은 일련의 여러 현상을 가리킨다. 그러나 언제나 그런 것은 아니다.

---

46) 공유지는 보통 임야나 황무지로 구성된다.

첫째, 그때까지 온통 개방되어 있던 경지를 울타리로 둘러치는 것.

둘째, 외따로 떨어져 있는 밭이든 들판 전체든 또는 어떤 고장 전체든 간에 경지의 이용에 제약을 가하는, 추수 후 경지의 공동 방목장으로의 사용을 철폐하는 것.

셋째, 기다란 모양의 밭뙈기로 된 고장에서는 거의 불가피했던 농지정리를 통한 농토의 통합.

넷째, 공유지를 개인적인 이용토지로 할양하는 것…….[47]

인클로저의 역사와 장원제

[제2기] ……그런데 인클로저의 이런 전개는[48] 다음과 같은 몇 가지 이유로 인해 군주국인 영국을 대단히 불안하게 만들었다. 첫째, 기근과 외국에서 밀을 수입하는 데[49] 따른 무역수지의 적자에 대한 공포이다. 둘째, 농민들의 부랑화(浮浪化)에 대한 공포이다. 셋째, 특히 재정과 군사 면에서의 우려이다. 이런 재정적·군사적 측면에서 야기될 문제에 대해서는 프랜시스 베이컨(Francis Bacon, 1561-1626)

---

47) 누락 부분(원고지 4쪽 분량)은 인클로저의 진행과정에 대한 서술과 인클로저의 초기 역사에 관한 내용이었을 것으로 추측된다.

48) 인클로저의 역사에 대한 블로크의 시대 구분에서 그 내용의 기술이 일부 누락된 제2기는 아마도 헨리 7세로부터 시작되는 튜더왕조의 개막에서부터 1660년 왕정복고 이전까지의 기간이고, 제1기는 튜더왕조 시작 전의 중세 후기 곧 13세기에서 15세기 말 이전까지의 기간이었던 것으로 추측된다.

49) 15세기에서 17세기에 걸친 이른바 제1차 인클로저는 대체로 양털 가격의 상승으로 곡물농업보다 양털을 생산하는 목양업이 수지타산이 더 맞다고 생각한 대토지소유자들이 농민보유지들에서 농민들을 내쫓고 공유지까지 침탈하고 사유화하면서 울타리를 쳐 양 사육을 위한 대규모의 목장을 만든 것이다. 따라서 인클로저가 진전됨에 따라서 곡물경작지의 축소로 식량생산이 대폭 감소함으로써 기근이 발생하고 곡물수입이 증가할 수밖에 없었다.

이[50] 헨리 7세에 관한 그의 전기에서 "귀족층이 많으면 많을수록 납세자 수는 적어진다"라고 말하고 있다. 그는 또 다른 글에서 말하기를 "군대의 주력은 보병으로 구성된다. 그런데 보병을 강하게 만들기 위해서는 군인들이 농민들의 비참함과 귀족층의 부유함이 영향을 미치지 못하는 곳에서 식사를 제공받고 훈육되어야 한다. 그들에게는 비참한 삶이나 지나치게 호사스런 삶의 방식과는 다른, 즉 중간 정도의 방식을 취하는 것이 필요하다. 어떤 국가에서 대부분의 사람이 귀족이고 농민 즉 쟁기질하는 사람들이 귀족에게 힘든 노동을 수행하는 일꾼 역할만 하는 상황이 발생하는 경우에는, 강한 기병대를 보유할 수는 있겠지만 강력한 보병 부대는 가질 수 없다는 것은 바로 그 때문이다"라고도 했다.[51]

이런 이유로 해서 헨리 7세 때부터 시작되고 왕권 자체가 특별히 강력하여 반대파를 억압하기로 결심했을 때마다, 인클로저에 대해 강화된 일련의 조치가 취해졌다. 이를테면, 토머스 울지(Thomas Woolsey〔Woosey나 Wulcy라고도 부른다〕, 1475~1530)의[52] 권세가 대단하던 때인 1517년에 광범한 조사가 행해졌다. 그렇지만 이런 조사에는 법정소송이 뒤따랐다. 그리고 프랑스 왕 샤를 5세가 파견한 사절의 한 편지에 의하면 에드워드 6세의 통치 초기에 섭정 서머셋

---

50) 유명한 철학자 베이컨을 말한다. 그는 의회 의원과 고위 관직을 역임하고 작위를 받기도 했다. 그는 1621년에 다음에 언급되는 『헨리 7세 왕의 통치사』(*The History of the Reign of King Henry the Seventh*)를 썼다.

51) F. Bacon, *Histoire du règne de Henry VII*……, 프랑스어 번역본(Paris, 1627), pp. 179~180.

52) 미천한 집안에서 태어나서 성직으로는 요크 대주교와 추기경의 자리에까지 오르고 관직으로는 대법관으로서 왕의 주요 고문관이 되어 상서청과 재판소 및 상원을 지배하면서 법적·행정적 개혁을 추진했던 영국의 정치가. 그러나 그는 교황으로부터 헨리 8세의 이혼 허가를 얻어내지 못함으로써 몰락했다.

(Protector Somerset, 1506-52)은[53] 1549년에 추밀원에서 농민반란에 대해서 "농민들의 요구는 정당하다. 왜냐하면 자신의 가축을 방목할 땅을 보유하지 못한 가난한 사람은 공유지를 보존하지 않으면 안 되기 때문이다"라고 언명했다고 한다.[54] 또 추밀원에 의한 통치가 이루어지고 추밀원의 사법위원회가 사실상 의회를 대신했던 찰스 1세 치하에서는 반인클로저 법이 ─ 비록 의회에는 이 법을 상당히 격렬하게 반대하는 반대파가 있기는 했지만 ─ 제정되어, 무엇보다 공유지를 가로채는 행위와 울타리 치기가 금지되었다. 이 울타리 치기 금지는 울타리 치기가 경작지를 목장으로 바꾸는 결과를 초래했기 때문이다.

그러나 이런 법적 조치에서 농지의 겸병(兼倂)을 억제하려는 의도는 상대적으로 훨씬 약했다. 인클로저에 관한 새로운 법률을 제안했던 베이컨이 1597년에는 '시대에 뒤떨어진 낡은' 법이라고 불렀던 이들 법률을 일일이 열거하는 것은 쓸데없는 짓이다. 이런 법률의 제정이 거듭되었다는 사실 자체가 이 법률이 제대로 지켜지지 않았음을 입증한다. 이들 법률은 치안판사들의 저항에 부딪혔던 것이다.[55] 그리고 이 법률은 가끔 스튜어트왕조의 초기에는 법률 위반에 대한

---

53) 본명은 에드워드 시모어(Edward Seymour)이다. 헨리 8세의 셋째 왕비의 오빠로, 헨리 8세 시대에 군사적·외교적으로 여러 가지 중책을 맡았으며, 헨리 8세의 사망 후에 에드워드 6세가 미성년으로 즉위하자 외숙인 그는 섭정으로서 여러 고위 권좌를 독식하면서 막강한 영향력을 행사했다. 그러나 그는 그의 인클로저 대책위원회 설치와 양에 대한 세금부과 정책으로 말미암아 부자를 적대시하고 가난한 자를 지지한다는 혐의를 받게 되었고, 결국 1548-50년간에 생활고에 기인한 전국적인 반란과 폭동에 대한 진압 실패와 부정축재 혐의로 참수되었다.

54) *Calendar of Papers*, 스페인어본, vol. IX: "Edward VI, 1547-1549", p. 395.

55) 앞에서 본 바와 같이, 치안판사직은 인클로저화 과정에서 대규모의 토지를 집적했던 젠트리가 독점하고 있었다.

벌금부과를 통해서 세금을 강제로 징수하는 수단으로 변질되기도 했다. 그런 까닭에 이 법률은 인클로저를 저지하는 역할을 별로 하지 못했던 것으로 보인다. 거기에다 경제적 변화까지 영향을 끼쳤다. 엘리자베스 여왕 시절부터는 밀 가격이 높았던 것이다. 그 결과 인클로저가 계속되기는 했으나 곡물경작지의 목양장으로의 전환은 줄어들었다.

제3기: 왕정복고(1660)로부터 나폴레옹전쟁 말(1815)까지

이 시기는 정치적으로 젠트리가 지배하는 위대한 시대였으며, 경제적으로는 산업혁명과 농업혁명이 일어난 시대였다. 인클로저 운동은 과거와는 다른 모습으로 활기차게 재개되었다. 새로운 법적절차, 즉 의회입법의 형태를 띤 것은 바로 이 시기였다. 그러나 인클로저에 관한 의회입법은 사실 전혀 새로운 것이 아니었다. 잘 알려진 가장 오래된 의회입법이 이루어진 것은 제임스 1세 시절이다. 그러나 주목할 만한 것은 점차 단계적으로 의회입법이 증가했다는 사실이다. 즉 찰스 2세 치하의 14년간 4회, 1688년의 명예혁명 후 윌리엄과 메리가 단기간 통치한 시절에는[56] 6년간 2회, 앤 여왕 치하의 13년간 3회, 또한 조지 1세 치하의 13년간 16회, 조지 2세 치하의 34년간 226회였고, 1760년부터 1820년까지 장기간 통치한 조지 3세 아래서는 3,000회 이상이었다.

이런 인클로저에 대한 입법은 어떻게 이루어졌을까? 대지주, '스콰이어(squire)',[57] 교구목사 및 여타 몇몇 인사가 의회에 청원을 하

---

56) 명예혁명 후 이들 부부가 공동으로 군림했던 1689-94년간.

57) 'squire'란 원래 봉건적 군사조직에서 귀족 집안 출신의 젊은이가 기사 작위를 받기 전에 유능한 기사의 수행원 역할을 담당하여 기사로서의 마지막 훈련과정을 끝낸 예비 기사를 가리키는 말이었다. 그러나 봉건제가 해체되는

는 방식으로 이루어졌다. 아서 영(Arthur Young, 1741-1820)은[58] "대지주들은 보통 다른 찬동자를 불러 모으기 전에 먼저 합의를 보았고, 그들 사이에 주요 사항이 무엇인지에 대해서 결정을 내렸으며, 그들을 변호할 법률가를 선정했다"라고 쓰고 있다. 그러면 의회는 이를 승인하고 그 법의 초안을 작성하기 위한 하나의 위원회를 임명했다. 이 위원회는 흔히 법안 발의자의 친구나 친척으로 구성되었다. 이따금 반대의 취지를 피력하는 청원도 있었으나, 이런 청원은 대개 기각되었다. 더구나 청원의 수리 여부를 결정하는 기준은 청원에 관계된 사람의 수가 아니라 토지의 면적이었다. 인클로저에 관한 법안은 의회에서 표결을 거쳐 국왕의 서명을 받았다. 그 법률은 무엇을 규정했는가? 그것은 본질적으로──가끔 작은 면적의 공유지를 남겨 놓는 수가 있기는 했지만──공유지의 분할을 규정했다.

　　공유지와 관련해서는……[59]

　　과정에서 봉주에 대한 기사로서의 군사봉사 의무가 매년 납부하는 현금으로 대체되었고 포병과 보병 및 용병으로 된 근대적 군대의 등장으로 기사의 군사적 유용성이 약화되었다. 이에 따라 자신의 수입에 비해 군역 대체금액이 과중하다고 생각하고 기사의 작위에 대한 매력을 별로 느끼지 못한 귀족 계층이 기사가 되지 않고 스콰이어의 지위에 만족하게 되어 스콰이어 계층이 형성되게 되었다. 그리하여 스콰이어는 대토지를 소유한 지주 신분이라는 특별한 의미를 띠게 되었다. 그것은 흔히 장원의 영주라는 의미로 사용되었다. 여기에는 대토지를 소유한 젠트리까지 포함되었다. 'squir[e]archy'도 원래 기사의 종자 지위에 있던 계층을 뜻했으나, 지주 계급이라는 의미로 쓰이게 되었다.

58) 농업경제학의 기초를 놓은 영국의 농학자. 그는 18세기 말 농업혁명기에 개방경지 및 공유지의 인클로저화, 새로운 농작물의 재배, 토지의 대규모 경영 등을 주장했으며, 농업기술의 개량과 합리적인 경영방법의 보급에 힘썼다. 한편 그는 영국의 각 지방뿐 아니라 아일랜드, 프랑스, 이탈리아 등 각지의 농업실태를 면밀히 관찰해『아일랜드 기행』(A Tour in Ireland), 『프랑스 기행』(Travels in France) 등의 저서를 출간함으로써 유명한 사람이 되었다.

59) 원문 누락. 블로크는 여기서 공유지와 관련된 인클로저를 다룰 예정이었던

인클로저의 결과들: 토지에 대한 집단용익권(droit collectif)의[60] 상
실, 인클로저 작업에 드는 비용,[61] 농민추방.[62]

에드워드 로렌스(Edward Laurence, 1674-1739)는[63] 『영주에 대한

것으로 보이며, 개방경지와 공유지의 인클로저화로 인해 그 바로 아래와 같
은 결과가 빚어졌다는 결론을 도출하려고 했던 것으로 짐작된다.

60) 전근대의 유럽 농촌사에 관해 보다 상세히 기술한 블로크의 저서 『프랑스 농
촌사의 기본성격』에서 흔히 'servitude collective'라고 부르는 것과 같다고 할
수 있다. 그 책에 따르면 집단용익권은 수확이 끝난 곡물경작지와 풀을 벤 후
의 초지에서 그루터기나 두 번째 나는 그루풀을 이용해 마을 공동의 가축 떼
를 방목한다든지 수확 후의 짚을 마을 주민이면 누구나 이용한다든지 하는
권리이다.

61) 1760-1815년간에 진행된 인클로저의 경우에 그 비용은 처음에는 에이커당
1파운드 이상이 들었고, 마지막 단계에서는 5-25파운드가 들었다고 추정되
고 있다. 이런 비용은 토지소유자들 사이에 분담되었다. 이렇게 비용부담이
큰 데도 대토지소유자는 인클로저로 인한 생산성의 향상과 지대수입의 증
대 및 토지가격의 상승으로 인클로저에 든 비용보다 훨씬 높은 이득을 얻을
수 있었고, 인클로저를 통해 대규모의 사적 소유지를 획득할 수 있었다. 그
래서 대토지소유자들은 그들이 지배하고 있던 의회를 통해서 '인클로저 법'
(enclosure acts)의 제정을 추진했던 것이다. 그러나 소토지소유자들은 비싼
비용을 마련하기 위해서 그들 소유토지의 일부를 팔 수밖에 없었다. 결과적
으로 작은 토지를 소유하던 사람은 자신의 토지뿐 아니라 공유지 이용권마저
잃었다. 한편 토지를 소유하지 못했던 아주 가난한 농촌주민은 아무런 보상
조차 받지 못하고 공동목초지를 이용할 수 있는 기회마저 상실하고 말았다.
그리하여 토지를 소유하지 못하고 토지에 대해서 어떤 권리도 갖지 못한 진
정한 의미의 농업프롤레타리아가 대량으로 배출되었다.

62) 블로크는 인클로저가 진행됨에 따라 농민이 토지에서 추방·이탈되는 사태
가 벌어졌다는 점을 논할 계획이었던 것으로 추측된다.

63) 성직자인 그의 형 존 로렌스(John Laurence, 1668-1732)와 더불어 개방경지
제를 농업발전의 장애요인으로 본 반면, 인클로저는 생산성을 높이고 지대를
인상시키며 빈민을 위한 일자리도 창출하는 것으로 보고 인클로저를 적극적
으로 추진해야 한다고 주창한 토지측량사이자 버킹검 공의 집사. 그는 대농
장의 효율적이고 경제적인 경영이라는 관점에서 『영주에 대한 집사의 의무』
(The Duty of a Steward to his Lord)라는 책을 펴냈다. 원래 이 책은 버킹검 공의
여러 관리인과 토지보유자들이 알아 두어야 할 지침용으로 쓰인 것이었으나,

집사의 의무』(1727)에서 다음과 같이 조언하고 있다. 즉 '자유보유지 보유자'(freeholder)의 모든 토지를 매입하고, "종신 등본보유지를 종신 '임차지'(leasehold)로 바꾸며,"[64] 극빈자들의 소작지를 회수해 몇몇 부농에게 집중적으로 임대할 것.

곡물법.[65]

출간될 무렵에는 그 목적이 영국의 모든 귀족과 젠트리의 이익을 위한 것으로 바뀌었다. 여기에는 여러 집사가 그들이 모시는 영주의 영지를 관리하고 발전시키기 위한 여러 가지 방법과 규칙 및 지침이 기록되어 있다. 이 책에서 그는 울타리가 쳐지지 않아 경계선이 불명확한 개방경지로 말미암아 빈민은 부정직하게 되며 다툼과 소송으로 소란이 일어나는 경우가 많다는 특이한 인식을 드러낸다. 그래서 토지의 독점과 농장의 통합론자인 그는, 지주에게 많은 보수를 받아 지주를 부유하게 할 의무를 진 집사는 지주를 부유하게 하는 방법으로 개인에 의한 인클로저를 추진해서는 안 되고, 등본보유지를 임차지로 대체하며, 개방경지와 공유지의 전반적인 인클로저를 위한 준비조치로서 혼재 상태의 자유보유지를 가능한 한 모두 매입해야 한다고 주장했다.

64) "To convert copyhold for lives to leasehold for lives"(p. 60).

65) 의회 입법에 의한 인클로저를 통해 대토지를 소유하게 된 지주 계급은 18세기 말엽에서 19세기 초엽까지 영국사회에서 인구증가, 산업혁명의 진행, 나폴레옹-전쟁 등으로 인해 곡물수요가 증대하고 곡물가격이 등귀함에 따라 폭리를 취하였다. 그러나 1815년 나폴레옹-전쟁의 종식으로 곡물가격이 폭락해 큰 손실을 보게 된 그들은 그들이 다수파를 차지하고 있던 의회에서 그들의 이익 보호를 위해 소맥 가격이 1쿼터당 80실링에 이를 때까지 외국산 소맥의 수입을 금지하는 법을 제정했다. 그러나 곡물법은 자유무역론자들의 격렬한 반대운동으로 1846년에 폐지되었다. 곡물법은 1815년 이전에도 중세 이후 여러 번 제정된 바 있으나, 여기서 블로크가 말하는 이 곡물법은 나폴레옹-전쟁 직후의 곡물법을 가리킴에 틀림없다. 그는 여기에서 나폴레옹-전쟁 때까지의 인클로저와 곡물법과의 관계를 다루고자 한 것으로 짐작된다. 이 시기의 인클로저는, 양털 생산을 위해 곡물경작지를 목양장으로 바꾼 제1차 인클로저와는 달리 근대적 농법과 경영으로 수익성이 높아진 곡물을 생산하기 위한 것이었다.

제4기: 나폴레올전쟁 이후

우리가 영국의 인클로저에 관해 고찰해야 할 마지막 시기는 대체로 1815년부터 시작된다고 볼 수 있다. 그렇다고 해서 1815년부터 오늘에 이르는 이 시기 동안 영국의 경제발전을 나타내는 그래프가 일정한 선을 그리는 것은 아니다. 영국의 경제발전은 결코 일정하지 않았다. 뿐만 아니라 우리가 인클로저의 일반적인 진행과정을 묘사하고 설명하는 것을 우리의 과제로 삼더라도, 나는 영국의 경제 전반에 관해 말하려는 것이 아니다. 내가 말하고자 하는 바는 영국의 농촌경제에 국한된 것이다. 우리는 백년 이상 이어진 이 시기의 발전과정에서 눈에 두드러지는 여러 단계를 세심한 주의를 기울여 구분해야 한다. 그렇지만 이런 두드러진 양상들은 각각 세계 경제상황의 변동과 관련시켜 고려해야 한다. 왜냐하면 19세기와 20세기의 경제체제에서는, 특히 영국과 같이 해외에 개방되어 있고 해외에 의존하는 나라에 대해서는 외부와의 관련을 도외시한 그 어떤 연구도 본질적으로 바람직하지 않기 때문이다. 그러나 지금 우리는 보다 명확하고 한정된 주제를 논의의 대상으로 삼고 있음을 기억해야 한다. 우리가 여기에서 관심을 두고 있는 것은 바로 농촌 장원의 역사다. 그런데 정확히 말해서, 이 오래된 제도가 마침내 사라지게 된 것은 내가 방금 간략하게 인클로저와 관련해 그 범위를 서술한 시기 동안이다. 물론 그렇다고 해서 장원제가 영국 농촌사회의 구조에 깊은 자국을 남기지 않았던 것은 아니다. 우리는 가능한 한 명확하게 이런 쇠퇴과정을 서술하고 그 잔존물과 결과를 밝혀내는 데 우리의 목표를 한정해야 한다.

이 책의 서두에서 내가 지적한 바와 같이, 영국은 '8월 4일의 밤'을 1922년이 될 때까지 기다렸다고 말하더라도 전혀 터무니없는 것은 아닐 것이다. 왜냐하면 1926년 1월 1일에 효력이 발생하는 법률이

1922년에 공포되었기 때문이다. 이 법률은 장원 토지대장의 복사를 통해 보유하는 잘 알려진 등본보유지를 영구히 폐지했으며, 이와 함께 구시대의 잔재로서 이런 등본보유지를 여전히 짓누르고 있던 영주의 권리로서의 '장원제적 부담들'도 폐지했다. 그러나 이렇게 말하는 것은 합리적인 말이 아니다. 실제로는 등본보유지의 수가 오래전부터 대폭 감소하고 있었기 때문이다. 각종 법적 조치 때문에 등본보유지 제도가 심각한 타격을 입었다. 우선 일련의 법령—그 중에서도 가장 중요한 것은 1852년의 법이다[66]—의 결정에 의해 등본보유지의 자유보유지로의 전환, 다시 말하면 사실상 완전한 소유권을 지니는 토지로의 전환은 그 전환을 영주가 청구하든 토지보유자가 청구하든 합법적이었으며, 당사자 간에 합의되지 않는 경우에 영주에 대한 보상 방법이 해결되었다. 1894년의 매우 포괄적인 법은[67] 심지어 등본보유지 보유농민의 삼 분의 이가 원한다면 장원의 모든 등본보유지를 '해방시키는', 즉 사실상 장원제를 폐지하는 권리를 몇몇 정부기관에 부여했다. 아무튼 이런 조치는 그 자체로 진행되고 있던 발전을 단지 확인하고 촉진하는 데 지나지 않았다. 법률에 의해서 양도세가 제한된 이후, 영주의 공납수입은 더 이상 대수로운 것이 되지 못했다. 여타의 특권도 점점 사라졌으며, 매우 오래된 관습에 의해 규정되는 기존의 토지소유 방식은 현실에서 직면하는 여러 가지 곤란 때문에 급속하게 전개되는 교환과 신용의 시대에는 누구에게나 대단히 불편한 것이 되었다. 그렇지만 장원제의 이런 소멸은 눈에 띄지 않게 조금씩 이뤄졌으므로 그 과정을 묘사하기가 대단히 어렵다. 나는 시설물 강제사용료에 관해서 그 소멸과정을 탐구했지만 제

---

66) 1852년의 등본보유지법(the Copyhold Act 1852)이라는 것을 말한다.
67) 1894년의 등본보유지법(the Copyhold Act 1894)을 말한다.

대로는 탐구하지 못했다. 그러나 무엇보다 강조해야 할 것은 등본보유지가 그렇게 빨리 사라졌던 것은 등본보유지가 우선 농민추방으로 대폭 감소하고 그다음에는 한시적 임차지와 종신보유지로 바뀌었기 때문이라는 사실이다. 장원이 그리도 쉽게 소멸했던 것은 장원이 단순한 대소유지로 대폭 바뀌었기 때문이다.

사회세력으로서도 영주 계급은 역시 아주 쉽게 소멸했다. 영국에서는 19세기에도 아직 '장원의 영주'라는 말을 사용했다. 그러나 장원의 영주란 말은 이미 고어가 되어 있었다. 이 말을 사용할 때 사람들이 한결같이 표현하고자 했던 것은 '지주'(squire)였으며, 농촌의 민주화를 열망하는 문필가들이 반대한 사람은 영주 계급이 아니고 '지주 계급'(squirarchy)이었다. 19세기 초에 흔히 치안판사가 되거나 적어도 그의 친구나 지인이 3개월마다 개정되는 치안재판소에서 재판석을 차지하고, 종종 의회에서 의석을 얻거나 의결권을 가지며, 이와 같이 사법권에다 사실상 정치권력까지 한 손에 장악했던 부류는 다름 아닌 지주였던 것이다. 물론 이들 세력가는 영국이 민주화되고 아울러 급여를 받는 '공무원'(civil service) 세력이 형성되면서 19세기 중에, 정확히 말하면 1832년의 제1차 선거법 개정 이후에 매우 약화된다.[68] 그렇기는 하지만 1896년에도 아직, 저명한 법률가이자 체질상 대단히 반혁명적이었던 프레더릭 폴락 경(Sir Frederick Pollock, 1845-1937)은[69] 우리가 그 수가 얼마나 많은지를 알고 있는 1년짜리

---

68) 19세기 초엽까지는 돈과 여가가 있는 지주층만이 참정권을 향유했으나, 1832년의 선거법 개정으로 중간 계급까지 참정권을 획득함으로써 잉글랜드와 웨일스의 유권자가 78퍼센트나 증가했다. 이를 계기로 영국사회에서 지주 계층에 비해서 중간 계급의 영향력이 점차 확대되었다.

69) 에드워드 1세 시대 이전의 영국 법제사 연구로 유명한 영국의 법학자. 1883부터 1903까지 옥스퍼드대학에서 법학 교수를 역임했으며, 1888년에는 그의 부친에게서 준남작의 작위를 계승했다. 저서로는 『계약의 원리』(The Principles

차지인에 관해 다음과 같이 쓸 수 있었다. "이와 같은 경우에 지나치게 과장하지 않고도 자신의 영주가 속한 정당의 당원이 된다는 것이 흔히 차지계약의 암묵적인 조건으로 여겨지고 있다고 자신 있게 말할 수 있다." 나는 내가 오늘날의 영국에 관한 정확한 사정을 독자에게 전달할 수 있는 상당히 훌륭한 전문가라고 생각하지는 않는다. 그렇지만 지주 계급이 완전히 멸망하지 않았다는 것은 틀림없으나, 정치적으로 말하면 보통선거제가 실시되고 선거구가 균등 조정된 데다가 도시주민이 수적으로 우세했기 때문에 지주 계급의 권세는 대단히 약화되었다는 말만은 반드시 덧붙여 두어야 하겠다.

인클로저의 결과와 장원제

농촌사회의 경제구조를 재론해 보자. 우리가 기억하고 있듯이, 18세기에 대대적으로 진행되었던 인클로저에 대한 고찰을 통해 농장들이 통합되고 그에 수반하여 소농들이 추방되었다는 결론이 도출되었다. 18세기의 인클로저는 소농을 파산시킨 것으로 보인다. 인클로저로 인해 결국 대부분의 농촌 인구가 그 전부터 이미 많이 존재하던 농업프롤레타리아 집단에[70] 편입되고 말았다. 그것은 하나의 퇴보였다. 영국의 역사에서 그렇게도 자주 실업문제 ─ 당시에는 빈민문제라고 불렸다 ─ 가 발생한 것은 이상한 일이다. 그러나 그것은 오랫동안 농촌실업의 형태를 띠었는데도 영국 정부는 이 문제를 주로 부랑과 구걸행위의 측면에서 보았다. 16세기 이후 실업이 일반적으로 상상하는 것보다 훨씬 더 만연했던 여타의 모든 유럽에서도 각국 정부는 영국과 같은 시각에서 농촌실업 문제를 바라보았다.

---

of Contract), 『불법행위의 원리』(The Law of Torts) 등이 있다.

70) 농업프롤레타리아는 1560년에는 농민의 10퍼센트이던 것이 1688년에는 56퍼센트로까지 늘어났다.

16세기에는 우리가 앞에서 묘사한 농촌생활의 심대한 변화로 토지를 빼앗긴 수많은 소농이 길바닥에 내던져지고 더 이상 고용의 기회를 찾지 못하는 농업노동자가 생겨나는 사태가 발생했다. 그 결과, 결국 엘리자베스 시대에는 농촌 실업자에 대한 보호자적인 성격과 가혹성을 동시에 지닌 법률이 제정되었다.[71] 나는 그 법률의 자세한 내용에 대한 관심이 매우 크지만 여기서는 그럴 계제가 아니므로, 상세히 논하지 않고 그 법률의 요지만을 말하겠다. 빈민의 구호를 목적으로 한 조세를[72] 제정하고, 일거리 ──실잣기, 직조, 뜨개질과 같은 단순한 수공업적 일거리 ──를 제공하는 작업장에 빈민을 수용해 엄벌의 위협 아래 강제노동을 시켰다. 강제노동을 거부하고 부랑자 무리에 합류하는 사람에게는 대부분 공시대에 매다는 형벌과 태형을 가했으며 ──가끔 사형에 처해지기도 했다──, 빈민으로 하여금 원칙적으로 자신의 교구에 등록하게 함으로써 '빈민'의 이동, 따라서 노동력의 이동에 엄중한 난관을 조성했다.

그 후 18세기 말경에 새로운 제도가 실시되었다. 그것은 1795년의 스피넘랜드(Speenhamland) 제도였다.[73] 그렇지만 이것이 최초의 구

---

71) 1601년에 제정된 구빈법(the Poor Law)을 말한다. 인클로저로 인해 발생한 대량의 유랑민 때문에 사회적 혼란이 조성되지 않을까 하는 두려움이 구빈법 제정의 동기였다.

72) 구빈세를 가리킨다.

73) 스피넘랜드는 버크셔 주 뉴베리 인근에 있는 한 마을의 이름이다. 스피넘랜드 제도란 1795년 이 마을에서 지방관에 의해서 실시되고 그 후 대부분 잉글랜드 농촌으로 보급된 빈민구호 제도다. 이 제도는 실업과 저임금으로 자신의 가족을 부양할 수 없는 사람에게 구빈세를 재원으로 빵 값과 자녀의 수에 따라 임금을 보조해 줌으로써 노동자에게 최저생활을 보장해 주는 것을 골자로 한다. 스피넘랜드 제도가 생긴 것은 18세기 말에 일련의 흉작과 전쟁 및 인구증가로 기근이 발생함으로써 하층 계급이 폭동을 일으킬 수도 있다는 지배계급의 위기감 때문이었다. 실제로 1795년 봄에는 잉글랜드 남부를 비롯해서

빈 제도는 아니었다. 스피넘랜드 제도는 임금에 대한 보조금을 지급했다. 이 제도는 대고용주에게 유리했으나, 어쨌든 농업프롤레타리아에게도 떠돌아다니지 않고 자신의 교구에 머물러 있을 수 있는 가능성을 열어 놓았다. 농업프롤레타리아의 처지는 여전히 매우 비참했다. 1830년에 남부 여러 주에서는 그런 면에서 의미를 지니는 사건으로서 탈곡기의 파손으로 특징지어지는 영국의 마지막 농민폭동이[74] 일어났다.

그에 뒤이어 1834년에는 구빈 제도의 개혁이 있었다.[75] 즉 건강한 신체를 지닌 모든 빈민에 대한 구호자의 자택구호[76] 금지와 구빈원(Workhouse)의 재건을[77] 규정하는 것이었다. 그러나 규정 속에는 이

많은 지역에서 식량폭동이 일어났다. 이 제도의 실시는 농업경영주로 하여금 농업노동자의 임금을 인하하게 하고 노동자의 사기를 저하시키는 문제를 낳았다. 그래서 이 제도는 1834년 신구빈법의 제정으로 폐지되었다.

74) 1830~1831년간에 캡틴 스윙(Captain Swing)이 농업노동자를 조직해 탈곡기 파괴운동을 벌인 소요를 말한다. 스윙폭동(Swing Riots)이라고도 불린다.

75) 이렇게 하여 탄생된 구빈법이 1834년의 신구빈법 또는 수정구빈법이라고 불리는 것이다. 신구빈법은 구빈 제도 실시에 따른 비용의 증가와 1830년대 초 노동 계급의 불안 때문에 생겨났다.

76) 18세기 후반에 실업과 저임금 문제가 사회적으로 심각해짐으로써 늘어나는 빈민을 구빈원이 모두 다 수용할 수 없게 되자, 구호자가 자신의 집에서 빈민을 구호하는 일, 즉 구빈원 시설 외에서의 구호활동이 관례화되었다. 따라서 건강한 신체를 지닌 빈민에 대한 구호활동을 금지한다는 것은, 노약자에 대해서는 여전히 구호자의 자택 구호를 허용하지만 건강한 빈민이 구호를 받으려면 구빈원에 입주해야만 구호를 받을 수 있다는 것을 의미한다. 구빈원에 입주한 건강한 빈민은 부인과 별거하면서 노동을 해야만 했고, 그 처우는 다음에서 보는 바와 같이 비참한 생활을 하고 있던 당시의 일반 노동자보다 더 열악한 것이었다.

77) 구빈원은 빈민을 수용해 빈민이 구빈원 안에 설치된 작업장에서 직접 노동을 함으로써 자활하게 하는 시설로, 1700년경부터 설립되었다. 그러나 18세기 후반에는 심각한 실업과 저임금 문제가 발생해 자택구호가 보급되면서 구빈원의 역할이 약화되었다. 그렇지만 1834년에 구빈 제도가 개혁됨으로써 구빈

와 같이 구빈원에 수용된 빈민에 대한 처우는 구호를 받지 못하는 노동자의 처지보다 '더 열악한 것'이어야 한다는 독소 조항이 포함되어 있었다. 그 조항은 특히 노동자의 생활상태가 매우 비참했던 이 시절에는 무시무시한 것이었다. 그러나 이미 이 시기에는 실업자가, 적어도 일시적인 실업자가 단지 농촌에만 존재한 것은 아니었다. 농촌의 이런 실업문제를 실상 완화한 것은 도시로의 이주와 해외로의 이민과 같은 농촌 실업자의 외부유출이었다.

18세기의 인클로저로 인해 소농은 파산했지만, 이와는 반대로 곡물농업이나 중농은 무너지지 않았다. 지주와 더불어 19세기 초의 중농은 어떤 때는 대체로 자유보유지 형태로 자신의 토지를 소유한 농민 ─ 이런 농민에 대해 일반적으로 '요먼'(yeoman)이라는[78] 오래된 중세의 용어가 사용되고 있다 ─ 으로서, 어떤 때는 비록 차지농이기는 했지만 일반적으로 유복하고 자신의 농업경영에 많은 자본을 투자하는 차지농으로서, 영국 농촌사회의 전형적인 주민으로 존속했다. 그들은 인클로저가 이루어진 곳에서는 인클로저를 이용해 수익을 올리려고 했고, 아직 인클로저가 실시되지 않은 곳에서는 인클로저를 추진했다. 중농은 기술적으로 개량된 방법을 사용해 농업을 경영했으며, 그들의 임차지와 소유지는 여러 가지 점에서 자본주의적

원이 다시 건립되게 되었던 것이다.

78) 봉건사회의 해체기에 지대의 금납화와 농민의 해방과정에서 형성된 영국의 독립자영농민. 본래는 연간 40실링 이상의 수입이 있는 자유보유지를 보유한 사람을 가리켰으나, 뒤에는 중세의 농민보유지 제도가 붕괴하면서 이 계급의 수가 늘어났으며, 농촌사회에서 젠트리와 영세 소농 계층 사이에 중산 계층을 형성했다. 요먼은 젠트리 아래서 지방행정에도 참여했고, 그 일부는 임금노동의 고용을 통해 농업이나 모직물 매뉴팩처를 경영했으며, 군사적으로 보병의 주력을 이루기도 했다. 그러나 18세기 후반부터 농업혁명과 제2차 인클로저운동으로 대규모 농업경영이 진행됨에 따라 급속히 몰락했다.

소기업이었다.

그렇지만 중농도 이제 타격을 받지 않을 수 없었다. 대충이나마 구체적으로 이해하기 위해 햄프셔 주에 있는 크롤리라는 마을의 경우를 살펴보자. 왜냐하면 이 마을에 대해서는 미국의 학술조사원들이 자세히 연구했기 때문이다.[79] 그리고 한편으로 이 마을은 또한 상당히 완만한 발전과정을 우리들에게 보여주고 비옥한 지방에 위치해 있다는 장점도 지니고 있다.

윈체스터(Winchester)의[80] 주교는 17세기의 공화정[81] 아래에서 그 직위가 몰수되었던 때를 제외하고 10세기 이후 줄곧 이 크롤리 마을의 영주로 있었다. 그러나 1869년 이후에는 영국 국교회의 재산을 관리하고 여러 주교좌에 그 재산을 보다 공평하게 분배할 책임을 지는 기관인 국교회의 '교무위원회'(Commissions ecclésiastiques)가[82] 윈체스터 주교의 역할을 담당했다. 그렇지만 실제로는 16세기 말 이후에 이 마을에 대한 지주의 역할은 여러 대에 걸쳐 이 마을에 있는 영주직영지와 영주권을 대여 받은 저명인사가 수행했다. 이런 인사는 기본적으로 지방의 젠트리 출신이었다. 1791년에 이 마을의 토지와 권리는 노예무역과 자메이카에서 플랜테이션(Plantation) 경영으로 부자가 된 한 거상에게 임대되었다. 그 후 1869년에는 그 토지와 권리가 작위를 받고 부유한 어떤 미국여성과 결혼한 한 은행가의 아들에게 이전되었고, 1874년에는 런던의 은행가에게 이전되었으며,

---

79) N. S. B. Gras & E. C. Gras 부인, *The Economic and Social History of an English Village. Crawley*(*Hampshire*), Cambridge(Mass.), 1930 (Harvard economic studies, XXXIV).

80) 햄프셔 주의 중심 도시.

81) 청교도혁명으로 성립되어 1649년부터 1660년까지 존속했던 공화정을 말한다.

82) 영어로는 'Ecclesiastical Commissions'이다.

1900년에는 함부르크 출신의 다른 또 한 사람의 재력가에게 넘어갔다. 1930년에도 여전히 크롤리 마을은, 망루와 심지어 총안까지 갖춘 매우 위풍당당하고 아름다우며 아주 새로운 성을 건축한 이 가문의 수중에 있었다.

크롤리 마을의 인클로저는 법령상으로는 자메이카에서 플랜테이션을 경영한 사람의 아들 때인 1794년에 시작된다. 크롤리 마을에서 인클로저의 직접적인 결과는 모든 공유지의 소멸로 나타났으며, 그 공유지의 오 분의 일은 영주에게 귀속되었다. 그리고 인클로저와 더불어, 영주직영지에 인접해 있었을 공유지를 영주의 개인소유지로 양도한다는 조건으로 등본보유지에 부과되던 모든 부역노동을 폐기했다. 그 대신 부역은 일반적으로 화폐로 징수되었다. 또한 당연히 관례적으로 인클로저를 할 때는 토지를 재배치했지만, 중요한 한 조항에 의거해 영주직영지는 세 땅조각을 제외하고는 토지의 재배치에서 제외되었다.

인클로저의 결과는 곧 나타났다. 소농 즉 '오막살이농'(cottager)은 거의 완전히 사라졌다. 소농의 소멸은 1840년경에 완료되었다. 거의 같은 시기에 장원제도 종말을 고했다. 등본보유지는 대부분 자유보유지로 바뀌었다. 장원재판소는 개정을 멈췄다. 장원재판소는 25년이라는 긴 기간 동안 열리지 않다가 1899년에 마지막으로 열렸다. 그러나 어떤 토지보유자도 장원재판소에 출두하지 않았으며 장원재판소는 재판을 해야 할 어떤 소송사건도 발견하지 못했다. 당시 크롤리 마을에서는 무엇을 볼 수 있었던가? 아주 대규모의 소유지가 하나 있었고, 그 주변에는 점차 자유보유지로 바뀌어 간 등본보유지나 단순한 소작지와 같은 다양한 지위의 토지를 보유한 정확히 여섯 가구의 중농이 있었으며, 조그마한 토지와 작은 가옥밖에 없어 사실상 품팔이꾼에 지나지 않는 몇몇 사람이 있었으며, 토지가 전혀 없는 한낱

날품팔이꾼들이 있었다. 그러나 1850년 이후 지주는 요먼의 토지를 점차 매입했다. 그리하여 1902년에는 요먼의 토지가 더 이상 존재하지 않게 되었다. 작은 가옥도 마찬가지로 지주가 매입해 노동자에게 임대하는 지경이었다. 본당사목구에는 그 주변에 외지 자본가들의 매입으로 집을 잃은 몇몇 농가가 남아 있었다. 한편 중심부에 있는 대소유지는, 라티푼디움(Latifundium)적 경영방식으로는 수지가 맞지 않았기 때문에 최근에 여러 개의 농장으로 분할되었다. 그러나 이들 농장의 소유권은 여전히 동일한 사람에게 있었다. 사실은 현재 크롤리에서 주임신부직의 몫으로 배정되어 있는 토지를 제외하면 토지소유자는 다섯명이다. 그 가운데 한 사람은 지나간 시대의 잔존물인 소농이고, 다른 한 사람은 장원의 저택을 보유한 자로서 다른 사람보다 형편이 월등하게 나았다. 영주직영지의 임차인이라는 그의 처지 때문에 그의 법적 지위는 복잡하기는 하나, 그는 실제로 진정한 토지소유자다. 크롤리에서 토지이용 형태의 변화는 다음과 같다.

토지의 종류	1795년 전체 토지 중 비중	1831년과 1928년 전체 토지 중 비중
곡물경작지	85퍼센트	1831년 80.5퍼센트 1928년 57퍼센트
초지	8퍼센트	1928년 14퍼센트
임야	6.5퍼센트	1928년 28.5퍼센트

설명

다른 여러 사례 가운데 하나일 뿐인 크롤리 마을의 이런 발전과정을 이해하기 위해서는 영국의 일반적인 발전에 관해 고찰할 필요가 있다.

우선 주목할 점은 인클로저 운동은 19세기 초엽에 그 결과에 관해 이미 앞에서 말한 변화에 도달하면서 그 전과 같은 방향에서 계속되었으나, 1845년의 법령[83] 이후 흔히 그렇듯이 중앙집권화의 진전은 또한 민주화 측면에서의 발전이기도 했다는 사실이다. 1845년 이후, 특히 19세기 중반 이후 공유지를 보호하기 위한 조치가 취해졌던 것이다.[84] 그러나 공유지는 무엇보다 놀이나 건강을 위한 활동공간으로서 그리고 녹지대로서 보호되었다. 햄프스테드 히스(Hampstead Heath)는[85] 이와 같이 해서 보호되었던 것이다. 이런 조치는 한 나라의 농촌이 특히 레크리에이션의 장으로 바뀌는 추세의 전조를 보여주는 희귀한 사례이다. 비슷한 생각의 차원에서 농업의 근대화를 위한 지원금을 제공하려는 법률에 의해 농민의 추방에 제한이 가해졌다. 그러나 우리의 관심은 그런 법률의 제정보다는 경제적 토대의 변화에 있다.

우리가 앞에서 본 바와 같이, 19세기 초의 영국에서 곡물농업은 보호받았다. 그것은 사실상 두 가지 방법을 통해 보호되었다. 첫째는 관세를 부과하는 것이었고, 둘째는 전쟁이었다. 나폴레옹전쟁이 끝났을 때, 뒤이어 곡물가격이 폭락했다. 그런데 이런 곡물가격의 폭락은 대불황과 겹쳐서 모든 가격에 악영향을 끼쳤다. 그 원인은 틀림없

---

83) 1845년의 인클로저 법(the Inclosure Act 1845)을 말한다. 이 법은 인클로저 위원회의 위원들이 그 전의 인클로저 법에 의거한 조치 가운데 폐단이나 불비점을 감독하고 시정할 것을 규정하고 있다.

84) 1845년에는 전국적인 차원의 인클로저 운동이 대체로 완료되었고, 1869년에는 인클로저가 사실상 중단되었으며, 1876년에는 공중의 이익에 배치되는 인클로저는 허용하지 않는 입법이 이루어졌다. 런던을 비롯한 도시의 급속한 성장으로 공중의 건강에 대한 관심이 커지면서 '열린 공간'인 공유지의 가치에 대한 평가가 달라졌고 1860년대에는 인클로저에 대한 반대운동이 일어났다.

85) 런던 북서부의 고지대인 햄프스테드에 있는 유원지.

이 무엇보다 통화문제였다. 그러나 영국은 당시 지주층인 젠트리가 여전히 지배하고 있어서, 곡물의 수입은 곡물가격이 일정 수준에 이를 때까지는 금지되었다. 이런 제도는 1828년에 곡물가격의 등락에 따라서 수입관세를 증감하게 한 제도로[86] 대체되었다. 그러나 곧 여타의 이해관계가 표면화되었다. 노동자 계급의 이해관계를 반영하는 목소리는 별로 크지 않았으나, 산업자본가의 이해관계를 반영하는 목소리는 저임금과 결부되어[87] 훨씬 컸다. 주목할 만한 것은 경제적 자유주의의 위대한 이론가인 리카도(David Ricado, 1772-1823)가 1815년에 『낮은 곡물가격이 자본의 이윤에 미치는 영향에 대한 소론』(*Essai sur l'influence du bas prix du blé sur les profits du capital*)이라는 저서를 발간했다는 것이다. 이 책은 부제가 말해 주듯이,[88] 곡물의 수입제한이 현명하지 못한 정책임을 보여주기 위해 쓰였다. 그는 이 책에서 빵 값이 비싸다는 점과 공산품을 수출하기 위해 농산물을 수입해야 한다는 두 가지 이유에서 "(토지)소유자의 이해관계는 언제나 여타 인구의 이해관계와 배치된다"는 주장을 펴고 있다.[89] 1836년에는 반곡물법협회가 창설되고,[90] 곡물법은 1846년에 폐지되었다. 이제 기본적인 관세를 제외하고는 관세가 폐지되어[91] 곡물의 수입이

---

86) 높은 빵 가격으로 인한 민생고를 완화시키기 위해서 개정된 신곡물법을 말한다.

87) 산업자본가의 이윤은 임금이 낮을수록 커진다.

88) 블로크는 바로 앞에서 보는 바와 같이 책제목을 프랑스어로 써 놓았지만, 이 저서의 원 제목은 *An Essay on the Influence of a Low Price of Corn on the Profits of Stock showing the Inexpediency of Restrictions on Importation; with Remarks on Mr. Malthus' Two Last Publications*이다. 따라서 이 책의 부제목이란 '곡물 수입에 대한 제한의 부당성'을 말한다고 하겠다.

89) D. Ricardo, *Oeuvres complètes*, p. 552(Coll. des Principaux Economistes, vol., XIII).

90) 이 협회는 1839년에는 반곡물법동맹으로 발전했다.

완전히 자유로워졌다.

　곡물수입의 자유화 조치에도 불구하고 그 결과가 파멸적이지 않았다는 것은 언뜻 봤을 때 이상하다. 그것은 밀의 소비량이 증가하면서 무엇보다 세계의 밀 가격이 다시 오르고 있었기 때문이다. 이제 영국의 곡물농업은 세계의 상황과 결부되어 있었던 것이다.

　그러나 1880년 이후 곡물가격의 세계적인 대폭락 사태가 발생했다. 이런 사태의 원인은 1900년경까지 지속되는 대불황과, 그리고 운송료의 하락과 연관된 해외의 곡물파종 면적의 엄청난 확대 때문이었다. 당시 지주층인 젠트리는 더 이상 곡물가격을 좌지우지할 수 없는 처지에 놓였다. 더욱이 젠트리는 그 수입원을 오직 토지에만 두고 있다고 볼 수도 없는 계급이었다. 보호무역은 산업이 위기를 맞이하고 상인과 은행가의 이해관계로 인해 오랫동안 제동이 걸릴 때만 뒤늦게 나타나게 될 것이었다. 농촌의 중농이 크게 몰락한 시기는 곡물가격의 대폭락 사태가 빚어진 바로 1880년 이후였다. 그러나 중농이 몰락하게 된 것은 곡물가격이 폭락하기 전에 다음과 같은 사실이 있었기 때문이다.

　첫째, 민주화된 영국사회에서 유권자가 된 다수의 소농이 소농에 대한 체계적인 보호정책을 정부가 받아들이도록 압력을 가했다.

　둘째, 이들 차지농은 그들의 자본가적 방식으로는 프랑스의 소농처럼 변화가 많은 농업에 의존해 살아갈 수 없었다.

　농업에 종사하는 사람의 수는 다음과 같다.

---

91) 쿼터당 1실링의 관세만 여전히 부과되었다.

브렌타노의 추정		리더 하가드의 추정	
연도	농업인구	연도	농업인구
1861년	134만 1,000명	1851년	125만 3,000명
1911년	97만 1,000명	1891년	78만 명

영국은 농업인구를 회복하는 데 어느 정도 성공할 것인가? 이것은 내가 여기서 다룰 수 없는 장래의 문제이다.

5. 종합적 결론: 장원제가 영국의 역사에 미친 영향

이제 우리는 영국 장원제의 기본적이고도 독창적인 특성, 곧 장원제가 영국의 역사에 어떤 영향을 미쳤는지에 대해서 종합하고 정리해 보자.

첫째, 영국의 장원은 프랑스 장원보다 훨씬 늦게 성립됐다. 그때문에 확실히 프랑스보다 더 철저한 장원조직을 갖추게 되었다. 이에 따라서 영국의 장원은 프랑스보다 더 오랫동안 농민보유지의 분할불가 원칙을 고수했으며, 이런 분할불가 원칙은 결국 프랑스보다 더 가난한 다수의 농민 계급과 농촌 프롤레타리아를 낳았다. 이런 프롤레타리아의 존재와 영국 특유의 경제사정 때문에 영국의 영주는 토지의 소작료에 대한 의존도가 프랑스의 영주보다 더 낮았다.

둘째, 영국의 장원제 역사에서 결정적인 단계는 대단히 강력했던 왕권과 여전히 세력이 매우 강했던 영주 계급 사이에 이루어진 일종의 암묵적인 협정이었다.[92] 이에 따라서, 재판권을 장악하고 있던 영

---

92) 12세기 후반 헨리 2세 때 자유농민은 국왕재판소의 재판관할을 받고 부자유

주는 관습을 자신의 판단에 따라서 적용할 수 있었으며 다수의 농민 보유지 보유자의 세습적인 권리를 소멸시킬 수 있었다.

셋째, 영국의 정치적 조건은 프랑스와는 전혀 다른 환경을 조성했다. 다음과 같은 오래되고 근본적인 사실을 고려해야 한다. 즉 영국은 프랑스보다 훨씬 더 통일된 나라라는— 게다가 프랑스보다 훨씬 더 작은 나라이기도 하다는— 것, 자유인재판소라는 게르만족의 재판기관이 존속했다는 것, 그리고 높은 국가적 통일성과 자유인재판소의 존속 속에서 압제적인 군주권력이 존재하고 이에 대한 저항세력이 조직되어 있었다는 점을 고려해야 한다. 그 결과, 17세기 이후 견제를 받지 않는— 절대주의적인 군주정의 기도에 의해서 잠깐 제동이 걸린 적은 있기는 했지만— 영주 계급이 지배하는 의회의 힘이 커졌다. 게다가 귀족의 면세특권 부재로 소농층 흡수가 보다 용이했다. 이런 서민 계급과 영주 계급의 융합은 급변하는 상황에 적응한 농업경영의 발전에 기여했다.

넷째, 이런 혁명적인 상황변화가 발발했을 때, 영주 계급은 그 상황을 이용할 수 있는 능력을 지니고 있었다. 천 년간 지속된 농업 관행과의 단절……[93]

농민은 영주의 재판관할을 받도록 한 국왕과 영주 계급 사이의 타협을 말한다.

93) 이 장은 미완성이다. 블로크는 넷째로 중세 말 이후 경제상황의 변화에 따라 영주 계급이 인클로저를 추진함으로써 공동체적 규제가 따르는 개방경지제나 삼포식 농법과 같은 봉건적 농업 관행이 단절되는 변화가 일어났음을 말하려고 한 것으로 보인다.

제3장 프랑스 장원제의 귀결

우리는 영국의 영주 계급이 16세기 이후 새로운 경제상황의 조성으로 제기된 새로운 문제에 당면해 어떻게 대응했는지를 살펴보았다. 대체로 프랑스에서도 문제는 영국과 동일했고, 영주 계급의 노력도 결국 영국과 상당히 유사했으나 그 사회구조에 미친 영향은 매우 달랐다고 할 수 있다. 여기서는 그 이유를 규명하는 것이 우리의 목표다.

물론 우리는 이런 고찰을 결국 1789년 이전의 시기로 한정해야 할 것이다. 프랑스혁명기의 법률들로 말미암아 장원제는 가차없이 폐지되었기 때문이다. 그렇지만 확실히 혁명기의 법률들은 오랫동안 지속되어 온 한 제도가 프랑스의 토양과 풍습에 남긴 자국을 지우지 못했고, 혁명 직전의 여러 세기 동안 장원의 소유자들이 실행한 경제전략이 낳은 결과를 일시에 파괴하지도 못했다. 그 영향에 대한 고찰을 회피하는 것은 우리들의 임무를 저버리는 것이다. 그러나 그에 대해서는 별도로 고찰해야 할 것이다.

16세기부터 1789년에 이르는 시기에 대해서는, 영국의 경우와 마찬가지로 우선 지배적 사회세력의 변화를 묘사하는 것이 중요하다.

1. 영주 계급의 변화

영국에서와 마찬가지로 프랑스의 영주 계급 구성은 16세기에 크게 변했다. 다수의 오래된 가문은 백년전쟁이나 그 후의 종교전쟁을 겪으면서 몰락했다. 또 일부 영주 계급은 가격혁명으로 몰락하기도 했다. 가격혁명은 오랫동안 농민에게서 고정적으로 징수하던 공납을 별 가치 없는 것으로 만들어 버린 동시에, 그와는 반대로 프랑스의 옛 귀족이 영국의 귀족보다 훨씬 더 무관심했던 상업의 이윤은 엄청나게 증대시켰던 것이다.

한편 토지와 영주적 특권을 취득하는 것은 재산을 어떻게 해서 모았든 간에 부를 가진 사람에게는[1] 어쩌면 최고의 투자 대상이었다. 사회적 명망과 안전성을 동시에 제공해 주었던 것이다.[2] 물론 부르주아의 토지취득은 오래된 사실이었다. 새로운 점은 부르주아의 토지취득이 많아졌다는 것이다. 몇몇 사실은 그런 변화의 특징을 잘 보여준다. 예를 들면 부르봉 왕가의 원수(le connetable de Bourbon, 1490-1527)가[3] 매각하거나 그의 재산이 몰수된 후에 처분된 40개의 장원 가운데 3개만이 옛 가문 출신의 귀족들에게 매각되었을 뿐

---

1) 부르주아의 경우 그들의 부는 대체로 상공업과 관직을 통해 축적되었다.
2) 블로크는 『프랑스 농촌사의 기본성격』, 300쪽에서 중세 말 이후 프랑스혁명 때까지 토지에 대한 투자 전통이 형성되었던 것은, 훗날의 국채나 유가증권 매입처럼 수익성과 안전성이 보장된 마땅한 투자 대상이 없던 당대 상황에서 토지취득은 가족과 자손을 위해 견고한 재산상의 기초를 마련하고 이에 뒤따를 영주의 권리와 함께 사회적 존경심을 낳고 귀족 서임을 예비하는 것이 되었기 때문이라고 한다.
3) 부르봉 왕가의 조상이 되는 부르봉 공작 가문의 3세로, 이름은 샤를(Charles Ⅲ de Bourbon, 1490-1527)이다. 이탈리아 전쟁에서 공을 세워 프랑수아 1세에 의해 원수로 임명되었으나, 그 후 프랑수아 1세의 불신을 샀다. 이에 그는 반역을 꾀했으나, 결국 살해되었으며 그의 봉토는 회수되고 프랑스 중부에 있던 그의 광대한 영지는 몰수되었다.

이고, 나머지는 부르주아들에게 매각되었다.[4] 부르주아가 영주 계급으로 사회적 지위가 상승하는 실례는 혁명 전의 프랑스사회의 특징을 보여주는 것이다. 그런 예들은 17세기에도 발견된다. 사회적 지위 상승의 특징적인 방식은 직접 경영하는 토지를 조금씩 취득한 후에 영주적 특권을 획득하는 것이었다. 부르고뉴 지방에 위치한 미노라는 곳의 상인이고 후에 1635년이나 그 전후 시기에 같은 곳에서 대대로 공증인이 된 메르테 가문이 그런 사례이다. 그 가문은 그 지방 영주의 일을 도와주면서 많은 토지를 매입했다. 그리고 나서 1694년에 이 공증인 가문 출신으로 고등법원의[5] 서기가 된 한 사람은 마침내 사법기관이 매각한 영주권을 사들였던 것이다. 그렇지만 다음과 같은 문제가 남아 있다. 이와 같은 방법을 통해 부르주아가 영주로 지위상승을 꾀하던 추세는 어떠했으며, 1660부터 1730년까지는 상대적으로 상승추세가 둔화된 시기였던가 하는 점이다.[6]

프랑스에서도 영국에서처럼 자본가적 정신이 생성되었다. 자본가적 정신에서 토지에 투자해 그로부터 온갖 수입을 취하는 사람이 영주 계급 내에서 대두했던 것이다. 그 대신 장원제적으로 경영되는 토지재산은 줄었다……. 그러나 첫째, 이런 자본가적 영주는 관직으로 진출했고, 둘째, 그들의 상공업 활동이 요컨대 영국에 비해 저조했다는 점에서 영국의 지주와는 달랐다. 상공업 활동의 저조로 재산 가운

---

4) A. Vaghez, *Histoire de l'acquisition des terres nobles par les roturiers dans les provinces du Lyonnais, Forez et Beaujolais*, 1891 참조.
5) 부르고뉴의 중심도시인 디종 소재 고등법원을 말한다.
6) 블로크에 의하면 부르주아 출신이 영주 계급으로 상승하는 급격하면서도 현저한 변화가 일어난 시기는 13-15세기이고, 17세기에는 영주 계급이 다시 폐쇄적으로 되었으며, 그 후에는 부르주아의 영주 계급으로의 편입이 있기는 했으나 13-15세기만큼 활발하지는 않았다. 『프랑스 농촌사의 기본성격』, 273쪽 참조.

데 토지에서 나오는 소득과 특히 장원의 수입이 보다 큰 비중을 차지했다. 대부분 재산이 장원의 수입에서 생겼던 라파예트의 사례는 영국에서는 도저히 상상하기 어려운 일이라고 하겠다.

그렇지만 오직 영주 계급만이 장원제 유지에 관심을 보였다고 생각해서는 안 된다. 법률가와 차지농도 역시 장원제를 유지하는 데 관심을 보였다.[7] 바로 이런 점이, 장원제가 견고하게 유지되면서도 국유재산의 매각 때 급속히 붕괴되기도 했던 이유 가운데 하나다.

2. 영주 계급과 농민 계급에 대한 군주정의 태도

나는 앞에서 관직이라는 말을 사용했다. 나는 이런 세습적인 관료층의 권력이 막강했다는 사실을 지적해 둔다. 영국의 하원과 치안판사의 역할을 프랑스에서는 일반적으로 고등법원(Parlement)과[8] 그 사법관들이 담당했다. 그런데 고등법원의 사법관들은 영주적 반동

---

7) 고등법원의 사법관들을 비롯한 법률가들은 일찍이 토지의 매입과 교환, 그리고 영주권이나 재판권의 매입을 통해서 장원 소유자로서의 폐쇄적인 영주 계급에 편입되어 있었다. 위의 본문에서 말하는 차지농은, 영주직영지와 같은 대규모 토지를 일괄 임대받고 농민에게 부과되는 공납의 징수를 청부받으며 장원에 대한 대리관리인 역할을 한 대차지농을 뜻한다. 따라서 이들은 장원제에 대한 이해관계가 매우 컸다. 그런데 이런 대차지농은 비교적 많은 운영자금을 보유하고 있었고 판매와 계산 능력을 갖추고 있었다. 그래서 이들은 경제적인 역할 면에서는 자본가였고, 생활양식과 사고방식에서는 부르주아였다고 한다. 실제로 이런 대차지농은 부르주아 출신이었다. 말하자면, 이들은 자본가적 차지농이라고 할 수 있다. 그러나 이들 가운데는 지주가 되는 자도 있었다.『프랑스 농촌사의 기본성격』, 312-313쪽 참조.
8) 프랑스혁명 이전의 최고 사법기관. 고등법원은 최고심으로서의 재판권을 행사하는 외에도, 국왕 칙령의 등기권과 국왕에 대한 간언권(諫言權)과 같은 막강한 권한을 지니고 있었다. 고등법원은 프랑스혁명 직전에 파리 고등법원을 비롯해 전국에 모두 13개가 있었다.

을 두둔했다.[9] 우리는 고등법원의 사법관들이 영주적 반동을 두둔한 많은 사례를 볼 수 있다. 다만 여기서는 이런 사례 가운데 하나만 말해 두겠다. 1666년에 오베르뉴(Auvergne)의 특별재판소(les Grands Jours d'Auvergne)는[10] 농민에 대한 강탈행위에 대해서는 처벌했으나, 토지대장의 재작성을 전면 금지하지는 않고 20년마다 재작성하도록 허용했던 것이다.

이처럼 프랑스는 사회세력의 저항이 거셌고, 국왕의 명령이 집행되는지를 점검하기가 어려웠으며, 군주정이 결코 성공한 적이 없을 정도로 국가적 통합이 불철저했다. 그래서 본래부터 사실상 국왕의 권력 행사가 약했다. 그러나 프랑스는 이른바 절대주의적 군주국이었다. 특히 적어도 17세기 중엽부터는 특유의 관료집단이 형성되었다. 기원상 이들 관료는 법복귀족과[11] 동일한 계층 출신이었다. 그렇

9) 『프랑스 농촌사의 기본성격』, 290-291쪽에 의하면 부르주아 출신인 고등법원의 사법관들이 그들 관직의 세습과 매관 제도를 통해 카스트 집단을 형성해 귀족 계급에 편입되었기 때문이다.

10) 'Grands Jours'란 중세와 구체제 시대에 일부 도시에서 국왕의 요구로 고등법원의 대표자가 중죄를 심리하는 특별재판소이다. 1666년에 프랑스 중부 클레르몽페랑에서 개최된 오베르뉴의 특별재판소는 이런 중죄재판소로는 마지막 것으로, 주교인 발랑텡 에스프리 플레쉬에(Valentin Esprit Flechier)가 그의 저서 『오베르뉴 특별재판소에 대한 비망록』(*Memoires sur les Grands Jours d'Auvergne*)(1666)에 그것에 관한 이야기를 남겨 놓았다. 이에 의하면 루이 14세는 1665년에 오베르뉴 지방의 영주들이 위법을 저지르는 행위에 대해 파리 고등법원의 사법관을 파견해 농민의 고소를 접수하게 한 후, 토지대장의 갱신, 타이유세, 주세 등을 통한 영주의 농민에 대한 수탈행위를 처벌하고 왕권을 확립하게 했다. 그러나 이 때 이 특별재판소는 토지대장의 재작성을 통한 영주의 농민 수탈 행위만은 처벌하지 않았다.

11) 17세기 이후 프랑스가 중앙집권국가로 발전하면서 고등법원을 중심으로 형성된 귀족을 말한다. 법복귀족은 주로 부유한 부르주아 출신으로서 돈으로 관직을 매수해 귀족의 지위를 획득한 자들이다. 그들은 그들 특유의 집단정신과 출신, 특권, 전통 및 직업으로 결속되어 있었다.

지만 그들은 관료 특유의 사고구조와 이기심을 지니고 있었다.

그런데 군주정의 관심사는 영주가 농민에게 과중한 부담을 요구하지 않고 농민에게서 지나치게 많은 토지를 빼앗지 않는 것이었다. 그 이유는 조세 때문이다. 장 바티스트 콜베르(Jean-Baptiste Colbert, 1619-83)[12] 시절에 알랑송의 도지사는 영주들이 타이유세와 거의 같은 액수의 벌금을 농민에게 부과한다고 불평했으며, 오베르뉴의 도지사는 영주에게 착취당하는 농민은 "국왕에게 세금을 지불할 능력이 없다"라고 개탄했다. 그러나 프랑스의 군주정은 빈곤하고 후진적이며 피폐한 농민 계급을 ─ 일정한 한계 내에서이기는 했지만 ─ 그대로 내버려 두었다. 그래서 루이 14세 시대부터 통찰력 있는 관찰자들은 이런 현실의 위험성을 감지했다. 그렇지만 첫 눈에 보아도 농민에게 해를 끼칠 것 같은 사실, 즉 국왕재판권의 발전이 지연되고 귀족이 면세 특권을 누렸다는 사실 때문에 어쩌면 역설적이게도 농민 계급이 구제를 받았다고 말해도 과언이 아닐 것이다.[13]

그렇지만 첨언하자면 경제문제에 대한 군주정의 태도가 18세기에 언제나 변함이 없었던 것은 아니다. 그러나 그 점은 보다 먼 훗날에 살펴보겠다.

---

12) 루이 14세의 재무장관으로서 수입억제와 수출증대, 국내상업과 국제무역의 증진, 국내공업의 보호육성과 농업의 진흥 등 전형적인 중상주의 정책을 실시해 유명한 인물.

13) 영국의 장원제에 관한 종합적 결론을 다룬 제3부 제2장 제5절 참조. 영국과 달리 프랑스에서는 국왕재판권의 발전지연과 귀족의 면세특권으로 인해서 농민이 토지를 잃고 프롤레타리아화하는 경우가 훨씬 더 적었다는 역설이 성립한다는 것이다.

3. '영주적 반동'

이제 영주 계급의 구체적인 반동적 작태에 관해 살펴보자.

영주의 권리들

상실된 영주의 권리를 회복하기 위한 영주 계급의 반동적 책동이
재개되었다. 봉세르프는 "봉건적 폭정이 한 세기 동안의 휴면과 침
묵 후에 광분 속에 되살아났다"라고 말했다(1776년).[14] 영주는 부담
이 늘어날 수 없는 것이나 늘어날 수 있는 것을 막론하고 폐기된 권
리를 '찾아내어' 이를 전면적으로 행사하려고 애썼다.[15]

첫째, 토지대장[16]: 토지대장 작성의 기법.[17] 프레맹빌의 토지대장

---

14) P. F. Boncerf, *Les Inconvénients des droits féodaux*, London, 1776, p. 35.
봉세르프는 유명한 중농주의자 튀르고가 재무상을 역임하고 있던 1776년에
재무성의 서기로 재직하면서『봉건적 권리의 불합리성』이라고 번역할 수 있
는 앞의 저서를 남긴 프랑스의 농업 저술가이다. 그는 봉건적 권리는 농민에
게는 파멸적이고 영주에게도 강압적 권리행사에 따른 여러 가지 비싼 비용
으로 인해 별 이익이 되지 않으며 자유의 원리에 배치된다고 하면서 봉건제
를 학정체제로 규정하고 공격했다. 특히 그는 가난해진 영주는 1776년 이후
농민들을 수탈하기 위해 수단과 방법을 가리지 않았다고 비난했다. 그의 또
다른 저서로는 1789년에 간행된『봉건적 권리의 확대 수단과 방법』(*Moyens et
méthodes pour eteindre les droits féodaux*)이 있다.

15) 블로크에 의하면 중세 말 무렵에 대부분 귀족가문이 만성적인 사회혼란으로
부과조의 상당 부분을 정기적으로 징수하지 못하게 되었으며, 토지의 양도세
까지 상실할 지경이었다. 그러나 농민 계급이 영주의 지배에서 벗어나는 것
처럼 보이던 이런 완만한 변화는 중세 말 이후, 특히 17세기부터 중단되고 영
주의 권리와 영주에 대한 농민의 부담이 강화되는 영주적 반동이 나타났다.
『프랑스 농촌사의 기본성격』, 285-292, 318쪽 참조.

16) 1769년에 출간된『토지대장 작성 규범』(*Code des Terriers*)에는 "처음에는 영주
가 그의 개인적인 유용성 때문에 만들었던 사사로운 보고서일 뿐이던 토지대
장이 그후 그 나름의 규칙을 갖춘 공문서가 되었다"라고 적혀 있다.

17) 백년전쟁 이후 작성이 잦아지면서 점차 체계가 잡히게 된 토지대장은 18세기
에 이르러서 작성의 실행방법이 체계화되고 작성위원회가 전문가들로 구성

작성에 대한 일반적인 실무지식.[18] 지적도(地籍圖).[19] 토지대장의 재작성.[20] 콩데 공(公)의 예[21]…… 이와 같이 토지대장을 재작성한 사례는 그밖에도 몇 개가 더 있다. 그리고 토지대장이 재작성되는 경우에 토지의 측량이 실시되기도 했으며, 이에 관해서는 분명한 사례가 있다. 영주는 토지측량을 통해 농민보유지의 크기와 농민의 부담을 결정하고 많은 토지를 획득했다.[22]

둘째, 영주재판권: 형사사건과 심지어 민사사건에 대한 영주의 재

되는 동시에 우아하고 명료한 글씨체가 사용되며 기하학적 도면이나 지도가 삽입되는 등 작성기법상의 변화가 있었다. 『프랑스 농촌사의 기본성격』, 286-287쪽 참조.

18) 프레멩빌(Edme de la Poix de Fréminville, 1683-1773)은 대법관을 역임한 사람으로, 『토지대장 작성의 일반적 실무지식』(*La pratique universelle des terriers*)(1746)을 비롯해 『봉토의 참다운 원리』(*Les vrais principes des fiefs*)(1769) 등을 저술했다.

19) 블로크는 본래 여기서 18세기에 프레멩빌의 『토지대장 작성의 일반적 실무지식』이라는 훌륭한 편람이 저술되고 토지대장 작성에 지적도도 사용되었음을 설명하고자 한 것으로 추측된다.

20) 백년전쟁 후 토지대장을 자주 재작성한 목적은, 영주가 옛 토지문서 및 법률규정과의 대조와 새로운 해석을 통해서 또는 영주에 대한 농민의 재산 및 의무 내용의 신고제를 통해서 잊혀지거나 폐지되었던 영주의 권리를 찾아내기 위한 것일 뿐 아니라, 토지대장의 일부를 날조해 스스로의 수입을 증대시키기 위한 것이었다. 토지대장의 잦은 재작성에 드는 많은 비용은 토지를 보유한 농민들이 부담했다. 『프랑스 농촌사의 기본성격』, 286-288쪽 참조.

21) '콩데 공의 예'란, 콩데(Condé) 귀족가문의 선조이자 신교로 개종해 프랑스에서 발발한 종교전쟁인 위그노 전쟁을 지휘하다가 잡혀 죽은 콩데 공(Louis I de Bourbon)의 법률대리인이 토지대장을 재작성하면서 오래된 문서 속에서 폐기된 영주의 권리를 부활시키거나 새로운 부담을 추가시키는 등의 부당한 방법을 사용했다는 실례를 제시하고자 한 것으로 보인다.

22) 『프랑스 농촌사의 기본성격』, 293-294쪽에 의하면 영주는 토지를 재측량하여 농민보유지 가운데 부당하게 확장된 부분이나 이전의 부정확한 측량방법과 도량형 척도의 변경으로 늘어난 토지 부분을 자신의 것으로 만들었다.

판권은 완전히 쇠퇴했으나,[23] 토지에 관한 영주의 재판권은 존속했다.

셋째, 영주적 반동에 대한 고등법원의 역할: 고등법원은 영주적 권리를 옹호했다. 이에 대한 분명한 본보기는 '영주의 개별방목권'(troupeau à part)과 '영주의 방목독점권'(herbe morte)이다.[24] 그렇지만 장원의 관습 때문에 이런 공동체적 권리의 희생 위에 영주의 특권을 확대하는 데에는 한계가 있었으며, 공동체적 권리가 완전히 파괴되지는 않았다.

토지의 집적

1500년의 상황.[25] 장원의 지적도에 나타나는 모습. 분할지의 통

---

23) 국왕재판소와 같은 국가재판소가 이를 대체했다.

24) '영주의 개별방목권'이란 장원의 일반적 관습에 따라 영주도 그의 가축을 원래는 휴경지나 공유지에서 마을 농민의 가축 떼와 함께 방목할 의무가 있었지만, 로렌, 샹파뉴, 부르고뉴와 같은 상당수의 지방에서는 영주가 공동방목 의무에서 제외되어 개별적으로 가축을 방목하면서 가축 수와 방목장소에 대한 제한을 회피할 수 있었던 특권을 말한다. 영주의 방목독점권은 피카르디, 베아른, 프랑슈콩테와 같은 여러 지방에서 일정한 곳의 목초지에 대해 농민들의 가축 방목을 배제시키고 영주만 독점적으로 가축의 방목권을 향유하는 특권이다. 이런 개별방목권과 방목독점권을 통해서 영주는 휴경지와 공유지에서 무제한적으로 가축 떼를 방목하거나 그런 권리행사 대신 공유지 생산물의 상당 부분을 보상금으로 수취했다. 특히 17-18세기에 축산물 가격이 오르자 이런 특권은 영주에게 큰 수입을 가져다주었다. 이 특권은 원래 영주 자신만이 직접 누릴 수 있는 권리였으나, 영주는 이를 대규모 목축업자에게 임대해 큰 수입을 올리기도 했다. 대체로 이런 권리의 확대와 남용은 고등법원의 용인과 지원을 통해 이뤄졌다. 고등법원의 사법관들은 영주 계급에 편입되어 있었기 때문이다. 『프랑스 농촌사의 기본성격』, 289-290, 422, 443-444쪽 참조.

25) 『프랑스 농촌사의 기본성격』, 296-299쪽에 의하면 15세기 말 이후에 최초의 토지 집적자는 마을의 상인, 공증인, 고리대금업자 등과 같은 소자본가였다.

합.[26] 토지 집적자들······[27] 어떻게 이런 토지집적자들은 가끔 영주가 되었는가?[28] 이런 토지 집적은 어떻게 이뤄졌는가?[29] 그러나 토지의 횡령은[30] 예외적으로만 가능했을 뿐이다. 따라서 토지를 주로 매입했던 것이다. 문제는 사람들이 토지를 왜 팔았는가 하는 것이다. 분명 그 이유는 농민의 생활이 어려웠기 때문이다. 즉 첫째는 이중적인 조세 부담으로[31] 인한 어려움. 둘째는 새로운 경제체제에 대한 부

---

26) 블로크는 『프랑스 농촌사의 기본성격』, 294-295쪽에서 17세기 이후에 작성된 지적도에서 좁고 긴 띠 모양의 가느다란 분할지들 가운데 이런 소규모의 분할지가 통합되어 형성된 비교적 큰 장방형의 땅을 볼 수 있다고 하고, 이 책의 297-298, 307-308쪽에서는 분할지의 통합과 대소유지의 형성을 보여주는 지적도(같은 책, 그림 4-1에서 4-4까지)를 제시하고 있다.

27) 『프랑스 농촌사의 기본성격』, 295-296쪽에 의하면 대토지의 집적자는 첫째는 영주였고, 그 다음에는 반쯤 부르주아화한 관직귀족이었으며, 도시 및 도시근교의 상인과 하급관리 및 법률가로 구성되는 부르주아였으며, 그밖에 드물기는 하지만 부농인 경우도 있었다. 또 같은 책의 296-301쪽에 의하면 토지취득 전통은 부르주아 계층에서 유행하다가 귀족층으로 확산되었으며, 귀족에게는 토지의 확대가 공납 형태의 수입을 확보하는 방법이었다.

28) 앞의 제3부 제3장 제1절의 "영주 계급의 변화"에서도 언급되어 있지만, 『프랑스 농촌사의 기본성격』, 296-300쪽에 의하면 부를 지닌 자는 먼저 매입이나 교환 등을 통해서 다수의 토지소유자에게서 토지를 취득해 영지를 형성하고, 그 다음에 이런 대규모 토지취득을 토대로 영주권이나 재판권을 획득했다.

29) 『프랑스 농촌사의 기본성격』, 292-294쪽에 의하면 영주의 토지집적 방법에는 공유지의 횡령, 사망농노의 재산상속불능 상태를 이용한 농민보유지의 회수, 토지측량을 통해서 농민의 분할지 가운데 문서에 기재된 면적보다 늘어난 토지 부분의 영주직영지에의 귀속 조치, 의도적으로 장기간 지대징수를 유예하다가 갑자기 한꺼번에 징수함으로써 농민이 누적된 거액의 지대를 지불하지 못하는 상태에서의 토지 몰수, 매입 및 교환 등이 있었다.

30) 토지의 횡령이란 바로 앞의 역주에서 말한 여러 가지 토지 집적방법 가운데 매입과 교환을 제외하고 부당한 방법으로 토지를 획득한 나머지 방법을 말한다.

31) 국가에 대한 부담과 영주에 대한 부담.

적응. 즉 농민의 처지에서는 농산물 가격의 통제가 불가능하고, 농산물 판매시장과의 거리가 멀며, 농산물 가격이 비쌀 때까지 기다렸다가 농산물을 판매할 수 없는 가난한 살림형편 등의 문제에서 생기는 곤란.[32] 셋째는 부채로 인한 위기. 이에 관한 몇 가지 증거 가운데 미불금 문제.[33] 토지매입의 동향. 이에 관한 몇몇 문제. 17세기.[34] 18세기 말 농민들의 토지 매입.[35] 농지의 통합.[36]

영국의 상황과 비교할 때, 프랑스에서는 대토지소유 현상이 나타났으나 소토지소유도 존속했다.[37] 경제적 상황만으로는 농민적 소

---

32) 『프랑스 농촌사의 기본성격』, 303쪽에 의하면 이미 자급자족이 불가능한 시대를 살게 된 농민은 상품을 구입하기 위해서 그리고 국가와 영주에게 바칠 세금을 마련하기 위해서 농산물을 판매하지 않을 수 없었으나, 적절한 시점에 농산물을 판매해서 이익을 보기 위해 필요한 예비자금이나 경제상황 예측 능력을 갖추지 못했다.

33) 『프랑스 농촌사의 기본성격』, 304-305쪽에 의하면 농민은 돈을 빌려야 하는 상황에서 고리대금업자에게 토지를 담보로 돈을 빌리곤 했지만, 높은 이자 부담과 고리대금업자의 농간으로 더욱 빚을 지고 결국 토지를 매각할 수밖에 없는 장기적이고도 심각한 재정위기를 맞았다.

34) 『프랑스 농촌사의 기본성격』, 294-306쪽에 의하면 15세기 말부터 시작된 부르주아와 귀족층의 토지매입은 18세기까지 계속되었고, 그 중에서도 17세기에 가장 활발했다. 그러나 이러한 변화는 지방에 따라 차이가 있었다. 그렇지만 그 기간의 토지 재편성에 대한 연구가 부족해 그런 차이가 나타난 원인을 잘 알 수는 없다.

35) 블로크는 아마도 18세기 말 프랑스대혁명 기간에 몰수된 교회의 재산과 망명 귀족의 재산으로 형성된 국유재산이 유상으로 매각되는 과정에서 일부 농민이 토지를 매입했던 사실을 다루고자 한 것으로 짐작된다. 그러나 당시 국유재산의 매각은 법률에 의해 기본적으로 유상으로 일괄 경매하는 방식을 취했기 때문에, 토지를 매입한 농민은 기존에 어느 정도 토지를 가지고 있던 유산농민이었다.

36) 『프랑스 농촌사의 기본성격』, 292-306쪽에 의하면 때로는 백 년 이상이 걸릴 정도로 오랜 기간에 걸쳐 토지의 매입과 교환 그리고 기타 여러 가지 방법으로 농지가 통합되어 일부 지방에서는 인간의 분포양상이 달라질 정도였다.

37) 블로크는 『프랑스 농촌사의 기본성격』, 256쪽에서 "……1480년부터 1789년

토지소유가 소멸할 수 없었다.[38]

집단용익권의 철폐를 위한 영주의 투쟁

이에 관해서는 공유지, 집단용익권, 18세기에 이런 것들의 변천 등으로 구분해 살펴봐야 한다.

첫째, 공유지: 오래전부터의 공유지 문제.[39] 공유지의 법적 복잡성.[40] 공유지의 횡령.[41] 부채로 인한 공유지의 매각.[42]

둘째, 집단용익권: 영주의 역할. 배제 노력. 초지들. 공동체의 드라

까지 3세기를 경과하면서 대토지소유자가 부활했다. 물론 대토지소유가 영국이나 독일과는 달랐으며 토지 전체에 영향을 준 것도 아니었다. 프랑스에서는 소토지소유 농민들이 대단히 넓은 면적을 차지하고 있었는데, 전체적으로 볼 때 이 면적은 대개 대소유지가 차지한 면적보다 더 넓었다. 그럼에도 불구하고…… 대규모 소유지는 상당한 면적을 차지했다고 할 수 있다"라고 말하고 있다.

38) 앞에서 보았듯이, 국가에 대한 농민의 법제 면에서의 관계도 중요한 영향을 미쳤다는 뜻으로 이해된다.

39) 『프랑스 농촌사의 기본성격』, 372-377쪽에 의하면 공유지를 독점하고 이용하려는 영주와 이에 저항하는 농민공동체 간의 투쟁은 이미 9세기부터 존재했으며, 이런 공유지 문제는 오랫동안 농민반란의 원인 가운데 하나였다.

40) 공유지에 대한 권리는 주민의 집단적 권리이기 때문에 영주와 주민집단의 권리가 서로 뒤얽혀 있을 뿐 아니라 여러 가지 성격의 권리가 뒤섞여 있었다. 게다가 그 권리의 한계는 법정투쟁을 통해서만 확정될 수 있을 정도로 불분명했다. 『프랑스 농촌사의 기본성격』, 371-379쪽 참조.

41) 블로크는 영주의 공유지 침탈행위가 16세기부터 아주 격심해지고 여러 가지 방식으로 이뤄졌으며, 그 중 중요한 하나가 노골적 횡령이라고 한다. 영주는 자신의 명령권과 재판권을 남용해서 공유지를 가로챘으며, 부농도 그들의 재력을 이용해 공유지를 가로챘다고 한다. 『프랑스 농촌사의 기본성격』, 379-380쪽 참조.

42) 『프랑스 농촌사의 기본성격』, 381-382쪽에 의하면 영주는 전후(戰後) 피해복구 비용의 공동부담이나 국왕과 영주에 대한 공동의 조세부담으로 인한 농민공동체의 심각한 재정난을 이용해 공유지의 전부 또는 일부를 자신에게 매각하도록 했다.

마.43)

셋째, 18세기의 급격한 변화: 농업혁명.44) 생산성에 대한 관념.45)

---

43) 『프랑스 농촌사의 기본성격』, 399-422, 433-438, 443-449쪽에 의하면 중세
말 이후 프로방스와 노르망디 지방을 선두로 집단용익권이 소멸하는 과정에
서 특히 대토지소유자로서 집단용익권으로 인해 큰 손해를 보고 있던 영주는
농민을 배제시켜 집단용익권을 독점하거나 아예 철폐시키기 위해 적극적으
로 노력했으며, 영주의 이런 행위에 대해 농촌공동체가 거세게 반발하는 일
이 빈발했다. 그런데 곡물경작지의 경우에는 마을가축의 휴작지 공동방목으
로 다른 사람 밭의 그루터기를 이용할 수 있고 방목가축의 똥오줌으로 자신
의 밭을 시비할 수 있는 이익이라도 있었지만, 초지의 경우에는 두벌 풀부터
는 아무런 이득 없이 공동체에게 내어 주어야 했으므로 초지의 독점적 소유
자인 영주의 불만이 매우 컸다. 그래서 영주는 13세기부터 울타리를 쳐서 자
신의 초지를 보호하는 과감한 조치를 취했으며, 16세기 이후에는 권력 당국
이 초지 소유자의 처지를 두둔해 초지에 대한 집단용익권을 제한하는 명령과
판결을 잇달아 내렸다. 그리하여 초지에 대한 집단용익권 소멸은 곡물경작지
에서보다 그 수준이 훨씬 컸다고 한다.. 블로크는 영주 주도에 의한 집단용익
권의 이와 같은 소멸과정을 이 대목에서 설명하고자 한 것으로 보인다.

44) 『프랑스 농촌사의 기본성격』, 397-398쪽에 의하면 농업혁명은 유럽에서 농
업기술과 관습의 대변혁이라고 정의되며, 집단용익권의 소멸과 농업기술의
혁신이라는 두 가지 측면으로 구성된다. 집단용익권의 소멸과 관련해 블로크
는 같은 책, 399-416쪽에서 프로방스 지방과 노르망디 지방의 사례를 들어
곡물경작지에서의 집단용익권이 영주의 주도 아래 어떤 배경에서 어떻게 폐
지되었는지를 설명하고, 417-422쪽에서는 인공적으로 재배되는 초지의 주
요 소유자인 영주가 자신의 초지에서 두벌 풀을 공동체에 내어주던 관습을
어떻게 철폐하고 공동방목을 금지시키는 데 성공했는지를 보여주고 있다. 또
같은 책, 423-432쪽에 의하면 농업기술 혁명이란 휴경지를 없애고 휴경지에
사료작물을 재배하는 것이며, 이런 새로운 경작방식은 플랑드르와 브라방 지
방에서 기원하고 영국을 거쳐 18세기 후반에 프랑스에 전래되었다.

45) 블로크가 '생산성에 대한 관념'(notion de productivité)이란 말로 무슨 내용
을 말하려고 했는지 정확히 알 수는 없다. 그렇지만 『프랑스 농촌사의 기본
성격』, 433-434쪽에서 다수가 대지주 출신인 18세기의 농학자들은 공유지
의 존재와 집단용익권의 행사는 토지의 생산성을 떨어뜨리는 비생산적인 공
동체적 관습이라고 보고 반대투쟁을 전개했다고 하는 것으로 볼 때, 근대 농
학자들의 이런 생산성 관념을 논하려고 했던 것이 아닌가 생각된다. 같은 책,

자유주의적 경제.[46] 칼론(Ch. A. de Calonne, 1734-1802)은 다음과
같이 말했다.

"일반적으로 경작농민에 대한 빈농 및 날품팔이꾼의 관계는 주역
에 대한 보조역에 지나지 않으므로, 경작농민의 형편이 나아질 때
는 이들 후자의 형편을 걱정할 필요가 없다. 어떤 면에서 생산물과
식량이 증대하면 계급과 신분을 막론하고 거기에 거주하는 모든
사람의 유복함이 증대한다는 것은 불변의 진리다. 그 역도 자연스
럽게 성립한다는 데 대해 조금이라도 의심하는 것은 사물의 자연
적 질서를 오해하는 것이 될 것이다"

423쪽에서는 휴경지가 폐지되면서 농업생산량이 그 전보다 두 배 내지 절반
정도 증가해 많은 사람이 부양될 수 있었다고 한다.

46) 블로크가 '자유주의적 경제'(L'économie libérale)라는 말로 구체적으로 무엇
을 설명하고자 했는지 분명하지 않지만,『프랑스 농촌사의 기본성격』, 430-
454쪽에서 다루고 있는 중농학파의 자유주의적 경제이론과 농업혁명의 지
지자 및 추진자, 그리고 공유지의 분할과 집단용익권의 철폐라는 농업의 개
인주의화 등에 관해 논하고자 한 것이 아니었을까 짐작된다. 특히 그는 중농
주의와 관련해서는, 혁신적인 농업기술이 영국에서 전래되어 프랑스에서 성
공적으로 뿌리를 내릴 수 있었던 조건 가운데 하나가 신앙과 관습을 합리적
으로 설명하고 전통을 존중하지 않으며 개인의 권리를 중시하는 18세기의 계
몽주의적인 지적 풍토였으며, 그것은 중농주의로 표현되었다고 한다. 우리가
잘 알고 있다시피, 중농주의는 자유방임주의적 경제정책을 표방했다. 그가
같은 책, 357쪽과 359쪽에서 '자본주의'(doctrine capitaliste) 또는 '농촌자본
주의'(capitalisme rural)라는 말을 쓴 것에 비춰볼 때, '자유주의적 경제'란 자
본주의적 농업경제라고 할 수 있을 것이다. 이런 자유주의적 경제철학을 가
진 당시의 농업개혁 논자는 공유지의 분할과 농지의 울타리 치기에 의한 농
촌사회 조직의 개편과정에서 가난한 사람들이 희생되는 것을 아랑곳하지 않
는 비인간적인 잔인성을 보였으며, 그런 태도가 표출된 사례가 18세기 후반
에 법복귀족으로서 메스 지방의 지방장관이었던 샤를 알렉상드르 드 칼론
(Charles Alexandre de Calonne, 1734-1802)의 다음과 같은 말이다.

영주적 반동과 관련된 칙령들

1769-81년간에 칙령들에 의해 트루아제베셰(Trois-Evêchés),[47] 로렌, 알자스, 캉브레지(Cambresis),[48] 플랑드르, 아르투아, 부르고뉴 등의 지방과 오슈(Auch)와 포(Pau)의[49] 징세구(徵稅區. généralité)에 대해서 공유지의 분할이 허가되었다. 고등법원의 역할(1766년, 툴루즈).[50]

1767-77년간에 일련의 칙령을 통해 울타리 치기의 자유가 로렌, 트루아제베셰, 바루아(Barrois),[51] 에노, 플랑드르, 불로네(Boulonnais),[52] 샹파뉴, 부르고뉴, 프랑슈콩테, 루시옹, 베아른(Béarn), 비고르(Bigorre),[53] 코르시카 등의 지방에서 허용되었다.

1768-71년간에는 로렌, 트루아제베셰, 바루아, 에노, 샹파뉴, 프랑슈콩테, 루시옹, 베아른, 비고르, 코르시카 등의 지방에서 공동방목권이 공식적으로 폐지되었다.

---

47) 프랑스 동북부에 있는 베르됭, 메쓰, 툴 등 3개의 주교좌 도시와 그 부속지로 구성되는 지역.

48) 파리 대분지 북쪽에 위치한 지역.

49) 오슈와 포는 모두 프랑스의 남서부에 위치한다.

50) 여기서 '고등법원의 역할'이란 칙령을 통한 공유지의 분할이라는 영주적 반동 조치가 취해지는 데 고등법원의 역할이 컸음을 뜻하는 것으로 파악된다. 괄호 속의 '1766년, 툴루즈'란 이런 영주적 반동에서 고등법원의 역할이 컸다는 실례로서 1766년 툴루즈의 경우를 말하고자 했던 것으로 이해된다. 블로크는『프랑스 농촌사의 기본성격』, 437쪽에서 "랑그도크 삼부회는 1766년에 툴루즈 고등법원으로부터 이 지방의 대부분에서 공동체들의 반대 의견이 없을 경우에는 원칙적으로 의무적인 휴작지 공동방목을 금지한다는 판결을 얻어냈다"라고 하고 있다.

51) 파리 대분지의 동쪽 지역.

52) 도버해협에 면한 프랑스 북부 지방.

53) 베아른과 비고르는 피레네 산맥에 인접한 프랑스의 남서부에 있는 지방들이다.

집단용익권을 폐지하려는 일련의 법적 조치는 갑자기 1771년부터 종료된다. 1777년에 반포된 불로뉴에 관한 칙령도 그 전에 준비된 것이었다.

옮긴이의 말

　장원제는 중세사의 중요하고도 기본적인 문제다. 그럼에도 불구하고 서양의 장원제에 관해 우리말로 참고할 수 있는 단행본 서적은 거의 없는 실정이다. 이런 상황에서 마르크 블로크의 이 책은 프랑스와 영국의 장원제 역사를 개관하는 데다 본래 저자가 대학의 강의용으로 쓴 것이기 때문에, 우리나라 대학생들에게 유용한 참고서가 될 수 있다고 하겠다. 그러나 이 책이 비록 강의원고로 쓰이긴 했지만, 서양 봉건사회에 정통한 블로크가 현대 프랑스와 영국의 농촌사회 구조가 기본적으로 다르게 된 원인을 장원제의 역사를 통해서 논리적으로 설명하려는 차원에서 쓴 것이기 때문에 수준 높은 학술서이기도 하다. 따라서 이 책은 서양의 장원제나 블로크의 역사학에 관심이 있는 연구자들에게도 매우 유익한 책이라고 할 수 있다. 게다가 이 책은 원래 구술강의용으로 작성된 것이지만, 대부분 완전한 문장 체제를 갖추고 블로크의 독창성이 유감없이 발휘된 강점을 지니고도 있다. 이 책을 우리말로 번역하고자 한 것은 바로 이와 같은 몇 가지 이유 때문이었다.

　그러나 이 책을 번역하는 데는 어려움이 컸다. 원래 강의용으로 쓰인 이 원고는, 앞의 문헌해제에서도 밝힌 바와 같이 일부 완성되지 못하고 비망록 형태로 되어 있거나 구어체로 된 문장들이 꽤 있었기 때문이다. 또 일부 원고는 분실되기도 했다. 옮긴이는 비망록 형태로 되어 있거나 원고의 분실로 인해 공백이 생긴 부분은 각주를 달아 가능한 한 그 문맥을 설명하고 내용을 보충하려고 노력했다. 특히 대부분 간단한 메모 형식으로 되어 있는 제3부 제3장 제3절은 블로크의 저서『프랑스 농촌사의 기본성격』에 기초해서 보완하려고 했다.

물론 자료상의 문제가 없더라도 독자들의 이해를 돕기 위해서 설명이 필요한 부분이라든가 출전의 명시가 필요한 부분 등에 대해서도 주석을 달았다. 문헌의 출전을 비롯한 일부의 주석은 블로크 자신이 붙인 것이거나 1967년에 출판된 프랑스어판(Marc Bloch, *Seigneurie française et manoir anglais*, 2ᵉ edition, Librairie Amand Colin, Paris)에 카르팡티예 여사(Mme Carpentier)가 붙인 것이다. 그러나 저자와 프랑스어판 편집자가 붙인 주석은 얼마 안 된다. 주석의 대다수는 우리나라 대학생들의 이해에 기준을 두고 옮긴이가 단 것이다. 각 부와 장 및 절 등의 제목도 대체로 옮긴이가 그 내용의 요지를 드러내는 방식으로 새롭게 고쳐 붙였다.

애초에 이 번역서는 동아대학교의 '학술연구번역' 지원을 받아 2002년 '까치글방'에서 출판되었었다. 번역의 정확성을 기하기 위해서 서울대학교 서양사학과의 안병직 교수의 도움으로 구한 일본어 번역본(渡辺國廣 역,『領地制史論』, 慶応通信株式會社, 동경, 1975)을 참고했다. 이를 통해서 오역을 줄이는 데에 다소 도움을 받았다. 그렇지만 일어본 역시 정확한 번역이라는 면에서는 상당한 문제가 있었으며, 프랑스어본 이상의 주석은 달려 있지 않았다. 몇몇 까다로운 프랑스어 문장을 이해하는 데에는 동아대학교 불문과의 박종탁 교수와 양인봉 교수의 조언이 있었다. 이렇게 도와 준 분들께 감사드린다.

시간이 지나면서 처음의 번역본은 품절되었다. 그렇지만 서양 전근대사의 기초적 문제인 장원제에 관한 희귀한 우리말 참고서일 뿐만 아니라 아날 학파 창시자 마르크 블로크의 훌륭한 비교사적 장원제 연구서이기도 한 이 번역서에 대한 독자들의 재출간 요구는 여진히 존재하는 것으로 보인다. 마침 근래 '한길사'에서 블로크의 저서들을 적극 출판하고자 한다면서 이 번역서의 재출간 요청을 해 왔다.

이에 이 번역서의 재발간에 즈음해서 기존의 번역문을 뒤늦게 전체적으로 재검토하였다. 그 결과 부정확하거나 어색한 부분이 꽤 발견되었다. 착각이나 몰이해에서 비롯된 명확한 오역 단어도 없지 않았다. 그러나 수정대상의 대부분은 번역어의 정확성 내지 적합성이 떨어지거나 번역문장이 어색한 것들이었다. 따라서 주된 개정작업은 보다 정확하고 자연스런 우리말로 다듬는 것이었다. 이 과정에서 한길사 김대일 편집자의 노고가 컸다. 또한 주석도 제법 손을 봤다. 각주를 2개 제거하는 대신 4개 추가했으며, 15개 정도의 각주를 보충하거나 수정했다. 대폭적인 주석수정의 대다수는 서술내용이 너무 소략하거나 심지어 단순히 핵심어만 나열되다시피 한 이 책의 맨 마지막 부분, 즉 제3부 제3장 "프랑스 장원제의 귀결"에 집중되어 있다.

옮긴이의 이런 노력이 독자들이 이 책을 보다 정확하고 쉽게 이해하는 데 도움이 되기를 바란다.

2020년 4월
옮긴이 이기영

찾아보기

데인 세(稅) 106
덴마크 99, 100, 118, 174
덴마크인 99
도리깨 159
도시트(Dorest) 210
독일 16, 174, 203
『둠즈데이북』(Domesday Book) 106-
    109, 111-113, 116, 17, 121, 141,
    216
뒤부아(Dubois, Pierre) 186
드뢰(Dreux) 74
등본보유지(copyhold) 156, 205, 207,
    208, 223, 225, 226, 232

ㄹ

라티푼디움(latifundium) 233
라파예트(La Fayette, Marquis de) 242
랑그도크(Languedoc) 174
랭스(Reims) 83, 85, 161
런던 40, 107, 210, 212, 231
레스터(Leicester) 99
로렌(Lorraine) 253
로렌 공(公) 가랭(Garin le Lorrain) 48
로렌스, 에드워드(Laurence, Edward)
    222
로마 정부 → 로마제국
로마가톨릭 134
로마사회 → 로마제국
로마시대 96, 97
로마제국(로마 정부, 로마사회) 27,
    31, 57, 58, 86, 87, 95, 96, 139, 147

루시옹(Roussillon) 253
루아르(Loire) 강 59
루이 경건왕 76, 158
루이 6세 158
루이 11세 176
루이 14세 190, 244
리모주(Limoges) 189
리이브(reeve) 195
리즈(Leeds) 43
리처드 2세 209
리카도, 데이비드(Ricardo, David) 235
리투스(litus) 63, 83, 88, 89
링컨(Lincoln) 99

ㅁ

마낭(manant) 130
망스('자유인망스' 항과 '노예망스'
    항도 참조) 76-84, 90, 92, 107, 117,
    130, 131, 162, 204
매너(manor) 44, 45, 47, 109-111,
    113, 115
메리 여왕(메리 1세) 210
멘(Maine) 74, 109
면역전 199-201
명예혁명 220
무아리(Moiry) 165
무어, 존(Moore, John) 214
물가변동 200
물레방아 69, 107, 159
밀 42, 43, 189, 220, 236

마르크 블로크(Marc Bloch, 1886-1944)

마르크 블로크는 1886년 프랑스 리옹의 유대인 교수 집안에서 태어났다. 1908년에 역사학 및 지리학 교수자격 시험에 합격하고, 1920년에는 소르본 대학에서 박사학위를 취득했다. 몽펠리에 고등학교와 아미앵 고등학교의 교사를 거쳐 스트라스부르 대학과 소르본 대학에서 역사학 교수를 역임했다. 현실사회에 대한 강한 문제의식과 책임감을 지닌 실천적 역사가였던 그는 제1차 세계대전에 이어 제2차 세계대전에 자원입대했으며, 나치의 프랑스 점령 아래에서는 레지스탕스 운동에 참여했다. 1944년 독일군에 체포되어 58세의 나이로 고향 근처에서 처형되었다.

그는 혼란스런 격동의 시대를 살면서도 박사학위 논문인 「왕과 농노」를 비롯해 10여 권의 저서와 100여 편에 이르는 논문 등 많은 연구업적을 남겼다.

그의 역사연구는 단순히 탁월하다는 데에서 그치지 않고, 사학사적으로 역사학의 흐름을 바꿔놓을 정도로 역사학의 새로운 경지를 개척했다는 특별한 의미를 지닌다. 19세기 이래 역사학계를 지배하고 있던 사건사 내지 제도사 위주의 랑케 사학과는 달리, 그는 인간은 복합적·사회적 존재인 동시에 집단적 연관성과 장기 지속적 거대 구조 속에서 살아가기 때문에 역사는 전체사적이고 사회구조사적이어야 한다고 보았다.

특징적 역사연구 방법으로는 문제 중심의 역사연구, 소급적 연구, 비교사적 연구 등을 제창하고 실제 자신의 연구에 적용하여 큰 성과를 거두었다. 이와 같은 획기적 역사인식과 이에 따른 혁신적 역사연구 방법론은 이른바 아날(Annales) 학파를 통해 기존의 전통적 랑케 사학을 극복하고 오랫동안 세계 역사학계를 주도한다. 그의 새로운 역사학이 가장 잘 표현된 대표적인 고전적 저서는 『프랑스 농촌사의 기본성격』과 『봉건사회』라고 할 수 있다.

이기영(李琪榮)

서울대학교 역사교육학과를 졸업하고 동 대학원 서양사학과에서 석사 및 박사
학위를 취득했다. 여러 번 프랑스, 독일, 미국 등지의 대학과 연구소들에서
연구하면서 서양중세사에 관한 자료를 수집했다. 1983년 이래 동아대학교 사학과
교수로 재직하다 현재는 같은 학과 명예교수로 있다. 주요 연구 분야는 장원제를
비롯한 서양 중세 봉건사회의 구조와 형성이다. 박사학위 논문인 「고전장원제 하의
농업경영」을 비롯해 서양 중세 봉건사회에 관한 수십 편의 논문이 있다. 단독 저서로는
『고전장원제와 봉건적 부역노동제도의 형성: 서유럽 대륙지역을 중심으로』(사회평론,
2015), 『고대에서 봉건사회로의 이행: 서유럽 농노제와 봉건적 주종관계의 형성 및
인종문제』(사회평론, 2017)가 있고, 옮긴 책으로는 『서유럽농업사. 500~1850』(슬리허
판 바트, 까치, 1999) 『프랑스 농촌사의 기본성격』(마르크. 블로크, 나남, 2007)
『생제르맹데프레 수도원의 영지명세장』(이르미노, 한국문화사, 2014)이 있다.

서양의 장원제

지은이 마르크 블로크
옮긴이 이기영
펴낸이 김언호

펴낸곳 (주)도서출판 한길사
등록 1976년 12월 24일 제74호
주소 10881 경기도 파주시 광인사길 37
홈페이지 www.hangilsa.co.kr
전자우편 hangilsa@hangilsa.co.kr
전화 031-955-2000~3 **팩스** 031-955-2005

부사장 박관순 **총괄이사** 김서영 **관리이사** 곽명호
영업이사 이경호 **경영이사** 김관영
편집 김대일 백은숙 노유연 김지연 김지수 김영길
관리 이주환 김선희 문주상 이희문 원선아 **마케팅** 서승아
디자인 창포 031-955-9933
인쇄 예림 **제본** 경일제책사

제1판 제1쇄 2020년 4월 29일

값 25,000원

ISBN 978-89-356-6485-6 94080
ISBN 978-89-356-6427-6 (세트)

한길그레이트북스 인류의 위대한 지적 유산을 집대성한다

● 한길그레이트북스는 계속 간행됩니다.